인물로 읽는 **삼국유사**

황원갑 엮음

인물로 읽는 삼국유사

청아출판사

《삼국유사》는 민족사학의 정수,
서민문학의 보고

일연선사의 《삼국유사》는 단순한 역사책이 아니다. 김부식의 《삼국사기》가 '왕들의 사서史書'라고 한다면 《삼국유사》는 '민중의 사서'라고 할 수 있다. 《삼국유사》는 우리나라 고대 사화史話의 보고寶庫요, 민간전승을 모은 야사집이기도 하고, 향가鄕歌와 그에 얽힌 갖가지 설화를 담은 문학서이기도 하다.

《삼국유사》는 《삼국사기》와 더불어 우리나라 고대사 연구에 없어서는 안 될 중요한 사료다. 그러나 《삼국사기》가 왕명에 따라 편찬된 반면, 《삼국유사》는 오로지 일연선사 한 사람의 힘만으로 저술되었다. 이 책은 일연선사가 오랜 세월을 두고 여러 사료를 연구하고, 현장을 힘들여 답사하며 저술한 책이다.

특히 《삼국유사》에는 김부식이 정사正史라는 명목 아래 《삼국사기》에서 고의적으로 빼버린 단군왕검의 고조선 개국사화를 비롯하여 삼한·신라·고구려·백제·가야 등 열국 시대 여러 나라의 건국설화,

한 시대를 이끈 영웅호걸과 고승대덕들의 일대기, 불법을 통한 신비
로운 교화敎化의 이야기, 절세미인에 얽힌 이야기 등을 담은 우리 민
족사와 불교사에 그지없이 소중한 문화유산이다.

《삼국유사》에는 오늘의 상식과 기준으로 볼 때 황당무계한 이야기
도 있지만, 동서고금을 막론하고 어느 시대 어느 사회에나 있게 마련
인 영웅담과 감미로운 연애이야기도 많고, 또 불교와 관련된 재미있
는 설화도 많다. 또한《삼국유사》에는 14수의 향가가 실려 있어 그지
없이 귀중한 문학적·언어학적 사료로 높이 평가받고 있다.

《삼국유사》는 일연선사가 80평생을 통해 역사의 여러 현장을 발로
누비며 보고 들은 기록을 종합한 답사 문학의 걸작이기도 하며, 안으
로는 고려 무신정권의 전횡과 밖으로는 몽골의 침범이라는 내우외환
의 수난기에 자주적·주체적 역사관을 결집한 민족사학의 정수라고
할 수 있다.

일연선사가 유학자도 아니고 사학자도 아닌 한 사람의 승려였음에
도 역사 기술의 방식에서 우리나라 임금을 천자天子나 천제天帝로, 임
금의 죽음을 붕崩으로 표현한 사실만 보더라도 그의 역사관이 얼마나
투철한 주체의식을 지녔던가를 분명히 반증한다.

저자 일연선사의 장엄했던 일생에 관해서는 이 책 뒷부분에 후기
로 실었고,《삼국유사》의 체제에 대해 간략히 소개한다.

《삼국유사》의 저술이 마무리된 시기는 일연선사의 만년인 고려 충
렬왕 7년(1281)에서 9년(1283) 사이로 추정된다.《삼국유사》에서 인용한
문헌은 우리나라 사료 102종, 중국 사료 33종, 일본 사료 1종 등 136
종에 이르는데, 이처럼 많은 문헌을 인용하기 위해서 일연선사는 매
우 오랫동안 공들여 사료를 수집하고 연구했을 것이다. 이 책은〈왕
력王曆〉,〈기이紀異〉,〈홍법興法〉,〈탑상塔像〉,〈의해義解〉,〈신주神呪〉,〈감
통感通〉,〈피은避隱〉,〈효선孝善〉 등 전 5권 9편으로 이루어져 있다.

그러나 필자는 이 책에서《삼국유사》의 전편을 모두 다루지는 않
았다. 단군왕검의 고조선 건국에서부터 시작하여 마지막으로 조신調
信의 꿈에 이르기까지 50편의 이야기를 시대순, 인물과 설화 중심으
로 추려서 한 권으로 엮었다.

필자가 이 책을 쓴 목적은 민족사학의 정수요, 서민문학의 보물창
고인 귀중한 문화유산《삼국유사》를 20대에서 80대에 이르기까지 누
구나 쉽게 읽고 충실히 이해할 수 있도록 돕고자 함이다. 그러나《삼
국유사》의 내용을 단순히 간추려 소개하거나, 원문에 없는 대목을 내
마음대로 만들어 내거나 살을 붙이지는 않았다. 다만 보다 재미있게

읽고 쉽게 이해할 수 있도록 몇몇 대목은 소설적 구성과 대화체로 서술했음을 밝혀둔다.

또한 《삼국유사》 원문에서 일연선사의 착오로 잘못 기술된 몇 군데는 바로잡기도 했고, 새로 알려진 사실을 추가하기도 했다. 이를테면 만고충신 박제상朴堤上의 성씨가 《삼국유사》에는 제목부터 김씨로 되어 있다. 그러나 《삼국사기》 〈열전〉에도 나오는 박제상의 성씨는 김씨가 아니라 박씨가 옳기에 고쳤다. 그는 신라 시조 박혁거세 거서간의 후손이며, '백결선생百結先生'으로 유명한 그의 아들 이름이 박문량朴文良이란 사실을 보더라도 김씨가 아닌 박씨가 정확하기 때문이다.

또 원광법사圓光法師의 성씨도 일연선사는 《속 고승전》과 《고본 수이전》 등을 인용하여 박씨, 또는 설씨라고 했으나 《삼국사기》와 《화랑세기》 등의 기록을 살펴보면 김씨가 옳기에 역시 바로잡았다. 이른바 '호국불교'의 선구자 원광법사는 《화랑세기》를 지은 김대문金大問의 선조로 화랑의 우두머리인 제1세 풍월주風月主를 지낸 위화랑魏花郎의 손자요, 제4세 풍월주를 지낸 이화랑二花郎의 맏아들로 밝혀졌기 때문이다. 원광법사의 아우인 보리菩利도 제12세 풍월주를 지냈다.

원광법사와 같은 진골 출신이며 본명이 김선종金善宗인 자장율사慈藏律師도 화랑 집안 출신으로 그의 부친은 제14세 풍월주를 지낸 김호림金虎林인데, 풍월주의 위를 김유신金庾信에게 물려주고 불법에 귀의하여 무림거사茂林居士를 자처하고 지냈다.

또 한편 향가 〈서동요薯童謠〉로 유명한 선화공주宣化公主가 익산 미륵사를 창건했다는 《삼국유사》의 기록이 사실인가 하는 문제도 짚어

보았다. 지난 2009년에 공개된 미륵사석탑 장엄사리구 봉안기에 따르면 미륵사의 창건주인 백제 무왕의 왕후는 선화공주 김씨가 아니라 좌평 사택적덕沙宅積德의 딸로 밝혀졌기 때문이다. 혹시 무왕이 첫 왕후 선화부인이 일찍 죽자 사택씨를 새 왕후로 받아들였고, 사택부인이 미륵사를 창건한 것은 아닐까. 하지만 역사에서 가정假定과 더불어 상상想像은 무용한 노릇이므로 더 깊이 다루지는 않았다.

일부에서는《삼국유사》가 역사책치고는 '지나치게' 불교 중심적이며, 신라 지역에 치우쳤다고 비판하는 지적도 있다. 그러나 이를 일연선사의 탓으로 돌려서는 안 된다는 것이 필자의 생각이다. 일연선사는 어디까지나 승려의 신분이니 불교를 중심으로 답사·취재·집필했을 것이므로 그 문제를 들어 일연선사에게 불만을 제기해서야 되겠는가.

또한 일연선사의 출생지는 서라벌 옛터 경주에서 가까운 경산이며, 80평생을 주로 경상도 지역에서 거주하며 활동했으니, 옛날 고구려나 백제 지역의 취재가 부실했다고 불평하는 데에는 동의할 수 없다.

우리 민족은 오랜 역사를 이어오는 동안 숱한 시련과 고난을 용장勇壯한 기상과 천손天孫의 후예라는 불굴의 자긍심으로 극복해 오지 않았던가. 역사를 읽고 역사의 교훈을 되새기지 않으면 밝은 미래를 기약할 수 없다. 다른 어떤 학문에 앞서서 우리나라 역사부터 알아야 한다.

아무쪼록 이 책이 공부는 부족하지만 필자의 수십 년 역사 연구와 인생 공력이 녹아든 책인 만큼 독자들이 재미있게 읽어 주기 바란다. 또 이 책을 통해 우리 역사를 좀 더 깊고 널리 이해하고, 역사의 교훈을 되새기기 바란다. 아울러 국난에 버금가는 난국인 이 험악한 시대를 살아 넘기는 지혜를 얻기 바란다.

2010년 12월

平海居士 黃源甲

인물로 읽는 삼국유사

삼국유사는 전 5천 9편으로 이루어져 있으며 단군왕검의 고조선 개국 설화를 비롯하여 고대 국가들의 흥망성쇠와 시대를 이끈 영웅과

불교를 널리 전파한 고승들의 이야기들이 다채롭게 전하고 있다

고조선을 세운 국조 단군왕검

《위서》에 이르기를, '2,000년 전에 단군왕검이라는 이가 있어 도읍을 아사달에 정하고
나라를 창건하여 이름을 조선이라 하니 요와 같은 시대이다'라고 했다.
《삼국유사》권 제1 〈기이〉 제2

웅족熊族이 살고 있는 곳은 이 세상에서 해가 가장 먼저 뜨는
곳이라고 여기던 태백산 기슭이었다. 그 산의 다른 기슭에
는 호족虎族이 살고 있었다. 웅족은 곰을 자기네 종족의 수호신으로
섬기고, 호족은 범을 자기네 종족의 수호신으로 섬겼다.

두 부족은 같은 산언저리를 삶의 터전으로 삼아 동굴에서 살거나
움집을 짓고 살았다. 어느 쪽이 이곳에 먼저 와서 자리 잡았는지, 또
그곳에서 얼마나 오래 살고 있었는지 아무도 몰랐다.

그들은 정성껏 갈아 만든 돌이나 짐승뿔이나 생선뼈 따위를 무기
와 도구로 사용하고 있었으며, 추울 때는 짐승털을 기워 만든 옷을
입고, 더울 때는 나뭇잎이나 풀잎 따위로 대충 가리고 살았다.

두 고을에서는 해마다 농작물의 수확기나 전쟁 같은 중요한 일이

생기면 가장 높은 신성한 나무 아래 모여 조상신이며 수호신인 웅신과 호신에게 제사를 올렸는데, 그때 웅족의 제사장은 곰 가죽을 둘러쓰고, 호족의 제사장은 범 가죽을 둘러쓰고 제사를 주관했다.

아직도 신석기 시대를 벗어나지 못한 이 태백산 기슭에 수천 명의 환웅족桓雄族 무리가 나타난 것은 지금으로부터 4,500여 년 전의 어느 날이었다.

"적이다! 적이 나타났다!"

산언저리 경계 지역에서 외적의 침범을 알리는 경보가 울렸다. 전쟁경보가 발령되기 무섭게 고을의 모든 전사戰士는 저마다 무기를 들고 전투태세를 갖추었다. 멀리 떨어지지 않은 곳에 살고 있던 호족 마을에서도 전사들이 달려왔다. 두 부족이 이따금 서로의 세력을 뽐내며 다투기도 했지만 비교적 우호적인 관계를 유지해왔기 때문에 외부의 강적에는 공동으로 대처하는 것이 관습이었다.

하지만 그들은 어디에서 나타났는지 알 수 없는 적들을 보자 두 번이나 놀라야만 했다. 첫 번째는 그들의 수가 많은 것에 놀랐다. 웅족이나 호족이나 전투 병력은 겨우 수백 명씩에 불과한 데 비해 그들 외적의 무리는 열 배의 대군인 수천 명에 이르기 때문이었다.

두 번째는 옷차림과 무기였다. 그들이 입고 있는 의복은 색깔이 매우 밝은 편이었으며 얼핏 보기에도 아주 가벼워 보였다. 무엇보다 가장 놀랍고 두려운 것은 그들이 지닌 무기였다. 칼이나 창의 모양은 비슷했지만 재료가 전혀 달랐다. 그것은 돌멩이도 아니고 몽둥이도 아니었다. 번쩍번쩍 무시무시하게 빛나는 청동 검과 청동 창이었다.

게다가 맨 앞에 선 그들의 우두머리는 키가 보통 사람 머리 하나만큼 더 큰 거인인데다 머리에는 눈부시게 번쩍이는 청동 투구를 쓰고 있었다. 그 투구 위에는 역시 햇빛에 반짝이는 청동으로 만든 세 발 달린 까마귀가 달려 있었다. 나중에 알고 보니 그 세 발 달린 까마귀, 삼족오三足烏는 태양을 상징하는 새라고 했다.

그 우두머리가 청동 검을 높이 쳐들고 우레 같은 목소리로 고함을 쳤다. 무슨 뜻인지 알아듣지는 못했지만, 그것은 들으나마나 죽기 싫으면 모두 항복하라는 소리였다. 웅족도 호족도 일시에 전의를 상실한 채 모두가 무기를 버리고 땅바닥에 납작 엎드렸다.

그런 식으로 머나먼 서쪽 삼위태백산을 떠난 천손족天孫族, 즉 환웅족은 동쪽 태백산 기슭에서 험난한 대장정의 막을 내렸다. 그곳에 이르는 동안 수많은 종족을 강력한 청동제 무기로 제압해 온 환웅족은 이렇게 웅족과 호족을 복속시킨 뒤 주변을 정리하고 새로운 지배 체제를 확립했다. 새로운 칸(고대의 지배자. 군장) 환웅桓雄은 이렇게 선포했다.

"나는 하느님 환인천제桓因天帝의 아들로 하늘에서 너희 어리석은 인간들을 일깨워 주고, 보다 잘 살게 만들어 주려고 내려왔노라. 그러므로 너희들은 이제부터 나를 환웅천왕이라고 부르라."

그리고 또 이렇게 명령했다.

"이제부터 저기 저 태백산에서 가장 크고 높은 박달나무를 천신에게 제사지내는 신단수神檀樹라고 부르라. 그곳이 우리의 성역聖域이니라."

환웅천왕의 직계 씨족은 신단수 밑을 신시神市라는 거주구역으로 삼고 그곳도 성역으로 선포했다. 그리고 그 주변은 무술이 뛰어난 건

장한 전사들로 하여금 밤낮으로 지키게 했다.

환웅천왕은 또 종족 간의 분쟁을 해소하고 통합을 위한다는 명목으로 웅족 부족장의 딸 웅녀熊女를 아내로 삼았다. 환웅천왕과 웅녀가 혼인한 결과 아들 하나가 태어났으니 곧 단군왕검檀君王儉이다.

단군왕검은 날 때부터 천자天子의 기상을 타고나 영걸스럽기 그지없었다. 점점 자라면서 무술과 담력이 보통 사람보다 훨씬 뛰어나고, 우두머리가 될 자질도 비상한지라 아버지 환웅천왕이 세상을 떠나자 그 뒤를 이어 새로운 칸, 즉 천왕의 자리에 올랐다.

새 천왕은 죽은 아버지 환웅천왕을 위해 거대한 무덤을 만들었으니 그것이 오늘날 고인돌이라고 부르는 거석무덤이다. 고인돌 하나의 무게는 80톤에 이르렀는데, 그것을 운반하는 데는 한꺼번에 힘센 사내 500명 이상이 필요했다.

단군왕검은 아버지 환웅천왕의 장례가 끝나자 이렇게 선포했다.

"이제부터 나라 이름을 조선朝鮮이라고 한다. 이제부터는 환족·웅족·호족 모두가 같은 나라 사람이니 너희는 절대로 서로 싸우거나 죽여서는 안 되느니라!"

고조선에 관한 가장 앞선 한국 사료는 고려 시대의 저작인 일연一然의 《삼국유사》가 있고, 그다음으로 역시 고려 시대에 이승휴李承休가 지은 《제왕운기帝王韻紀》가 있다. 조선 시대에 편찬된 것은 《세종실록》〈지리지〉와 권근이 엮은 《응제시 주應製詩註》이다. 그러나 조선 시대의 기록은 《삼국유사》와 《제왕운기》의 내용을 베낀 것이나 마찬가지이므로, 《삼국유사》 '고조선' 조의 전문을 소개한다.

《위서魏書》에 이르기를, '2,000년 전에 단군왕검이라는 이가 있어 도읍을 아사달阿斯達에 정하고 나라를 창건하여 이름을 조선이라 하니 요堯와 같은 시대이다'라고 했다.

《고기古記》에 이르기를, '옛날 환인의 서자庶子 환웅이 늘 천하에 뜻을 두어 인간세상을 욕심냈다. 그 아버지가 아들의 뜻을 알고 아래로 삼위·태백의 땅을 내려다보니 인간들에게 크나큰 이익을 줌 직한지라 이에 천부인天符印 세 개를 주어 보내어 그곳을 다스리도록 했다.

환웅은 무리 3,000명을 거느리고 태백산 꼭대기 아래 내려와 그곳을 신시라 이르니 그를 환웅천왕이라 했다. 그는 바람을 맡은 어른, 비를 맡은 어른, 구름을 맡은 어른들을 거느리고 곡식·인명·질병·형벌·선악 등을 주관해 살펴보며 무릇 인간살이의 360여 가지 일을 주관하여 세상에 살면서 합리적으로 진화시켰다.

때마침 곰 한 마리와 범 한 마리가 있어 같은 굴에 살면서 항상 신령스러운 환웅에게 기원하기를, "사람이 되고 싶다."라고 했다. 이때에 환웅신은 영험 있는 쑥 한 타래와 마늘 스무 개를 주면서 말하기를, "너희들은 이것을 먹고 백 일 동안 햇빛을 보지 않는다면 쉽사리 사람의 형상을 얻을 수 있으리라."라고 했다.

곰과 범은 이것을 얻어먹고 3·7일을 조심하니 곰은 여자의 몸이 되었으나 호랑이는 조심하지 않아 사람의 몸이 되지 못했다. 웅녀는 더불어 혼인할 사람이 없으므로 매양 신단수 밑에서 아이를 배게 해달라고 빌었다. 환웅은 잠시 사람으로 변해 그녀와 혼인하고 아들을 낳아 이름을 단군왕검이라 했다.

그는 당요唐堯가 제위에 오른 지 50년인 경인*에 평양성平壤城**에 도읍하고 비로소 조선이라 일컬었다. 또 도읍을 백악산 아사달에 옮겼는데 그곳을 또 궁弓***홀산忽山이라고도 하고 금미달今彌達이라고도 한다.

나라를 다스린 지 1,500년, 주 무왕周武王이 즉위한 기묘에 기자箕子를 조선에 봉하니 단군은 곧 장당경藏唐京으로 옮겼다가 뒤에 아사달로 돌아와 은거하며 산신이 되었다. 기간이 1,908년이었다……

* 당요가 즉위한 첫 해는 무진년이다. 따라서 50년은 정사년이며, 경인년이 아니므로 사실 여부가 의심 스럽다
** 지금의 서경(西京)이다
*** 궁을 방(方)으로도 쓴다

환인(하느님)의 아들 환웅이 하늘에서 내려왔다는 이야기는 하늘, 또는 태양을 조상신·수호신으로 섬기는 씨족이 유랑생활을 마감하고 알맞은 지역을 선택하여 정착 단계에 들어섰다는 사실을 뜻하는 것으로 보인다. 환웅이 신단수 아래 지상으로 내려올 때 기후와 관련이 깊은 풍백·운사·우사를 거느리고 왔다는 이야기나, 가장 먼저 곡식을 관장했다는 이야기는 농사와 목축을 중심으로 정착하여 마을사회를 이루어 떠돌이 생활을 청산했다는 의미로 해석된다.

또한 무리 3,000명을 이끌고 왔다는 대목도 중요하다. 석기 시대가 채 끝나지 않은 약 5,000년 전에 청동기를 사용하는 부족의 인구가 3,000명에 이르렀다면 매우 강력한, 어쩌면 당시 동아시아에서는 가장 강력한 세력이었을 것이다. 하느님의 아들을 자처하는 환웅이 우두머리로서 해(태양신)를 수호신으로 숭배하는 이 종족의 이름은 환족

桓族, 또는 단족檀族이라고 불러도 좋을 것이다.

단군왕검이 고조선을 건국한 해는 정확히 언제일까. 《삼국유사》에 따르면 3개의 연대가 나온다. 서기로 환산할 때 정사년은 서기전 2284년, 경인년은 2311년, 무진년은 2333년이다. 우리가 현재 단군기원(단기)으로 삼는 해가 바로 무진년이다.

우리가 《삼국유사》를 귀중하게 여기고 저자 일연선사를 존경하는 이유는 《삼국사기》는 단 한 줄도 전해 주지 않는 단군왕검과 고조선의 개국 사화史話를 전해 주기 때문이다. 그럼에도 아직까지 단군의 건국 사화는 신화神話나 전설에 불과하고, 단군은 실존인물이 아니며, 단군을 건국 시조로 섬기는 것은 미신이라고 여기는 한심한 후손이 많으니 참으로 딱한 노릇이다.

고조선은 청동기 시대의 대제국

이렇게 하여 우리 한민족 최초의 나라 고조선이 건국되었다. 단군왕검이란 제사장인 단군, 통치자인 왕검의 칭호를 한데 붙여 이른 것이다. 《삼국유사》가 전하는 건국설화대로 웅녀는 곰이 아니라 사람이라는 사실은 두말할 나위도 없다. 《삼국유사》에 나오는 곰 한 마리와 범 한 마리도 당연히 표면적 의미의 동물이 아니었다.

곰이나 범은 무리생활을 하지 않으므로 제 새끼가 아니면 같은 굴에서 살지 않는다. 하물며 곰과 범이 한 굴 안에 들어갔다면 힘이 약한 곰은 범의 먹이가 되기 십상이다. 이는 웅족과 호족이 다 같이 동굴 속에서 혈거생활을 하고 있었다는 이야기로 해석해야 한다.

쑥과 마늘도 그렇다. 범은 육식성 동물이기 때문에 쑥과 마늘만 먹고 100일 동안 견디라는 것은 금방 굶어 죽으라는 소리와 같다. 또 곰에게 마늘은 상극이다. 아무리 신화의 기록이지만 고지식하게 그대로 해석해서는 안 된다. 이는 환웅천왕이 아직도 석기 시대에 머물고 있는 웅족과 호족의 우두머리로 하여금 야만적 본성과 미개한 생활습관을 버리고 새로운 신시 시대의 백성으로 살아갈 수 있도록 교화시키기 위해 동굴에서 수행하는 중에 쑥을 태워 그 연기로 해충을 쫓고, 질병이 생기면 해독과 강정의 약효가 있는 마늘을 먹도록 했다고 해석하는 것이 마땅하다.

그러면 웅녀가 더불어 혼인할 사내가 없으므로 신단수 밑에서 아이를 갖게 해달라고 빌었다는 대목은 어떻게 해석해야 좋을까. 웅녀가 웅족 제사장이나 족장의 딸이라고 볼 때 혼인할 사내가 없었다는 것은 말이 안 된다. 이는 웅녀가 새로운 지배자인 환웅천왕의 배필이 되어 자신은 물론 자기 부족의 신분 안전을 도모했다는 뜻으로 풀이된다. 이에 웅

녀의 지극한 정성에 감동한 환웅이 아내로 맞아들여 단군왕검을 낳게 되었을 것이다. 따라서 우리 한민족의 조상은 단군왕검 한 사람이라고 볼 수는 없다. 단군왕검의 아버지 환웅천왕의 환씨족이 서방에서 동방으로 찾아와 태백산 신단수 밑에 신시를 건설하고, 그 아들 단군왕검이 조선을 개국하기 이전부터 선주민인 웅족과 호족이 이 땅에 살고 있었기 때문이다.

고조선이란 나라 이름도 그렇다. 단군왕검이 세운 나라는 조선이지 고조선은 아니다. 고조선이라고 부르는 것은 나중의 기자조선箕子朝鮮이나 위만조선衛滿朝鮮, 또 훨씬 후대의 조선왕조와 구분하기 위해 앞에 옛 고古자를 붙인 것이다.

고조선사 연구가인 윤내현尹乃鉉 박사의 주장에 따르면, 전성기의 고조선 영토는 대체로 오늘날 우리가 살고 있는 한반도와 지금은 중국의 영토가 되어 있는 만주 전체, 동쪽으로는 러시아 연해주 일대, 북쪽으로는 몽골 일부, 서쪽은 중국의 수도 북경 근처까지 이르렀다고 한다. 따라서 고조선은 청동기 시대에 이미 광대한 영토의 대제국을 이룩한 자랑스러운 우리 민족의 첫 국가였다. 진시황秦始皇이 만리장성을 쌓은 이유가 흉노족을 막기 위함도 있지만, 사실은 흉노족보다 더 무서운 고조선을 막기 위해서였다는 설도 있다.

고조선의 중심부를 이룬 만주와 한반도 북부에 구석기 시대 사람들이 살던 시기는 지금으로부터 70만~60만 년 전이었다. 이들이 신석기 시대로 들어선 것은 1만~8,000년 전이었다. 이 무렵부터 음식과 잠자리를 찾아 떠돌아다니던 단계를 지나 농경 및 목축을 통한 정착단계로 접어들었다고 한다. 지배 세력이 출현하여 노예제 계급사회가 시작된 것은 대체로 후기 신석기 시대에서 청동기 시대로 들어선 뒤였다.

기자조선과 위만조선

당나라 〈배구전〉에 이르기를, '고려(고구려)는 본시 고죽국인데,
주나라가 기자를 봉함으로써 조선이라 했다.
《삼국유사》 권 제1 〈기이〉 제2

일연선사는 《삼국유사》 '고조선' 조를 이렇게 끝맺었다.

당나라 〈배구전裴矩傳〉에 이르기를, '고려(고구려)는 본시 고죽국孤竹國인
데, 주周나라가 기자箕子를 봉함으로써 조선이라 했고, 한漢나라가 나누
어 세 개의 군을 설치했는데 현토玄菟 · 낙랑樂浪 · 대방帶方이라 불렀
다……'

고조선은 지배자의 이름에 따라 단군조선 · 기자조선 · 위만조선 등
3조선으로 구분하는데, 일연선사는 기자조선에 대해서 중국 기록이
터무니없다고 여겼는지 이렇게 간단히 언급하고 넘어갔다.

25

기자는 원래 상商, 殷나라의 왕족인데 주나라의 지배를 거부하고 조선으로 망명했고, 이를 들은 주 무왕武王이 기자를 조선에 봉했다고 한다. 조선이 주나라의 지배 영역이 아닌 엄연한 독립국가임에도 기자를 조선의 왕으로 봉했다니 참으로 황당무계한 역사왜곡이라고 하겠다.

기자의 동래 이후 서기전 323년에 조선이 연나라와 마찰을 빚을 때까지 기자조선의 역사는 전혀 알려진 바가 없다. 기자의 후예라고 전하는 조선왕 부否는 진나라에 복속했는데 얼마 뒤에 죽었다. 부의 아들 준準이 즉위했지만, 준은 서기전 194년에 한나라에서 망명해 온 위만魏滿에게 왕위를 찬탈 당해 기자조선은 망했다고 한다.

일연선사는《삼국유사》'고조선' 조에 이어 두 번째로 '위만조선' 조를 실었는데, 분량이 '고조선' 조의 거의 2배에 이르는 것을 보면 위만의 역사적 비중을 훨씬 더 높게 여긴 듯하다. 이번에는 위만조선에 대해 살펴본다.

서기전 206년에 진나라가 망하고 이번에는 한 고조高祖가 중국을 통일했다. 이때 건국공신 노관盧綰은 연왕燕王으로 책봉되어 옛 연나라 땅, 지금의 요서 지방을 다스리게 되었다. 그러나 얼마 안 가 한왕실이 제후들을 숙청하기 시작하자 노관은 신변의 위협을 느껴 북쪽 흉노 땅으로 달아났다. 그러자 연나라는 큰 혼란에 빠졌다.

이때 위만은 1,000여 명을 이끌고 패수浿水를 건너 조선으로 망명했다. 여기에 나오는 패수는 뒷날 사대주의 사학자와 친일 식민사학자들이 말하는 오늘의 평양 대동강, 청천강, 압록강이 아니라 고조선이 처음 세워진 자리였던 요서의 대릉하로 비정된다. 물론 당시 기자조선의 도읍지 왕검성도 오늘의 평양이 아니라 요하 서쪽 대릉하 인근에 있었다.

위만은 조선 왕 준에게 찾아가 변경의 수비를 자청하니 이에 준왕이 좋다 하고 위만에게 서쪽 변경의 100여 리 땅을 떼어 주었다. 그런데 이 위만은 속에 구렁이가 열 마리도 더 들어앉은 야심가였다. 위만은 조선 땅에서 근거를 마련하자 세력을 기른 다음 전격적으로 반란을 일으켜 나라를 빼앗고 조선왕을 자칭했다. 이때가 서기전 193년. 준왕은 배를 타고 한반도 남쪽 진한으로 망명했다.

그 뒤 위만은 한으로부터 병력과 물자의 원조를 얻어 세력을 더욱 키워나갔다. 인근의 진번과 임둔 등을 복속시키고, 흉노와도 손잡을 기미를 보이니 한나라로서도 이를 그대로 방치할 수 없는 지경에 이르렀다.

위만의 손자 우거왕右渠王 때에 중국은 한 무제(武帝, 기원전 140~87)가 중국 사상 최강의 무력으로 영토를 확장할 무렵이었다. 그런 무제에게도 강력한 전투력을 지닌 조선과 흉노는 매우 두려운 존재였다. 만일 동쪽의 조선이 북쪽의 흉노와 손잡고 한나라에 대항한다면 그보다 더 골치 아픈 일도 또 없었다.

한 무제는 처음에는 외교적 방법을 동원했다. 무제는 서기전 109년에 섭하涉河를 조선에 사신으로 파견, 공갈 협박과 사탕발림을 섞어 복종을 권했으나 우거왕은 한마디로 이를 거부했다. 우리나라도 당당한 대제국인데 무엇이 아쉬워서 한나라에 복종하겠느냐는 것이었다.

섭하는 귀국 길에 자신을 전송하러 나온 조선의 비왕裨王 장長을 암살하고 패수를 건너 달아났다. 국왕 밑에 국왕이 있을 수 없는 노릇이니 흉노의 좌현왕·우현왕처럼 비왕을 거느린 조선왕은 보통 왕이 아니라 황제와 다름없었다. 그래서 고조선을 제국으로 보는 것이다. 좌우간 섭하는 빈손으로 돌아가면 무제에게 목이 달아날까 봐 그런 비열한 암수를 썼던 것이다. 무제가 섭하를 칭찬하고 요동동부도위로 임명하자 우거왕은 군사를 보내 섭하를 죽여 버렸다.

무제는 이 사건을 구실로 조선 정벌군을 일으켰다. 바야흐로 조선과 중국의 본격적인 전쟁의 막이 올랐다. 이 조한전쟁朝漢戰爭은 역사책이 기록한 최초의 한韓민족과 한漢민족 간의 대규모 전쟁이었다. 조한전쟁의 드라마틱한 전개 과정을 보자.

서기전 109년 가을, 무제의 명을 받은 누선장군樓船將軍 양복楊僕은 제나라 땅, 즉 산동 반도에서 수군으로 발해 만을 건너 왕검성으로 쳐들어갔고, 좌장군 순체荀彘는 육군을 이끌고 패수를 건너 요동으로 쳐들어갔는데, 동원된 군사는 5만 명에 이르렀다.

먼저 왕검성에 이른 것은 양복의 군대였다. 우거왕이 살펴보니 양복이 거느린 군사가 7,000명에 불과한지라 성문을 열고 나가 맹공을 퍼부었다. 이에 한군이 대패했다. 양복은 군사들을 거의 다 잃고 험한 산중으로 달아나 가까스로 제 목숨 하나만 건졌다.

좌장군 순체도 패수의 서쪽을 지키는 조선군을 공격했으나 숱한 군사만 잃고 후퇴할 수밖에 없었다. 그렇게 해서 전쟁은 교착상태에 빠졌다.

　누선장군과 좌장군이 단 한 차례의 작은 승리도 거두지 못하자 한 무제는 이번에는 화전和戰 양면책을 구사했다. 양복과 순체 두 장군이 대군을 거느린 채 멀찌감치 왕검성을 포위하고 있는 가운데 위산衛山을 왕검성으로 보내 화평을 교섭도록 했던 것이다. 우거왕은 강화대표로 태자 장長을 내보냈다. 태자가 1만여 명의 군사를 이끌고 패수를 건너 강화회담에 임하려고 했다. 그러자 위산과 순체는 태자의 호위군사에게 무장해제를 요구했고, 태자는 이에 불응하여 패수를 건너지 않고 왕검성으로 되돌아갔다.

　이로써 화의는 결렬되었다. 위산이 돌아가 보고하자 무제는 위산의 목을 베었다. 그리하여 다시 전투가 재개됐다. 순체와 양복은 왕검성에 이르러 서북과 남쪽을 나누어 포위하고 공격했다. 하지만 조선군이 굳세게 성을 지켜 몇 달이 지나도 싸움이 끝나지 않았다. 그러자 한군 내부에서 분열이 일어났다. 순체가 강공을 주장한 반면 양복은 포위한 채 조선군이 저절로 지치기를 기다리자고 주장하며 서로 양보하지 않았던 것이다.

　그러자 무제는 제남태수 공손수公孫遂를 파견, 총지휘를 맡게 했다. 공손수가 전선에 이르자 순체는 양복이 조선과 내통하고 있다고 모함했고, 공손수는 이 말을 믿고 양복을 체포한 뒤 수륙 양군을 통합했다. 이런 사실을 보고받은 무제는 제멋대로 군제軍制를 바꿨다고 공손수의 목을 베어 죽였다.

　포위가 계속되고 전쟁이 좀처럼 끝나지 않자 왕검성 안에서도 주화파와 주전파로 국론이 분열됐다. 외환外患에 내우內憂까지 겹친 것이

다. 조선상朝鮮相 노인路人과 상相 한도韓陶, 니계상尼谿相 참參, 장군 왕겹
王唊 등이 항복을 주장했으나 우거왕이 듣지 않았다. 이들은 성을 몰
래 빠져나가 한군에게 투항했는데, 노인은 도중에 죽었다. 그렇게 포
위당한 채 해가 바뀌어 서기전 108년 여름이었다. 주화파로 성내에
잔류하던 니계상 참이 자객을 시켜 우거왕을 죽이고 한군에게 항복
했다.

하지만 우거왕이 죽은 뒤에도 왕검성은 완강히 저항했다. 우거의
대신 성기成己가 반격전을 펴자, 순체는 앞서 투항한 태자 장과 노인
의 아들 최最에게 성내의 백성들로 하여금 성기를 죽이도록 사주했
다. 결국 왕검성은 함락되고 위만조선은 3대 87년 만에 막을 내리고
말았다. 한 무제는 평정한 조선 지역에 진번·임둔·낙랑·현도 등 4
군을 설치했는데, 그 지역은 당연히 한반도가 아니라 고조선이 있던
요동이었다.

위만조선의 멸망을 계기로 3조선의 시대는 완전히 막이 내리고 이
후 만주와 한반도에는 열국시대列國時代가 시작되었다. 위만조선이 망
한 지 겨우 49년이 지난 서기전 59년에 해모수解慕漱가 북부여를 건국
함으로써 열국시대의 막이 오른 것이다. 박혁거세거서간이 신라를
건국한 것은 그로부터 겨우 2년 뒤의 일이었다.

고조선의 유민은 어디로

사마천의 《사기》를 보면 조한전쟁이 끝난 뒤에 승전국인 한나라의 장군 순체는 참형을 당했고, 양복은 죽음을 면한 대신 서인庶人으로 강등됐다. 위산과 공손수는 전쟁 중에 이미 목이 달아났다. 반면 항복한 조선의 태자와 대신들은 모두 제후로 봉함을 받았는데, 그 지역이 모두 고조선 제국의 영향력이 미쳤던 발해만 연안과 산동 반도였다.

그러면 고조선의 유민들은 모두 어디로 갔을까. 우리나라와 중국의 모든 사서를 통틀어 '고조선의 유민'에 관해 언급한 기록은 《삼국사기》 〈신라본기〉 '시조 혁거세거서간' 조밖에 없다. 박혁거세가 등장하기 직전의 상황인데 여기에 이르기를, '이에 앞서 조선의 유민들이 산골짜기 사이에 나누어 살면서 6촌을 이루었다'라고 한 대목이다. 이 이야기는 다음 '박혁거세거서간朴赫居世居西干' 편에서 다시 살펴보기로 한다.

물론 고조선의 유민이 한반도 남쪽으로 망명하여 신라만 건국한 것은 아니다. 또 서라벌 6촌을 이루던 고조선의 유민이 위만조선의 유민을 가리킨 것인지도 분명하지 않다. 그 이전 기자조선이나 단군조선의 유민일 수도 있기 때문이다.

신라 시조 박혁거세거서간

혹은 거서간이라고도 했는데, 맨 처음 입을 열어 자신을 일컬어 말하기를,
'알지거서간' 이라고 하고는 단번에 일어섰다.
그의 말에 따라 이렇게 불렀으니 이로부터 임금의 존칭이 되었다.
《삼국유사》 권 제1 〈기이〉 제2

지금으로부터 2,000여 년 전, 지금의 경북 경주 지역인 진한 땅에는 고조선의 유민들이 여섯 개의 마을을 이루고 살고 있었다. 이들 여섯 마을의 촌장 또한 모두가 하늘에서 내려온 신인神人이라고 하는데, 곧 오늘날 경주 이씨의 시조인 알천 양산촌閼川楊山村의 알평謁平, 경주 최씨 시조인 돌산 고허촌突山高墟村의 소벌도리蘇伐都利, 경주 손씨 시조인 무산 대수촌茂山大樹村의 구례마俱禮馬, 또는 구仇, 경주 정씨 시조인 자산 진지촌觜山珍支村, 또는 간진촌干珍村의 지백호智伯虎, 경주 배씨 시조인 금산 가리촌金山加利村의 지타祇沱, 只他, 경주 설씨 시조인 명활산 고야촌明活山高耶村의 호진虎珍 등이다(이들 6명의 시조를 기리는 사당이 나정에서 200미터쯤 위쪽에 있는 양산재이다).

서기전 69년 3월 초하루. 6부의 촌장이 각기 자제들을 거느리고 알천의 언덕 위에 모여서 촌장 연석회의를 열었다. 회의를 소집한 고허 촌장 소벌도리가 먼저 입을 열었다.

"모두 들어 보시오! 우리는 옛 나라 조선과 사로국이 망하고 없어진 뒤에 다스릴 칸(임금)이 없으므로 사람들이 모두 저 잘났다고 제멋대로 놀고 있으니 참으로 큰일이오. 그러니 하루빨리 학식과 덕망 있는 유능한 인물을 칸으로 삼아 새 나라를 세우고 도읍을 정하는 것이 어떻겠소?"

"요즘 세상에 학식과 덕망 있는 사람을 어디에 가서 찾는단 말이오? 너도나도 칸이 되겠다고 나서지만 정작 칸 노릇을 할 자질과 능력을 갖춘 참신한 후보는 찾아보기 힘들지 않소이까? 혹시 나라면 모를까……."

고야촌장 호진의 말에 모두가 와자지껄하게 웃음을 터뜨렸다. 사실 그동안 6부의 촌장이 서로 임금이 되겠노라고 암암리에 세력을 확장하고 암투를 벌여온 것은 공공연한 비밀이었던 것이다.

그때였다. 바깥쪽에서 망을 보던 한 젊은이가 놀란 소리로 외쳤다.

"아니, 저기 저게 뭐냐?"

사람들이 청년이 가리키는 곳을 바라보니 양산 밑 나정 곁에 이상한 기운이 번개처럼 비치는데, 백마 한 마리가 꿇어앉아 쉴 새 없이 머리를 조아리며 절하는 시늉을 하고 있었다. 모두가 신기하여 그곳으로 달려가서 살펴보니 커다란 보라색 알이 한 개 있었다. 말은 사람을 보고는 "히히힝!" 하고 길게 울다가 하늘로 올라가 버렸다.

그 알에서 사내아이 하나가 나왔는데, 갓난아이였지만 모습이 단정하고 아름다웠다. 사람들이 놀랍고 이상하여 아이를 동천에서 목욕시켰더니 몸에서 아름다운 광채가 나고, 새와 짐승이 따라서 춤추며, 천지가 진동하고, 해와 달이 더욱 맑고 밝아졌다.

그렇게 탄강한 사내아이를 사람들은 박처럼 생긴 알을 깨고 나왔다고 하여 성을 박씨라 하고, 이름은 밝게 빛난다고 하여 혁거세 또는 불구내라고 하였다. 이렇게 탄생한 박혁거세朴赫居世는 고허촌장 소벌도리가 거두어 길렀다.

그리고 13년의 세월이 흘러 서기전 57년. 무럭무럭 자란 혁거세가 나이를 먹을수록 뛰어나게 숙성하여 6부 사람들은 그의 출생이 신기하고 이상하므로 떠받들어 높이더니, 이때에 이르러 비로소 그를 세워 임금으로 삼았다. 또 사람들은 박혁거세를 임금으로 받들어 모시면서 왕호를 거서간居西干이라고 했으니 이는 진한 말로 임금이란 뜻이었다.

박혁거세거서간이 하늘에서 내려온 알을 깨고 탄강하던 날에 또 이런 신기한 일도 있었다. 그날 사량리 알영정에 계룡鷄龍이 나타나서 왼쪽 옆구리로부터 계집아이 하나를 낳았는데, 비록 자색은 뛰어나게 고우나 입술이 닭의 부리와 같았다. 사람들이 북천에 가서 목욕시키니 부리가 떨어졌다. 그 때문에 나중에 그 내를 발천이라고 했다. 계집아이는 그가 나온 우물 이름을 따서 알영閼英이라고 불렀다. 이 두 명의 신성한 아이가 열세 살이 되자 박혁거세는 왕이 되고 알영은 왕후가 되었다. 그리고 나라 이름을 서라벌, 또는 서벌·사라·사로라고도 했다. 사로란 이름은 진한 6부가 있던 곳이 옛 사로국 땅이었기 때문이다.

　박혁거세거서간은 그렇게 새 나라 서라벌, 뒷날의 신라를 건국하여 나라를 다스린 지 61년 만에 하늘로 올라가고, 7일 뒤에 그 몸이 땅에 흩어져 떨어졌는데, 왕후 또한 같은 날에 세상을 떠났다. 나라 사람들이 한 군데에 장사 지내려고 하니 난데없이 큰 뱀이 나타나서 방해하기에 머리와 사지를 각각 따로 장사 지내 오릉五陵을 만들고, 또한 사릉蛇陵이라고도 했다. 담엄사 북쪽 왕릉이 바로 그것이다.

　박혁거세가 알을 깨고 나왔다는 난생 설화는 부여의 시조 동명왕東明王, 고구려의 시조 동명성왕東明聖王 고주몽高朱蒙, 가야의 시조 김수로왕金首露王의 탄강설화와 서사구조가 같다. 지금은 이런 비과학적인 이야기를 그대로 믿는 사람은 없지만, 이는 고대 국가가 그들의 건국시조를 신성화·신격화하기 위한 수식적 장치로 이해하면 된다.

　박혁거세가 13세에 즉위하여 신라를 건국했다는 기록은 그를 우두머리로 한 일족이 13년 동안 돌산고허촌을 거점으로 세력을 다지다가 여섯 부족을 모두 장악하여 신라를 건국했다는 이야기로 본다.

　그런데 또 한 가지 주목할 만한 구절이 나온다.

　혹은 거서간이라고도 했는데, 맨 처음 입을 열어 자신을 일컬어 말하기를, '알지거서간'이라고 하고는 단번에 일어섰다. 그의 말에 따라 이렇게 불렀으니 이로부터 임금의 존칭이 되었다.

그러면 박혁거세거서간의 치세를 살펴보자.《삼국사기》〈신라본기〉 혁거세거서간 17년 조를 보면 거서간이 여섯 부를 순행했다는 기록이 나온다. 그러니까 신라 건국 이후에도 '진한 6부'는 그대로 있었다는 말이다. 그리고 신라가 나라의 토대를 점점 굳힘에 따라 주변의 소국들이 스스로 따라오기도 하여 신라의 영토는 갈수록 넓어졌다. 이를테면 재위 17년, 서기전 39년 정월에 변한이 나라를 바쳐 항복해 왔다는 기록이 대표적이다.

　혁거세거서간은 이처럼 국가의 기틀을 굳게 다지는 한편, 재위 21년에는 서라벌에 도성인 금성을 쌓고, 다시 5년 뒤에는 궁실을 지어 왕가의 위엄을 과시했다. 또한 재위 38년에는 신라가 당당한 독립국임을 알리기 위해 마한에 호공瓠公을 사신으로 보냈다. 이때 마한 왕이 진한과 변한의 여러 나라가 조공을 바치지 않는다고 화를 냈는데, 이는 마한 세력이 신라의 급성장과 반대로 급격히 쇠약해지고 있다는 반증일 것이다.

　호공이 사신으로 다녀온 지 1년 뒤인 서기전 19년, 마한 왕이 갑자기 죽은 것도 왕국의 몰락을 재촉했을 것이다. 이 기회를 노려 마한을 정벌하자는 주장이 나왔으나 혁거세거서간은 이를 물리쳤다.

　"다른 사람의 불행을 우리의 행복으로 여기는 것은 어진 사람이 할 짓이 아니다."

　그 대신 혁거세거서간은 마한에 사신을 보내 조문했다. 이는 어쩌면 그 무렵 마한의 북쪽, 오늘의 한강 하류 서울 부근에 고구려에서 망명, 남하한 비류沸流와 온조溫祚 형제의 백제가 등장함으로써 무모한 전쟁을 피하려는 전략적 선택이었을 것이다. 또한 이러한 결정에 따라 주변 소국들의 흡수 합병의 속도도 더 빨라졌다고 본다.

한편 동옥저는 신라의 독립을 축하하기 위해 사신에게 말 20필을 보내기도 했다. 그밖에는 재위 40년부터 재위 60년까지 20년 동안은 별다른 기사가 없으니 아마도 내치에 주력한 듯하다. 그리고 재위 60년에 이상한 기록이 나타난다.

가을 9월에 용 두 마리가 금성 우물 속에 나타났다. 우레와 비가 심하고 성의 남문에 벼락이 떨어졌다.

왕조 시대에 용은 곧 제왕을 뜻했다. 두 마리 용이 나타났다는 것은 혁거세거서간이 아닌 다른 유력자가 거서간을 자처하고 나섰다는 뜻이 아닐까. 그해에 박혁거세거서간은 72세의 고령이었으니 왕위를 노리는 누군가가 그가 죽기를 기다리다 못해 쿠데타를 일으켰는지도 모른다. 어쨌거나 박혁거세거서간은 이듬해 3월에 죽어 담엄사 북쪽에 장사 지내고 사릉이라고 했다. '뱀의 능묘'라니, 이는 또 무슨 까닭인가.《삼국유사》에도 이상한 기록이 나온다.

나라를 다스린 지 61년 만에 왕이 하늘로 올라갔는데 7일 뒤에 유해가 땅에 흩어져 떨어졌으며 왕후도 역시 죽었다고 한다. 나라 사람들이 합장을 하려고 했더니 어디선가 큰 뱀이 나와서 못 하도록 방해를 하므로 다섯 동강난 몸을 다섯 능에 각각 장사하고 이름을 사릉이라 하니……

근래 어떤 연구자는 이런 기록으로 미루어볼 때 박혁거세거서간 말년에 반란이 일어나 혁거세거서간 내외가 함께 살해되고, 7일 만에 다섯 토막이 난 시체를 찾았으며, 반란군(큰 뱀) 때문에 장사도 제대로 치르지 못해 능을 다섯 개나 만들었다고 추리하기도 했다.

하지만 박혁거세거서간의 아들인 제2대 남해차차웅南海次次雄 3년 정월에 시조묘를 세웠다는 기록으로 볼 때 반란설은 신빙성이 떨어진다. 박혁거세거서간과 왕후 알영의 능인 사릉은 경주시 탑정동의 거대한 다섯 개의 구릉과 같은 오릉이다.

세계사를 통틀어 보아도 천년이나 왕조사를 이어온 나라는 신라밖에 없다. 광대한 영토와 인구를 자랑하는 중국에서도 신라만큼 오랜 역사를 이어온 나라는 없고, 세계에서 천년사를 이어온 나라는 더욱 찾아보기 힘들다.

중국사에는 모두 60개의 왕조가 있었다. 그러나 대부분이 하루살이 왕조였지 100년 이상 지탱했던 나라는 12개에 불과했다. 500년 이상 지탱했던 나라는 주나라 하나뿐이며, 37대 867년을 버텼다. 그다음이 한나라로 26대 407년을 유지했다.

반면 우리나라는 신라가 56대 992년, 고구려가 28대 705년, 백제가 31대 678년, 가야가 10대 491년, 발해가 14대 228년, 고려가 34대 475년, 조선이 27대 519년의 사직을 유지하여 중국의 하루살이 제국들을 무안하게 만들었으니 어찌 우리 역사가 자랑스럽지 않으랴.

삼한에서 나온 신라

혁거세나 불구내는 모두 '빛나다, 밝다'라는 뜻이다. 그러면 박혁거세가 자신을 가리켜 '알지거서간'이라고 한 말은 무슨 의미일까. 알지라면 경주(신라) 김씨의 시조 김알지를 가리키지 않은가. 김알지가 계림에서 금빛 나는 상자 속에서 '발견'된 것은 서기전 65년인 탈해이사금 9년의 일이다. 그런데 《삼국유사》에는 알지라는 이름이 혁거세의 옛 사적과 같아서 알지라고 이름을 지었으며, 알지는 우리말로 어린아이를 뜻한다고 했다. 박혁거세는 처음에 사람들 앞에 나서서 자신을 가리켜 '나는 어린아이 임금'이라고 했다는 말이다.

그런데 근래 일부 사학자의 연구에 따르면, 알지는 곧 알타이와 같은 말이고, 알타이는 북방 유목민족의 말로 금金을 가리킨다고 했다. 일부 학자는 거서간을 몽골의 영웅서사시에 등장하는 케세르칸Keser Qan과 연관시키기도 한다. 언어학적 유사성과 더불어 의미도 비슷하기 때문이라는 것이다. 듣고 보면 거서간과 케세르칸이나 쿠세키가 음성적으로 비슷한 것은 사실이다. 또 신라 초기의 왕호 거서간이나 마립간, 관직명인 각간의 간은 몽골 '칭기즈칸'의 칸과 같이 부족의 우두머리, 곧 족장이나 왕을 가리키는 뜻이라고 한다.

중국의 사서 《사기》, 《삼국지》 등에 따르면, 위만조선의 성립과 멸망을 전후하여 위만과 한의 세력에게 쫓겨 고조선의 마지막 임금인 준왕準王과 재상인 조선상 역계경歷谿卿을 비롯한 수많은 유민이 남하했다고 한다. 이때 역계경이 거느리고 망명한 호수가 2,000여 호라고 하니 약 1만여 명으로 추산된다. 물론 이들 조선 유민이 여러 해를 두고 남쪽으로 망명하여 진한 땅에 정착했으니 그 호구는 훨씬 늘어나 여섯 개의 마을, 또

는 부족을 이루게 되었을 것이다.

그러나 《후한서》〈동이열전〉에 따르면 한반도 남부에는 한韓이라는 나라가 있고, 그 안에는 마한·진한·변한(변진)이 있는데, 마한은 54국, 진한과 변한에는 각각 12국 등 모두 78국이 있었다고 한다. 또 《삼국지》 〈오환선비동이전〉에 따르면, 이들 78국 가운데 오늘의 경상남북도 지역이었던 진한과 변한 24국 가운데 사로국斯盧國이 있었다. 《후한서》는 또 이들 한의 78국 가운데 변한과 진한 지역의 12개국은 진왕辰王, 곧 대왕의 통치를 받았다고 했다.

또 한 가지 근래 제기되고 있는 고대사의 논쟁 가운데 하나는 신라가 과연 고구려보다 먼저 건국되었는가 하는 점이다. 《삼국사기》에 따르면 신라는 서기전 57년, 고구려는 서기전 37년, 백제는 서기전 18년으로 신라가 고구려보다 20년이나 앞서 건국된 것으로 되어 있어서 고조선과 부여를 이어 만주 땅에서 건국한 고구려보다 먼저 건국했다는 기록을 불신해온 것이 사실이다.

이에 대해서 윤내현 박사는 《한국열국사연구》에서 '신라가 건국된 경주 지역은 고조선 시대에는 고조선의 거수국인 한에 속해 있다가, 서기전 1세기경에 고조선이 붕괴되자 한이 독립하였고, 한이 강력한 통치체제를 갖추지 못함에 따라 신라가 건국되었다'라고 보았다. 그러므로 신라가 고구려보다 늦게 건국되었다고 볼 이유가 없다는 것이다.

그러니까 '조선 유민들'이라고 해서 만주와 한반도 북부에서 남쪽 경주 지방으로 남하한 이주민 또는 망명 세력이 아니라 이들은 고조선 때부터 정착했으며 고조선 단군왕검의 통치를 받던 고조선 백성이었다고 보는 것이다.

고구려 시조 동명성왕 고주몽

재물을 풀어 사람들을 모으고 궁실을 짓고 성벽을 쌓는 등 건국사업에 진심전력한 끝에
마침내 새 나라 고구려의 건국을 만천하에 선포했다. 그때가 기원전 37년 10월이었다.
《삼국유사》 권 제1 〈기이〉 제2

고구려 시조 고주몽高朱蒙의 본명은 추모鄒牟이다. 그의 어머니는 유화부인柳花夫人이고, 아버지는 북부여의 시조 해모수解慕漱를 사칭한 정체불명의 바람둥이였다.

지금으로부터 2,000여 년 전 송화강 유역 어느 마을에 유화와 훤화萱花와 위화葦花라는 세 자매가 살고 있었다. 우리말로 하면 각각 버들꽃·원추리꽃·갈대꽃 아씨다. 이들은 마을 부족장 하백河伯의 딸이었다. 어느 해 여름날 세 자매는 더위에 못 이겨 강으로 물놀이를 나갔다. 처녀들은 아무도 보는 사람이 없었으므로 물가에 옷을 훌훌 벗어놓고 미역을 감고 놀았다.

그런데 난데없이 사내 하나가 강가에 나타나더니 떡 버티고 선 채 능글맞게 웃으며 처녀들을 내려다보는 것이 아닌가. 처녀들은 갑자기

나타난 사내 때문에 저마다 비명을 지르며 물속으로 몸을 감추었다.

젊은이는 물어보지도 않았는데 자기가 천제의 아들인 해모수라고 소개하더니 훌훌 옷을 벗어던지고 강물로 풍덩 뛰어들어 아가씨들을 희롱하며 놀았다. 그리고 세 자매를 자신의 집으로 초대했다. 세 처녀는 마치 무엇에 홀린 듯했다. 젊은이가 자칭 천제의 아들이라는 바람에 감히 거역을 못했는지, 아니면 그가 한눈에 반할 만큼 잘 생기고 씩씩한 멋쟁이였기 때문인지는 알 수 없었다. 어쨌거나 처녀들은 옷을 찾아 입고 그를 따라갔다.

그리고 그가 대접하는 갖가지 맛있는 음식과 술을 마시다 보니 어느새 날이 저물었다. 그만 집으로 돌아가야겠노라고 자리에서 일어서자 자칭 해모수가 앞을 가로막으면서 못 가게 했다. 오늘은 여기서 자고 내일 돌아가라는 것이었다.

해모수의 엉큼한 속셈을 눈치챈 세 자매는 깜짝 놀라 비명을 지르며 마구 달아나기에 바빴다. 천제의 아들이라도 일석삼조는 힘들었는지 두 아우는 천만다행으로 문밖으로 달아나는 데 성공했지만, 유화만은 꼼짝없이 붙잡혀 그날 밤 해모수에게 정조를 빼앗기고 말았다.

한편 캄캄한 밤중에 허둥지둥 집으로 도망쳐 돌아간 두 동생 훤화와 위화는 울며불며 아버지 하백에게 자초지종을 일러바쳤다. 하백이 두 딸의 말을 듣자 화가 머리끝까지 치밀어 부하들을 이끌고 자칭 해모수의 집으로 찾아갔다. 그리고 집을 포위한 뒤 이렇게 고함쳤다.

"이 천하에 흉악한 날강도 놈아! 어서 내 딸을 내놓고 이리 나와 내 칼을 받아라!"

그러자 자칭 해모수가 나타나더니 능글맞게 웃으며 이렇게 대답했다.

"장인 어르신, 어서 오십시오. 사위의 절을 받으시지요."

하백이 기가 막혀 온몸을 부르르 떨다가 냅다 고함쳤다.

"너 같은 놈이 무슨 사위란 말이냐? 당치도 않구나! 먼저 내 딸을 내놓고 목을 바쳐라!"

그리하여 두 사람은 싸움을 벌였는데, 나이 든 하백은 젊은 용사의 적수가 되지 못했다. 결국 기력과 무술이 못 미쳐 패배를 인정한 하백은 잔치를 베풀어 두 사람 사이를 인정할 수밖에 없었다.

그런데 정말 비극은 그다음에 시작되었다. 자칭 해모수라는 바람둥이는 혼인하면 3년간 처가에 봉사해야 하는 부여족의 미풍양속도, 점점 배가 불러오는 유화도 헌신짝처럼 팽개친 채 어디론가 유유히 사라진 것이다.

천제의 자손은 서민과 혼인할 수 없다는 핑계를 대고서였으니 하백은 기가 막혔고 몸을 버린 유화는 눈앞이 캄캄했다. 화를 참지 못한 하백은 유화를 태백산(백두산) 남쪽 우발수로 내쫓았다.

처녀가 아이를 배자 사내는 달아나고 아비는 집에서 쫓아내니 유화는 더 이상 살고 싶은 마음이 없었다. 그래서 짧지만 한 많은 세상살이를 스스로 끝내려고 우발수 깊은 물에 풍덩 몸을 던졌는데, 죽는 것도 뜻대로 되지 않았다. 지나가던 어부가 유화를 건져 올려 관내를 순시 중이던 동부여의 금와왕金蛙王에게 바쳤던 것이다.

금와왕이 어찌 된 노릇인지 묻기에 유화는 할 수 없이 자칭 해모수라는 바람둥이의 유혹에 넘어가 임신을 하고 부모에게 쫓겨난 사연을 이야기했다. 이를 들은 금와왕은 비록 버림받은 여자라고는 하나 유화의 자태가 그지없이 빼어나고 아름답기에 자신의 후궁으로 삼을 욕심이 생겨 궁궐로 데리고 가서 방 하나를 주고 머물게 했다.

그리하여 유화가 달이 차서 서기전 58년 음력 5월 5일에 마침내 사내아이 하나를 낳았는데, 골격이 튼튼하고 외모가 영특하게 생겼으며, 나면서부터 이내 말을 할 줄 알았다.

금와왕이 그 말을 듣고 두려워하고 미워하여 죽이려 했다. 장차 그 비범한 아이가 자라서 왕위를 위협할까 봐 미리 싹을 없애려는 것이었다. 하지만 여러 부족장이 천제의 아들 해모수의 혈육이라는 이 아이를 죽여서는 안 된다고 반대하였다. 이에 어쩌지 못하고 유화에게 돌려주면서 길러도 좋다고 허락했다.

아이는 무럭무럭 잘 자라났는데 어려서부터 활을 매우 좋아했고 잘 쏘았다. 파리가 귀찮게 굴어서 잠을 잘 수 없다면서 어머니에게 활을 만들어달라고 하여 유화가 장난감 활을 만들어주자 그것으로 파리를 쏘는데 백발백중이었다.

나이 일곱 살이 되자 스스로 활과 화살을 만들어 대궐 안팎으로 돌아다니며 보이는 대로 쏘는데 역시 백발백중의 신기였다. 마침내 신궁神弓이 나타났다는 소문이 퍼지고, 그는 추모라는 이름으로 불리게 되었다. 이는 부여 말로 '활 잘 쏘는 이', 또는 '우두머리'라는 뜻이었다.

추모가 그처럼 어려서부터 비상하게 빼어난 재주를 보이자 그는 이내 주위의 눈길을 끌게 되었다. 그때 금와왕에게는 일곱 아들이 있었는데, 무엇을 하고 놀아도 추모의 발밑에도 미치지 못했다. 맏아들 대소帶素가 걸핏하면 부왕에게 이렇게 졸랐다.

"아버지, 저 과부의 자식 추모 때문에 창피해서 못 살겠어요."

"왜? 추모가 어때서?"

"활을 환장하게 잘 쏘니까 사람들이 그 녀석만 졸졸 따라다니지 않겠어요? 그러니까 우리 형제는 노상 찬밥신세지 뭐겠어요?"

대소의 아우들도 입을 모아 졸라댔다.

"아버지, 저 추모 녀석을 빨리 죽여 후환을 없애야 합니다!"

하지만 금와왕이 여러 부족의 우두머리인 오가五加를 무시하고 독재를 할 만큼 왕권을 확립하지 못했으므로 자기 마음대로 죽일 수 없었기에 추모에게 왕궁의 마구간에서 말을 먹이는 천한 일을 시켰다. 그때 추모의 나이 이미 열아홉 살이었다.

하루는 어머니 유화부인이 추모에게 말했다.

"애야, 장차 왕자들이 너를 해치고자 할 터이니 미리부터 방도를 마련해두는 것이 좋지 않겠느냐?"

어머니의 말씀이 옳다 한 추모는 그날부터 다른 여러 말은 잘 먹여 살찌게 했으나 준마 한 필만은 바늘로 혀 밑을 찔러서 비쩍 마르게 만들었다. 금와왕이 마구간을 둘러보고 추모에게 말을 잘 돌보았다며 칭찬한 뒤 가장 여윈 말을 상으로 주었다.

그해 10월 제천대회祭天大會에서 추모가 그 말을 타고 사냥대회에 참가했다. 금와왕은 추모가 혹시 많은 짐승을 잡아 자기 아들들의 기를 죽일까 걱정되어 화살을 한 대밖에 주지 않았다. 하지만 말은 타고난 준마요, 말 탄 사람은 하늘이 내린 신궁인지라 말 달리고 짐승을 몰아 쏘면 쏘는 대로 명중시켰다. 그러니 추모 혼자서 화살 한 대로 잡은 짐승이 일곱 왕자가 잡은 짐승을 다 합한 것보다도 많았다.

대소가 참을 수 없는 질투와 분노로 또다시 아우들과 합세하여 추모를 기어코 죽여 없애겠다고 달려들었다. 어머니 유화부인이 이를 알고 추모로 하여금 한시바삐 먼 곳으로 도망치도록 재촉했다.

그해에 추모는 스물한 살이었으며, 그 전해에 예씨禮氏에게 장가들어 어른이 되었으며, 아내는 임신 중이었다.

마침내 추모는 평소 따르던 오이烏伊 · 마리摩離 · 협보陜父 세 명의 심복을 거느리고 남쪽으로 도망치기 시작했다. 이 사실을 안 금와왕과 대소 부자가 군사들을 풀어 그 뒤를 추격토록 했다.

추모 일행이 부여 군사들의 추격을 받으며 달아나다가 큰 강물에 앞길이 가로막히고 말았다. 강을 건너려고 했지만 배도 없었고 다리도 없었다. 벌써 저 멀리 추격군의 말발굽 소리가 들려왔다. 추모가 채찍으로 하늘을 가리켜 탄식하며 이렇게 소리쳤다.

"나는 천제의 손자요 하백의 외손인데 지금 난을 피해 이곳에 이르렀소! 천지신명은 이 가엾고 외로운 사람을 버리지 마소서!"

그렇게 소리쳐 기도한 뒤 활을 들어 강물을 철썩 치니 갑자기 수많은 자라가 수면 위로 떠올라 머리와 꼬리를 이어 다리를 만들어 주었다. 추모 일행이 건너자 조금 뒤 추격병들이 뒤따라 건너려다가 자라들이 흩어지므로 모두 물에 빠져 죽었다.

일행이 발길을 재촉해 모둔곡을 지나가다가 재사再思 · 무골武骨 · 묵거默居를 만나 수하에 거두어들이고 다시 길을 떠나 마침내 오늘의 중국 길림성 환인 땅인 졸본천 흘승홀에 이르렀다.

그러나 동부여에서 쫓겨 온 젊은 망명객이 이들 소수의 추종 세력만 거느리고 고구려 건국이라는 역사적 위업을 이룩한 것은 아니었다. 당시 졸본부여 땅에는 소서노召西努라는 여걸이 있어서 추모의 건국사업을 적극적으로 돕게 된다.

소서노는 그곳의 유력자 연타발延陀勃의 딸이었다. 처음에 우태優台라는 사람에게 시집 가 비류沸流와 온조溫祚 두 아들을 두었으나 우태가 죽어 과부가 되자 친정으로 돌아와 있었다.

추모와 소서노가 처음 만났을 때 추모는 21세, 소서노는 29세. 나이도 8세 연상이요, 게다가 두 아들까지 딸린 과부였지만 추모가 소서노를 만난 것은 가뭄에 단비를 만난 격이었다. 동서고금을 막론하고 아무리 절세의 영웅이라도 대업을 이루기 위해서는 많은 인재와 재물이 필요한 법이다. 추모는 그 두 가지를 모두 갖춘 소서노라는 보물샘을 발견한 셈이었다.

추모는 연타발과 소서노 부녀의 전폭적인 지원을 등에 업고 재물을 풀어 사람들을 모으고 궁실을 짓고 성벽을 쌓는 등 건국사업에 전심전력한 끝에 마침내 새나라 고구려의 건국을 만천하에 선포했다. 그때가 기원전 37년 10월이었다.

추모왕은 건국 직후 인근의 비류국을 정복하고, 즉위 4년째인 서기 전 34년 7월에는 도성인 졸본성과 궁궐의 신축을 완공하여 황실과 국가의 권위를 드높였다.

또 재위 6년 10월에는 오이와 부분노扶芬努 두 장수를 보내 태백산 동남쪽의 행인국을 정복하고 그 땅을 영토로 삼았다. 재위 10년 11월에는 장수 부위염扶尉厭을 보내 북옥저를 쳐서 없애고 그 땅을 영토로 편입시키는 등 쉴 새 없이 국토를 확장하고 백성을 늘려 힘차게 부국강병의 길을 달렸다.

그리하여 건국 10년쯤 되자 고구려는 더 이상 신생 약소국이 아니라 추모의 목숨을 위협해 망명길에 오르게 했던 동부여와 맞먹을 정도의 강국으로 우뚝 서기에 이르렀다.

재위 19년 4월에 추모대왕의 아들 유리琉璃가 부여로부터 그 어머니와 함께 도망하여 오니 왕이 기뻐하여 태자로 삼았다. 그리고 그해 9월에 대왕은 40세 한창 나이로 세상을 떠서 용산에 장사 지냈으며, 묘호를 동명성제東明聖帝라고 했다.

백제를 세운
소서노·비류·온조 세 모자

열 명의 신하가 보좌하여 처음에 나라 이름을 십제라고 했고,
백가가 바다를 건너 나라를 세웠기에 국호를 백제라 했다고도 한다.
그때가 서기전 18년 9월이라고 하니, 이는 망명길에 오른 지 13개월 만의 일이었다.
《삼국사기》권 제1 〈기이〉 제2

서기전 19년 4월, 고구려 시조 동명성왕 재위 마지막 해에 대왕의 본부인 예씨가 동부여에서 졸본성으로 왔다. 예씨는 남편 추모가 동부여에서 망명한 뒤 20년 동안 시어머니 유화부인을 모시고, 유복자 유리를 낳아 기르며 힘겹게 살아오다가 대왕의 부름을 받고 아들 유리와 함께 찾아온 것이었다.

기다리던 적자와 본부인이 오자 대왕은 유리를 태자로, 예씨를 황후로 책봉하고 그동안 황후 노릇을 하던 소서노召西努는 제2황후로 강등하였다. 말이 좋아 제2부인이지 사실은 후궁이나 마찬가지였다. 그렇게 해서 소서노와 그녀의 전 남편 우태의 소생인 비류와 온조 세 모자는 하루아침에 더부살이 신세로 전락하고 말았다.

그런 까닭에 어쩌면 삼모자 사이에 이런 대화가 오갔을지도 모른

다. 이하 서술은 이를 소설식으로 재구성해 본 것이다.

"어머니, 어디 억울해서 살겠어요? 옛날 대왕이 동부여에서 도망쳐왔을 때 어머니와 계루부桂婁部의 군장君長이신 우리 외할아버지가 발 벗고 나서지 않았다면 이 고구려란 나라가 어떻게 세워질 수 있었겠어요?"

맏이 비류가 먼저 말하자 온조도 기다렸다는 듯이 맞장구를 치고 나섰다.

"형님 말씀이 옳습니다. 우리 일족이 건국에 으뜸가는 공로를 세웠는데, 이제 와서 덤받이 신세가 됐으니까 억울해서 못 살겠어요! 이거야 원 굴러온 돌이 박힌 돌을 빼서 내팽개치는 격이 아니고 뭐란 말입니까?"

두 아들의 말을 듣던 소서노도 마침내 이렇게 대꾸했다.

"너희 말이 맞다. 이 어미도 뼈가 쑤시고 살이 떨려서 이 나라에선 더 살고 싶지 않구나. 미련일랑 죄다 버리고 깨끗이 이 나라를 떠날 수밖엔 없지 않겠느냐? 우리가 따뜻한 남쪽으로 내려가면 빈 땅은 얼마든지 있을 테니 새 나라를 세우는 거야!"

그해에 추모대왕은 아직도 40세의 장년, 하지만 소서노는 어느덧 48세로 노령의 문턱을 넘고 있었다. 소서노는 몇 해 전부터 대왕에게 맏아들 비류를 태자로 세워달라고 졸라댔다. 하지만 대왕은 들은 척도 않았다. 대왕이 유리를 부른 까닭은 소서노의 성화가 귀찮기도 했지만 이를 계기로 하루바삐 자신의 적자 유리를 불러 태자로 책봉하여 후계문제를 매듭짓기 위해서였을 것이다. 졸지에 배반당한 소서노의 설움과 하루아침에 더부살이 신세로 전락한 비류와 온조 두 형제의 쓰라린 가슴은 어떠했으랴.

배신의 아픔도 있었지만 살 길을 찾는 것이 더 급했다. 아직은 대왕이 살아 있으니 당장 죽이지는 않겠지만, 뒷날 대왕이 죽고 유리가 뒤를 이어 즉위하면 가장 위협적인 소서노와 두 아들의 목숨은 어찌될 것인가. 결국 소서노는 두 아들을 데리고 대왕에게 찾아가 새로운 땅을 개척하고자 고구려를 떠나겠노라고 통고했다.

소서노 모자의 말을 들은 대왕은 빈 말이라도 말리기는커녕 수만 금의 막대한 망명 경비를 내려 주기까지 했다고 전한다. 그것은 결국 뒷날의 화근이 스스로 사라져 주는 것이 대견하고 갸륵하다는 표현에 다름 아니었다. 사실 따지고 보면 그 많은 재물도 원레는 연타발과 소서노 부녀의 곳간에서 나온 것이 아니었던가.

서기전 19년 8월, 소서노는 마침내 회한만 남긴 채 정든 고국, 정든 고향 졸본 땅을 영영 등졌다. 비류와 온조 두 아들, 오간·마려·을음·해루·흘우 등 열 명의 심복과 그 일족, 전부터 졸본 땅에서 살던 부여족 백성 – 계루부 부족민이 남부여대하여 소서노 모자의 뒤를 따랐다.

그렇게 졸본을 떠나고 고구려 국경을 넘은 소서노 일족은 남쪽으로 발길을 돌려 고난의 행군을 시작했다. 하지만 그 행군은 새 나라 건국을 위한 위대한 발길이기도 했다. 그들은 행군을 계속하던 그해 10월에 동명성왕이 세상을 뜨고 유리가 그 뒤를 이어 즉위한 사실조차 알 수 없었다.

소서노 삼모자를 주축으로 한 이들 부여족이 어떻게 하여 백제를 건국할 수 있었던가. 사서에서는 남쪽으로 내려가 패수와 대수를 건너 한산에 이르렀다고 했는데, 그러나 또 다른 기록은 그들이 대방의 옛 땅에 처음 나라를 세웠다고 전해 주고 있다. 뿐만 아니라 '열 명의 신하가 보좌하여' 처음에 나라 이름을 십제+濟라고 했고, '백가가 바다를 건너百家濟海' 나라를 세웠기에 국호를 백제라 했다고도 한다. 그때가 서기전 18년 9월이라고 하니, 이는 망명길에 오른 지 13개월 만의 일이었다.

이들이 처음으로 근거지를 삼은 곳은 그 옛날 조선의 준왕이 위만에게 나라를 빼앗기고 바다로 도망쳐 남쪽으로 내려와서 세운 마한 땅이었다. 마한 왕에게 재물을 바치고 땅을 얻어 변방의 소국을 자처하고 지내려 했던 것이다.

그러나 하루도 편한 날이 없었다. 말갈과 낙랑, 동예 등 주변 강적들이 신생 약소국 십제를 얕잡아 보고 걸핏하면 쳐들어와 노략질을 하는 바람에 견딜 수가 없었다. 당시 십제의 군사력이라고 해 봐야 기껏 1,000명 안팎이었을 것이니 하루가 멀다 하고 강적들이 쳐들어와 재물을 약탈하고 집을 불사르고 사람들을 마구 잡아가는 것을 어찌 견딜 수 있었겠는가.

소서노는 비류왕과 온조, 그리고 열 명의 대신과 의논한 끝에 보다 안전한 남쪽으로 도읍을 옮기기로 작정했다. 그리하여 십제는 건국하자마자 다시 연안을 따라 황해를 남하하기 시작했다.

아마도 비류왕과 온조 형제의 틈이 벌어진 것도 그 무렵부터였을 것이다. 그 이유는 무엇일까. 필자의 생각으로는 어쩌면 어머니가 형 비류에게 자신의 여생의 여력을 몽땅 쏟아 새 나라를 세우는 데 온갖 힘을 기울이는 것을 아우 온조가 시기를 하고 불만을 품었는지도 모른다. 아니면 나라를 세우고도 10년이 가깝도록 정착을 못한 채 강적만 만나면 허겁지겁 보따리를 꾸려 남쪽으로 도망치는 소서노와 비류의 소극적인 온건책에 보다 젊고 혈기 넘치는 온조가 강경파의 우두머리가 되어 반기를 들고 나섰는지도 모른다.

그들이 대방의 옛 땅을 떠나 바다를 남하하여 배를 댄 곳은 미추홀이었다. 미추홀에 상륙한 소서노는 두 아들과 신하들을 보내 새로운 도읍지를 찾아보라고 했다. 비류왕은 온조와 신하들을 데리고 부아악에 올라 사방을 살펴보았다. 그때 나이 든 중신들은 소서노를 모시고 미추홀에 남아 있었고, 비교적 젊은 신하들이 비류왕 형제를 수행했는데 미리 약속이라도 한 듯이 입을 모아 비류왕에게 이렇게 아뢰었다.

"대왕 폐하, 살펴보건대 이 하남의 땅이 북쪽으로는 큰물을 두르고, 동쪽으로는 높은 뫼들에 의지했고, 남쪽으로는 기름진 들판이 펼쳐졌으며, 서쪽은 바다가 막고 있으니 이는 하늘이 내린 다시 구하기 어려운 요지인 듯하옵니다. 원컨대 여기에 도읍을 정하심이 마땅한 줄 아뢰옵니다."

비류왕이 한참을 생각하다가 이렇게 말했다.

"우리가 처음 고구려를 떠나 남쪽으로 내려와 나라를 세우고 10년 동안이나 강적의 핍박을 받은 것은 내륙에 자리 잡았기 때문이었소. 그래서 숱한 싸움을 치르며 여기까지 쫓겨 내려온 게 아니오? 이제 우리는 무모한 싸움을 피하고 백성들이 편히 살게 하면서 힘을 길러야 할 것이오. 따라서 이제는 바닷가에 도읍을 정하는 것이 마땅하다고 생각하오. 바닷가에 자리 잡으면 세 가지 이로운 점이 있소. 첫째, 바다에서는 고기를 잡고 뭍에 올라와서는 농사를 지어 식량난을 해결할 수 있다는 점이요. 둘째, 바다를 끼고 있으면 군사의 이동이 쉬워 해외로 뻗어나가기 쉽다는 점이요. 셋째, 또다시 감당하기 힘든 강적의 공격을 받으면 재빨리 배를 타고 바다로 피하기 쉽다는 점이요……."

그러자 온조가 강력히 반대했다.

"말도 안 돼! 임금이란 사람이 도망칠 생각부터 하다니. 짐승도 힘이 없으면 다른 짐승에게 잡아먹히고 나라도 힘이 없으면 다른 나라에게 먹히는 법이오. 자꾸만 싸워서 백전연마의 강병을 길러야만 살아남는 것이오. 험한 산에 의지해 성책을 두르고 들판에는 백성들이 살게 하여 적이 오면 싸워 물리치면 될 게 아니오? 형님은 어찌 지친 백성들을 이끌고 또다시 도망칠 궁리부터 먼저 한단 말이오?"

두 형제는 크게 싸우고 부아악에서 내려왔다. 신하들이 입을 다물고 그 뒤를 따랐는데 대부분 온조와 같은 생각을 지닌 소장 강경파였으므로 비류왕에 대해 불만이 많았다. 그런 까닭에 싸움은 미추홀로 돌아간 다음에도 재개되었다.

어머니 소서노는 비록 예전의 패기를 잃지 않았다고 하지만 이미 60고개를 바라보는 노파였다. 그녀는 이번에도 맏이 비류의 편을 들었다. 소서노와 비류왕을 중심으로 한 온건 노장파와 온조를 축으로 삼은 강경 소장파의 틈은 점점 벌어져갔고, 마침내 태어난 지 10년밖에 안 되는 나라, 그나마 작고 힘 약한 십제는 두 쪽으로 갈라지고 말았다. 온조가 자신의 추종 세력을 이끌고 내륙으로 들어갔던 것이다.

우태와 추모에게 두 차례 시집갔다가 첫 번째는 과부가 되고, 두 번째는 쫓겨나다시피 하여 모두 실패한 기구한 운명의 여인 소서노, 하지만 그녀의 비극은 거기에서 그친 것이 아니었다. 또 다른 엄청난 비극의 씨앗을 오래전부터 자신의 자궁에서 배태하고 있었으니, 그것은 곧 비류와 온조 두 형제의 불화와 반목과 대립이었다.

국모 소서노는 바닷가 미추홀과 내륙의 위례성을 오가며 꾸짖고 타이르고 눈물로 설득해 보았지만 이미 틈새가 벌어질 대로 벌어진 양 진영은 어느 쪽도 고집을 꺾기는커녕 나중에는 타협조차 하려고 들지 않았다. 추종하는 무리를 이끌고 위례성에 분립해 스스로 임금을 자처한 온조는 다시는 어머니와 형의 밑으로 돌아가지 않겠노라고 선언했다.

마침내 소서노는 최후의 비장한 결심을 하기에 이르렀다. 작은아들 온조를 강제로 끌고서라도 미추홀로 데려와 두 형제를 화해시켜야겠다고 결심했던 것이다. 소서노는 그렇게 작정하고 다섯 명의 장사를 뽑아 밤중에 위례성을 기습했다. 그러나 이 기습작전은 특공대의 전멸로 끝났다.

《삼국사기》〈백제본기〉 온조왕 13년 조의 다음과 같은 짧은 기록은 온조파가 국모 소서노를 시해한 이 참극을 은폐한 기록이라는 것이 역사연구가 김성호 씨 등의 주장이다.

봄 2월에 왕도에서 노파가 사내로 변하고 다섯 호랑이가 입성하니 61세의 왕모가 사망했다.

비극의 해 서기 6년인 온조왕 13년이란 실은 비류왕의 재위 연대인 동시에 온조가 분립한 첫해를 가리키는 것으로 보아야 옳을 듯하다. 단재丹齋 신채호申采浩도 《조선상고사》에서 '온조왕 13년은 곧 소서노 여왕의 치세 마지막 해요, 이듬해가 온조왕의 원년'이라고 주장했다.

그로부터 며칠 동안 불안한 긴장감 속에서 양측은 대치를 계속했다. 하지만 무슨 까닭인지 미추홀의 비류왕은 공격해 오지 않았다. 그렇다고 해서 국모의 시신을 찾으러 사람을 보내지도 않았다. 온조 왕도 굳이 반격하려 하지 않았다. 온조는 3개월 뒤인 그해 5월에 신 하들에게 이렇게 말했다.

"우리나라 서쪽에는 낙랑이 있고 북쪽에는 말갈이 있어 자주 침범 하므로 하루도 편한 날이 없소. 더군다나 요즘에는 요상한 일이 자꾸 일어나고 국모까지 돌아가시니 형세 자못 불안하여 장차 도읍을 옮 기고자 하오. 내가 전에 보아두었던 한수 이남은 땅이 기름지니 그리 로 옮겨 길이 태평을 도모함이 마땅하리라."

그리하여 7월에 한산漢山 밑에 성책을 세우고 사람들을 이주시킨 뒤, 8월에는 마한왕에게 사신을 보내 천도를 알리고, 9월에는 성곽을 쌓기 시작하여 이듬해 정월에 정식으로 천도를 단행했다.

온조왕은 재위 25년(7) 10월에 군사를 이끌고 사냥 가는 척하다가 급격히 마한을 몰아쳐 그 도읍을 함락시켰다. 다음 해에는 끝까지 저항하던 마한의 원산과 금현 두 성의 항복을 받아내 결국 마한을 멸망시키고 병합에 성공했다.

재위 28년에 온조왕은 맏아들 다루多婁를 태자로 책봉하여 군무를 맡겼다. 또 31년(13)에는 국내를 남부와 북부로 나누고, 2년 뒤에는 동부와 서부를 설치하여 중부와 더불어 행정구역을 5부로 확정했다. 온조왕은 그렇게 나라의 기틀을 다져나갔다.

이렇게 백제를 건국하고, 동분서주하며 불철주야로 나라의 기틀을 다진 온조대왕은 재위 46년(28) 음력 2월에 세상을 떴으니, 사서의 기록을 근거로 추산하건대 그때 나이 75세 안팎이었다.

온조왕은 과감한 결단성이 있고, 탁월한 통솔력을 지닌 인물로 추정된다. 백제 건국 초기에 어머니 소서노와 형 비류에 맞서 분립한 사건부터 그의 강경한 성품을 말해 준다고 할 수 있다. 출중한 리더십에 강력한 카리스마까지 지녔을 것이다. 그런 까닭에 때로는 과격하고 잔인하다는 평가도 받았을 것이다.

하지만 지금으로부터 2,000년 전 그 당시는 강한 무력이 곧 정의요, 남보다 뛰어난 용기와 지혜가 곧 생존방식의 전부가 아니었던가. 따라서 오늘의 윤리관과 도덕적 기준으로 당대 인물들을 비난할 수는 없는 노릇이다.

가락국 시조 김수로왕과 허황옥 황후

수로왕은 임인 3월 알에서 깨어났는데 그달에 즉위했다.
158년을 다스렸다. 금빛 나는 알에서 나왔으므로 성을 김씨라 했다.
《삼국유사》 권 제1 〈왕력〉 제1

김수로왕金首露王이 하늘에서 내려온 알에서 깨어나 가락국을 세웠는데, 그 이전에는 고조선의 옛 땅이요, 변한의 옛 땅이며 신라의 남쪽인 오늘의 낙동강 하구 김해 지방에는 그 어떤 나라도 없었다. 낙동강이라는 이름도 뒷날 '가락국의 동쪽을 흐르는 강'이란 뜻에서 비롯된 것이다.

그때까지도 청동기 시대에 머물고 있던 이 땅에는 아도간我刀干·여도간汝刀干·피도간彼刀干·오도간五刀干·유수간留水干·유천간留天干·신천간神天干·오천간五天干·신귀간神鬼干 등 아홉 명의 군장(촌장)이 우두머리 노릇을 하는 아홉 개의 촌락이 이곳저곳에 무리지어 소국을 이루며 살고 있었다. '간'은 '칸'과 같은 말로 고대 동북아시아 여러 민족의 통치자를 일컫는 칭호였다.

《삼국유사》에서는 이들의 호구가 모두 1만 호에 7만 5,000명이라고 했으니 한 사람의 간(칸)이 평균 8,300여 명을 다스린 셈이 된다.

이때 먼 북방에서부터 철기로 무장한 강력한 기마군단이 마치 하늘에서 떨어지듯이 이 땅에 나타났다. 그들이 바로 김수로를 우두머리로 한 철제무기와 선진문물을 지닌 가야 세력이었다.

김수로대왕이 가락국을 창건한 것은 서기 42년. 그해에 신라는 제3대 노례이사금(유리왕) 19년, 고구려는 제3대 대무신왕 25년, 백제는 제2대 다루왕 15년이다.《삼국유사》'가락국기'는 이렇게 전한다.

천지개벽 이래 남쪽 바닷가 김해 땅에는 나라도, 임금도 없었다. 다만 아도간이니 여도간이니 하는 9간이 각각 촌장이 되어 촌민을 통솔하였으며, 사람들은 뭍에서 밭농사를 짓고, 바다에 나가서 조개와 물고기를 잡아먹고 살았다.

그러던 어느 날 북쪽 구지봉에서 수상한 소리가 나기에 200~300명 되는 무리가 모였더니 어디선가 사람 목소리 같은 소리가 나는데 형체는 감추고 소리만 위압스럽게 크게 내어 이렇게 말하는 것이었다.

"거기에 있는 너희는 어떤 자들인고?"

이에 9간이 대답했다.

"우리는 본래부터 이곳에서 사는 사람들입니다."

"내가 있는 이곳이 어디냐?"

"구지봉이라고 합니다."

"그러면 너희 모두 잘 들어라. 천제께서 내게 명하시기를 이곳에 나라를 새롭게 세우고 임금이 되라고 하셨다. 그리하여 내가 하늘에서 여기에 내려온 것이니라. 너희 모두 봉우리 꼭대기의 흙 한 줌씩을 쥐고 이렇게 노래 부르며 춤추도록 하라!"

그래서 사람들은 그 무서운 목소리가 시키는 대로 이렇게 합창했다. 이 노래가 바로 〈구지가龜旨歌〉라고 부르는 향가이다.

거북님아, 거북님아!
머리를 내밀어라.
만약 아니 내미신다면
불에 구워 먹겠다.

그렇게 정신없이 노래하며 춤추고 있자니, 이게 웬 조홧속인가! 갑자기 보랏빛 노끈이 하늘로부터 드리워 땅에 닿는데, 노끈 끝을 찾아 보니 붉은 보자기로 싼 금합이 있었다. 그것을 열어 보니 둥글기가 해와 같은 황금알 여섯 개가 있었다. 모두 놀랍고도 기뻐서 수없이 절을 하다가 조금 뒤에 다시 알을 싸서 아도간의 집으로 돌아와 탁자 위에 두고는 각각 흩어졌다.

그 뒤 12일이 지난 다음, 날 샐 무렵에 무리가 다시 모여 금합을 열었더니 황금알 여섯 개가 여섯 명의 사내아이로 화했는데, 용모가 모두 빼어났다. 이내 평상 위에 앉으니 사람들이 축하하는 절을 올리고 정성을 다해 공경했다.

그들은 나날이 장성하여 10여 주야를 지나자 키가 9척으로 자라났다. 그리하여 사람들이 가장 큰 아이를 임금으로 받들어 모시니 그가 우두머리라 하여 이름을 수로 또는 수릉이라고 하고, 나라 이름을 대가락(가야국)이라고 하였다.

남은 다섯 사람은 각각 돌아가 다섯 가야의 우두머리가 되었다.

《삼국유사》〈왕력〉편의 가락국 조에 이런 기록이 있다.

수로왕은 임인 3월 알에서 깨어났는데 그달에 즉위했다. 158년을 다스렸다. 금빛 나는 알에서 나왔으므로 성을 김씨라 했다.

이렇게 해서 김해 김씨의 시조가 이 땅에 탄강한 것이다.

이는 서기 42년쯤, 김수로 집단이 북쪽에서 남하해 그때까지 석기와 청동기를 병행하던 이 지역을 20여 일에 걸쳐서 평정하고 가락국을 세운 건국설화다. 이들 김수로 집단의 지도층 일부는 다소의 시차는 있지만 각자의 무리를 이끌고 가락국 인근을 개척하여 5가야를 세웠으며, 이들이 가락국(본가야·금관가야) 김수로대왕을 가야 연맹의 맹주로 받들었던 것이다

《삼국유사》에 따르면 김수로왕은 12일 만에 알에서 깨어났고, 부화한 지 10여 일 만에 9척 장신으로 급성장하여 왕위에 올랐다고 했다. 그리고 건국 6년째에 아유타 국에서 온 허황옥許黃玉 공주를 황후로 맞았다고 했다. 보통 사람의 나이로 계산하면 불과 여섯 살짜리가 임금 노릇도 하고 장가도 들었다는 말이다. 더구나 허황옥 공주가 시집올

때 나이 겨우 열여섯 살이라고 했으니 더욱 황당무계하지 않은가.

물론 사람이 여자의 몸에서 태어나지 어찌 하늘에서 내려오고, 알을 깨고 세상에 나올 수 있으랴. 이는 오로지 자기 부족의 시조나 건국의 시조를 자신들의 숭배 대상인 하늘이나 태양과 동일시·신성시하여 신격화하려는 고대의 신앙의식이 반영된 것이다. 잘 알다시피 우리 조상들에게는 천손족天孫族이란 민족적 자부심·자긍심과 일체감이 있지 않았던가.

모름지기 한 나라를 창업하기 위해서는 천시와 지리도 따라야 하지만 무엇보다도 창업자의 자질이 비상하게 출중해야 한다는 것이 역사의 교훈이다. 김수로대왕의 탄강이나 건국 사화도 신화처럼 전해오고 있지만, 이는 모두 후대에 신격화한 결과이고, 김수로대왕도 남달리 탁월한 리더십을 지녔기에 가락국을 건국하고 6가야 연맹의 맹주가 될 수 있었던 것이다.

김수로대왕이 하늘에서 내려왔다는 구지봉은 신화적 역사의 현장인 동시에 국문학사의 첫머리를 빛낸 고대가요 〈구지가〉의 고향이기도 하다. 또한 수로대왕릉과 허황후릉은 구지봉과 더불어 800만 명이 넘는 전국의 김해 김씨·김해 허씨·양천 허씨·인천 이씨 등의 성지聖地이기도 하다.

가야가 건국되기 전에 이곳은 삼한(변한)의 영토였고, 그 전에는 고조선의 영역이었다. 따라서 가야는 고조선과 삼한을 계승한 열국의 하나였으며, 고조선이 이미 상당한 수준의 국가사회였음을 고려한다면 가야 또한 상당한 수준의 성숙하고 발전한 사회조직을 바탕으로 건국된 고대 국가였을 것이다.

서기 42년부터 661년까지 520년 동안이나 사직을 유지해 온 가야가 이웃 신라나 백제, 고구려처럼 강력한 중앙집권적 왕국으로 성장하지 못한 채, 일부는 왜 열도로 건너가고 일부는 신라에 병합되어 한국사의 주류에서 미아가 된 가장 큰 이유는 가야 연맹이 시종일관 분열되어 있었기 때문이다. 맹주인 가락국을 중심으로 통합하여 강력한 중앙집권적 고대 국가로 발전했다면 이른바 삼국 시대는 당연히 사국 시대가 되었을 것이고, 따라서 김부식과 일연의 저서도 《삼국사기》와 《삼국유사》가 아닌 《사국사기》와 《사국유사》가 되었을 것이다.

이번에는 김수로왕과 허황옥 공주의 혼인 이야기를 보자.

김수로왕이 가락국을 건국한 지 6년째 되던 서기 48년 7월 27일 아침이었다. 조회가 끝나자 전날 밤에 미리 모여서 입을 맞춘 9간이 대왕에게 이렇게 아뢰었다.

"대왕께서 하늘로부터 내려오신 이래로 아직 좋은 배필을 얻지 못하셨으니 저희의 여식들 가운데서 가장 빼어난 아이를 뽑아서 대궐로 들여 배필로 삼도록 하시기 바라옵니다."

그러자 대왕이 기다렸다는 듯이 이렇게 받아넘겼다.

"내가 여기에 내려온 것은 하늘의 명을 받았기 때문이니 나의 짝이 되어 황후가 되는 것도 하늘의 명이 있으리니 그대들은 걱정하지 말라."

그리고 유천간을 시켜 경쾌한 배와 좋은 말을 이끌고 망산도에 가서 기다리게 하고, 또 신귀간을 시켜 승점으로 가도록 했다. 그러자 갑자기 바다 서남쪽 구석에서 붉은 비단 돛을 달고 붉은 깃발을 펼친 배가 북쪽으로 향해 오는 것이었다. 유천간 등이 먼저 섬 위에서 횃불을 올리니 그 배에서 사람들이 앞다투어 육지로 내리더니 재빨리 달려왔다. 신귀간이 이것을 보고 대궐로 달려와 이 사실을 왕에게 말했다. 왕이 듣고 기뻐하면서 곧 9간 등에게 시켜 화려하게 꾸민 배를 보내 이들을 대궐로 맞아들이려고 했다. 그러자 배에 타고 있던 공주가 말했다.

"나는 너희들과 본래 전혀 모르는 사이인데 어찌 함부로 따라갈 수 있겠느냐?"

유천간 일행이 돌아가 공주의 말을 그대로 전하니 왕이 그 말을 옳게 여겨 신하들을 거느리고 행차하여 대궐에서부터 서남쪽으로 60보쯤 떨어진 산기슭에 장막을 쳐서 행궁을 삼고 공주를 기다렸다.

공주도 산 바깥의 별포 나루터에 배를 매고 상륙하여 높은 언덕에서 쉬었는데, 입고 있던 비단 바지를 벗어서 폐백으로 삼아 산신령에게 바쳤다. 이 밖에 그 나라의 신하로서 따라온 후행이 두 명이었는데 이름은 신보와 조광이고, 그들의 아내 이름은 각각 모정과 모량이었다. 공주가 점점 행궁으로 다가오자 왕이 나와서 그녀를 맞아 함께 장막으로 들어가니 후행 이하 여러 사람은 뜰 아래에서 임금을 뵙고 곧 물러났다. 왕은 그들에게 진수성찬을 내리고, 화려한 자리에서 자게 하며, 의복과 비단과 보화들도 주었다. 그리고 군사들에게 그들을 지켜 주도록 했다.

이에 왕이 공주와 함께 침석에 드니 공주가 조용히 왕에게 말했다.

"저는 아유타 국의 공주로서 성은 허요, 이름은 황옥이며, 나이는 열여섯이옵니다. 본국에 있을 때인 올해 5월에 부왕과 모후께서 저에게, '우리가 어젯밤 꿈에 하느님을 만났는데 하느님께서는 가락국의 시조 수로는 하늘이 내려 보내 왕위에 오르게 하였는바, 신령스럽고 거룩한 이는 오직 그 사람뿐이다. 그런데 그가 새로 그 나라에 군림하여 아직 배필을 정하지 못했으니 그대들은 모름지기 공주를 보내 그의 배필을 삼게 하라 하시고 하늘로 올라가셨다. 꿈을 깬 뒤에도 하느님 말씀이 오히려 귀에 쟁쟁하구나. 너는 여기서 빨리 우리 부부를 하직하고 그에게 가거라' 하고 말씀하셨습니다. 저는 바다를 건너 멀리 남해에 가서 찾기도 했고 방향을 바꾸어 멀리 동해로도 가보았습니다. 그러다가 이제 보잘것없는 얼굴로 외람되게 용안을 뵙게 된 것이옵니다."

수로왕이 대꾸했다.

"짐은 나면서부터 자못 현명하여 이미 공주가 먼 곳에서부터 올 것을 알고 있었다오. 그래서 신하들이 황후를 들이라고 청했으나 듣지 않았던 거요. 이제 현숙한 그대가 스스로 찾아왔으니 이 사람에게는 매우 다행한 일이오!"

그러고는 마침내 동침하여 이틀 밤과 하루 낮을 지냈다. 이에 황후가 타고 온 배를 돌려보내는데 뱃사공 열여섯 명에게 각각 쌀 열 섬과 베 서른 필을 주어 본국으로 돌아가게 했다.

하루는 왕이 신하들에게 말했다.

"9간이 여러 관리의 으뜸이지만 그 직위와 명칭이 모두 미천한 사람들의 이름이요, 결코 존귀한 관직의 칭호가 아니니 만약 외국에 전해지면 반드시 웃음거리가 되리라."

하고는 아도간 등 신하들의 칭호를 고쳤다. 그리고 계림(신라)의 직제를 채용하여 각간·아질간·급간의 등급을 두고 그 아래 관리들은 주나라의 제도와 한나라의 법도에 따라 나누어 정했으니, 이는 옛것을 고치고 새것을 취하여 관직을 설치한 것이었다.

이로부터 나라를 다스리고 집안을 정돈하여 백성들을 자식처럼 사랑하니 명령이 요란스럽지 않아도 위엄이 있었고 정치는 가혹하지 않아도 잘 다스려졌다.

이후 허 황후는 아들 낳을 꿈을 꾸고 태자 거등居登을 낳았다.

189년 3월 1일에 황후가 세상을 떠나니 나이가 157세였다. 나라 사람들이 마치 땅이 무너진 것처럼 슬퍼하며 구지봉 동쪽 언덕에 장사지냈다. 그녀가 백성을 자식처럼 사랑한 은혜를 기리기 위해 황후가 처음 도착하여 닻을 내린 도두촌을 주포촌이라 하고, 비단 바지를 벗었던 높은 산언덕을 비단고개, 즉 능현이라 하고, 붉은 기를 휘날리며 들어온 바닷가를 기출변이라고 했다.

황후가 떠난 뒤 왕은 매양 독수공방의 외로움을 노래하며 비탄에 잠겨 있다가 10년이 지난 199년 3월 23일에 세상을 떠나니 나이 158세였다. 나라 사람들이 마치 부모를 잃은 듯 슬퍼하기를 황후가 돌아갈 때보다 더했다. 그리하여 대궐의 동북쪽 평지에 높이 한 길, 둘레 300보의 빈궁을 만들어 장사지내고 수릉왕묘라고 불렀다.

《삼국유사》'가락국기'는 이렇게 끝맺었다.

수로왕의 맏아들 거등왕부터 9대손 구형왕까지 이 왕묘에 배향하고 해마다 정월 3일과 7일, 5월 5일, 8월 5일과 15일에 성대하고 정결한 제사를 베풀었는데 대대로 끊이지 않고 이어졌다.

신라왕이 된 풍운아 석탈해이사금

일개 망명객에 불과했던 석탈해가 일약 신라의 재상이 되어 정치와 군사의 실권자가 된 것이다.
《삼국유사》 권 제1 〈기이〉 제2

신라에서 석씨 왕조를 연 제4대 임금 석탈해이사금_{昔脫解尼師今}도 알을 깨고 세상에 나온 신비로운 전설의 주인공이다. 그는 본래 왜국에서 동북쪽으로 1,000리나 떨어진 용성국의 왕자였다. 용성국은 정명국·완하국·화하국·다파나국이라고도 하며, 함달파라는 왕이 다스리고 있었다.

함달파왕이 이웃나라 적녀국의 공주를 배필로 맞았는데 오래도록 자식을 낳지 못했다. 그래서 아들을 낳게 해달라고 매일같이 기도를 올린 끝에 마침내 왕비의 배가 불렀으니 시집온 지 7년 만이었다. 그렇게 해서 무엇을 낳긴 낳았는데 사람이 아니라 커다란 알이었다.

"세상에 이럴 수가! 새도 아니고, 뱀도 아닌 사람이 알을 낳다니, 이 무슨 상서롭지 못한 괴변인고? 빨리 이 재수 없는 것을 멀리 내다 버려라!"

왕명에 따라 알을 커다란 궤짝에 넣고 배에 태워 바다에 띄웠다. 왕비는 그래도 제 뱃속에서 나온 것이라 불쌍하게 생각하여 비단으로 알과 함께 많은 금은보화를 싸서 배에 실었다.

배는 파도에 밀려 서남쪽으로 흘러갔다. 그 사이에 궤짝에 들었던 알이 부화하여 그 속에서 용모가 걸출하고 괴이하게 생긴 사내아이 하나가 나왔다. 그러자 어디선가 붉은 용이 나타나 아이와 배를 보호해 주었다.

배는 파도를 타고 흘러가다가 마침내 가락국(금관가야) 해변에 이르렀다. 김수로왕金首露王이 보고를 받자 신하와 백성을 거느리고 바닷가로 나가 북을 울리고 환호성을 올리며 반겨 맞았다. 하지만 무슨 까닭인지 배는 뭍에 오르려 하지 않고 다시 바다로 나가 해변을 따라 동쪽으로 가다가 다시 북쪽으로 올라가 마침내 신라 동쪽 하서지촌 아진포에 닿았다.

그때가 혁거세거서간赫居世居西干 39년, 서기 19년이라고 《삼국유사》는 전한다. 그때 아진포에는 의선이란 노파가 살고 있었는데, 그녀의 외아들은 혁거세거서간의 수군水軍으로 나가고 집에 없었다. 노파는 그날 마침 바닷가에 있다가 까치들이 몰려들어 있는 수상한 배를 발견했다. 노파가 배를 저어 가까이 다가가 보니, 배위에는 길이 20척, 너비 13척의 궤짝이 하나 있는데, 까치들이 그 궤짝을 둘러싸고 요란스럽게 짖어대고 있었다.

의선 노파는 자신의 배에 그 배를 묶어 뭍으로 끌어왔다. 그리고 궤짝을 열어 보니 영걸스럽게 생긴 사내아이 하나가 숱한 보물과 함께 들어 있었다. 보물도 보물이지만, 노파는 이 아이는 하느님이 보내 준 자식이라고 기뻐하며 집으로 데리고 가서 양자로 삼았다.

그렇게 의선 노파의 양자가 된 아이는 무럭무럭 자라났고, 커서는 고기잡이로 양모를 봉양하는데, 조금도 힘들거나 귀찮아하는 기색이 없었다.

동명성왕·박혁거세·김수로·김알지 등 알에서 깨어났다는 고대 영웅호걸이 모두 마찬가지였지만, 이 괴소년도 자라면 자랄수록 점점 비범하고 비상한 모습을 드러냈다. 몇 해 지나지 않아 아이는 구척장신의 범 같고 곰 같은 장사로 성장했다. 체격만 당당한 것이 아니라 머리도 총명했다. 아진포에서 가장 유식한 한 노인이 이렇게 말하면서 소년의 이름을 지어 주었다.

"너도 이제부터는 이름이 있어야 사람 행세를 하지 않겠느냐? 그런데 성씨가 뭔지 모르니 성은 석씨昔氏로 하는 것이 좋겠구나. 까치 때문에 궤짝을 열게 됐으니 까치 작鵲 자에서 새 조鳥 자를 빼고 석씨라 하고, 이름은 알을 벗고 궤짝을 풀고 나왔으니 벗을 탈脫 자, 풀 해解 자 탈해라고 하는 게 좋겠구나!"

그러던 어느 날 양모가 탈해를 앞에 앉혀놓고 이렇게 타일렀다.

"탈해야. 내가 가만히 생각해 보니 네가 이렇게 갯가에서 썩어서는 안 될 거 같구나. 몸집도 크지, 머리도 좋지, 네가 어디 보통사람이냐? 넌 앞으로 크게 될 사람이야. 그러니까 이제부턴 고기잡이는 그만두고 학문을 익히도록 해라. 그래서 공명을 세우고 큰 인물이 되어

라. 잘 알겠느냐?"

"어머니 말씀대로 하겠습니다. 제가 언제 한 번이라도 시키는 대로
안 하는 걸 보셨습니까?"

그렇게 하여 석탈해는 그날부터 열심히 학문을 쌓고, 또 한편으로
는 무술도 익혀 문무겸전한 인재로 거듭나게 되었다.

청년 석탈해는 양모와 작별하고 고향이나 마찬가지인 아진포를 떠
나 서라벌로 향했다. 《삼국유사》에서는 그때 탈해가 종 두 명을 거느
리고 갔다고 전한다.

서라벌에 도착한 그는 토함산에 올라가 돌집을 짓고 7일 동안 머물
며 서라벌의 지형과 지세를 살폈다. 석탈해는 낮에는 성안으로 들어
가 지리를 익히고, 밤에는 돌집으로 돌아와 잠을 잤다. 그렇게 정찰
을 하다가 마침내 마음에 쏙 드는 집 한 채를 점찍어두고 공작에 착
수했다.

그 집은 뒷날 신라의 황궁인 월성이 들어서는 자리로서 당시에는
박혁거세서간 당시부터 조정의 유력한 대신인 호공瓠公이 살고 있
었다. 탈해는 아무도 보지 않는 밤에 몰래 그 집 옆에 숫돌과 숯을 파
묻었다. 그리고는 환한 대낮에 호공의 집에 찾아가 고래고래 악을 쓰
기 시작했다.

"아이고 억울하고 분통해라. 도둑놈들아, 집 내놔라! 내 집 내놔
라!"

어느 놈이 방자하게 악을 쓰며 울부짖자 마침내 호공이 나와 보았
다. 그리고 탈해의 생떼를 듣고 가만히 지켜보다가 이렇게 물었다.

"이것 봐, 젊은이. 이 집이 네 집이라고? 난데없이 나타나 터무니

없는 헛소리를 하고 있구나."

그러자 탈해가 머리를 빳빳이 치켜들고 이렇게 대들었다.

"이 집이 본래 우리 할아버지가 살던 집인데 영감은 언제부터 우리 집을 빼앗아서 살고 있는 거요? 참말로 얄궂네요!"

"이런 고얀 놈을 봤나. 멀쩡하게 생긴 놈이 엉뚱하게 남의 집에 찾아와서 할아비가 살던 집이라고 생떼를 쓰니 이거 완전히 미친놈 아닌가?"

"아이고, 억울해라. 그럼 관가에 가서 한번 따져 볼까요?"

그렇게 해서 두 사람은 관가로 찾아갔다. 이야기를 듣고 난 관리가 탈해에게 물었다.

"호공 어르신 저택이 본래 너의 할아버지가 살던 집이라니 무슨 증거라도 있나?"

"증거가 있으니까 내가 이렇게 집을 찾으러 왔지요. 그 집 동쪽 담 밑을 파 보시오. 우리 할아버지가 쓰던 숫돌과 숯이 있을 거요. 우리 집안이 본래 유서 깊은 대장장이 집안입니다."

모두 다시 호공의 집으로 가서 담 밑을 파 보니 과연 숫돌과 오래된 숯이 나왔다.

그렇게 하여 탈해가 호공의 집을 빼앗아 살았다는 것이 사서의 전언인데, 이 기록을 그대로 믿을 수는 없다. 호공이 누구인가. 혁거세 거서간 때 마한에 사신으로 가서 조공을 바치지 않는다고 화를 내던 마한 왕을 꼼짝 못하게 만들고 온 배포 크고 명철한 나라의 중신이 아닌가. 그런 인물이 머리에 피도 안 마른 새파란 석탈해의 협잡에 넘어가 순순히 저택을 빼앗겼다는 것을 어찌 믿을 수 있겠는가.

이는 석탈해를 보고 장래성이 있다고 판단한 호공이 인재를 기르는 차원에서 석탈해를 거두어들여 후견인 노릇을 했다는 이야기로 해석하는 것이 마땅하다. 실제로 뒷날 석탈해가 임금이 된 뒤에 호공을 수상인 대보로 임명하여 신세를 갚은 것만 봐도 잘 알 수 있다.

알을 까고 나온 돌연변이 석탈해. 본국에서 용납되지 않아 위험한 바닷길을 무릅쓰고 가락국을 거쳐 신라로 망명했던 석탈해는 그렇게 두각을 나타내고 신라의 상류층에 편입, 역사의 무대에 화려하게 등장할 수 있었다.

그렇다면 기구한 과거를 지닌 풍운아 석탈해가 어떻게 하여 남해 차차웅의 사위가 되고, 정권을 장악하고, 나중에는 처남인 노례이사금(유리왕)을 핍박하여 왕국의 주인이 될 수 있었던가.

석탈해가 철을 다루는 대장장이 집단의 우두머리였다는 주장도 있다. 신석기와 청동기를 병용하던 2,000년 전 한반도 남부에서 그의 신분이 급상승하여 서라벌 중앙 정치무대에서 각광받게 된 이유도 철을 다루는 야장(冶匠)이었기에 가능했다는 해석이다.

어쨌거나 석탈해는 대망의 사나이, 야망의 화신이었다. 그의 목표는 단순히 입신출세해서 대신이나 장수가 되는 것이 아니었다. 부자가 되는 것도 아니었다. 어여쁜 처녀와 혼인해 좋은 집에서 잘 먹고 잘 입고 잘 사는 것도 아니었다. 그의 꿈은 오로지 한 나라의 주인이 되는 원대한 데 있었다.

그가 군사를 거느린 뒤에 처음으로 눈길을 돌린 곳은 신라가 아니라 가락국이었다. 《삼국유사》 '가락국기'에는 석탈해와 김수로대왕의 대결 장면이 나온다. 두 사내 모두 구척장신인 고대의 용사였으니 싸움은 당연히 볼만했다.

《삼국유사》 제4대 탈해왕 조에는 이렇게 쓰여 있다.

뒤에 탈해 신령의 명령이 있어 "내 뼈를 조심해서 묻으라."라고 했다. 그의 해골 둘레가 3척 2촌이요, 몸뚱이 뼈 길이가 9척 7촌이요, 이가 한 덩어리로 엉겨 있으며, 뼈마디가 모두 연결되어 있었으니, 이른바 천하에 적수가 없을 장사의 뼈였다.

'가락국기'에는 탈해가 느닷없이 수로왕을 찾아간 것으로 기술되어 있다. 수로왕이 가락국을 세우고 임금으로 즉위한 지 2년째인 서기 44년 어느 날 석탈해가 가락국으로 찾아와 '반갑다는 듯이' 인사를 하더니 불쑥 이렇게 도전을 한 것으로 나온다.

"내 오늘 가락국 임금 자리를 차지하려고 일부러 찾아왔노라!"

수로왕이 듣고 보니 이렇게 정신 나간 놈이 또 없었다. 몸집은 비록 자신과 비슷한 구척장신의 당당한 거인이었지만 말하는 품세가 배우지 못한 촌놈에 불과했다. 수로왕도 젊은이였지만 너무나 기가 막혀 한참을 웃다가 이렇게 대꾸했다.

"내 오래 살지는 않았지만 오늘 참말로 괴상한 인간을 다 보는구나. 넌 도대체 정체가 뭐냐? 하늘이 짐에게 명하여 대왕 자리에 오르게 한 것은 나라를 안정시키며, 백성을 편하게 하라는 명령이다. 그러니 그 지상 명령을 저버리고 내 어찌 너같이 괴상한 자에게 대위를 순순히 넘겨 줄 수 있겠느냐? 내 나라와 백성을 너에게 맡길 수 없다."

그러자 석탈해가 고개를 들어 하늘을 쳐다보며 한바탕 웃더니 이렇게 제안했다.

"순순히 말로 해서는 안 통하니 그렇다면 실력으로 겨루어볼 수밖에! 자, 한번 화끈하게 붙어 보자."

역사 기록은 이때 두 사람이 이렇게 술법으로 겨루었다고 전한다.

탈해가 매로 화하매 왕은 독수리로 변했다. 탈해가 다시 참새로 변하니 왕은 새매로 화했다. 그러고 나자 탈해가 순식간에 본래의 몸으로 돌아오니 왕도 역시 본래의 모습으로 돌아왔다. 탈해가 그제야 항복하면서 말했다.

"지금 술법으로 겨루는 판에서 매에게는 독수리로, 참새에게는 새매로 변했지만, 내가 죽음을 면한 것은 그야말로 대왕이 살육을 싫어하는 어진 마음을 베푼 덕분이 아니겠소이까? 아무래도 내가 대왕을 상대로 임금 자리를 다투는 것이 잘못인가 보구려. 그럼 또 봅시다. 그럼 나 갑니다!"

그렇게 패배를 인정한 탈해는 부하들을 이끌고 서둘러 싸움터를 벗어나 나루터로 향했다. 그리고 수로왕이 수군과 전선 500척을 동원하여 후환을 없애려고 추격토록 했지만 탈해는 이미 신라 땅으로 달아난 뒤였다. 그 당시 석탈해는 신라에서 군사를 이끌고 바닷길을 따라 가락국 침공을 감행했던 것이다.

그때 김수로왕과 석탈해는 서로의 영웅다운 풍모에 깊은 인상을 받았던 것으로 보인다. 왜냐하면 그로부터 훨씬 뒤 석탈해의 아들 석구추가 김수로대왕의 막내딸 지진내례를 아내로 맞아 두 집안이 사돈이 된 사실이 이런 점을 여실히 증명해 준다. 또 이 기사는 석탈해가 바다를 건너와 처음에는 금관국 해변에 이르렀다가 신라 해안으로 달아났다는 이야기와 상통한다.

당시 신라는 박혁거세거서간이 죽고 아들 남해차차웅이 왕위에 있었으며, 건국 초기의 어수선함이 가시지 않고 국내 정정이 불안한 탓에 남해차차웅은 적재적소에 배치해 국정을 안정시킬 인재가 절실히 필요했다. 이때 유력한 대신 호공이 추천한 사람이 바로 석탈해라는 망명객이었다.

남해차차웅이 불러서 만나 보니 석탈해는 문무겸전한 비범한 인재였으며, 일을 시켜 보니 그렇게 시원시원할 수가 없었다. 비록 외모는 다소 괴이하게 생겼지만 힘이 곧 법인 고대에 보기만 해도 장수감인 구척장신에 머리까지 똑똑한 석탈해에게 남해왕은 한눈에 반하고 말았다. 남해왕은 석탈해에게 당장 자신의 맏딸 아효를 주어 사위로 삼았다.

대왕의 사위가 되었으니 석탈해의 출셋길은 뻥 뚫린 고속도로를 달리는 것과 마찬가지였다. 그해가 남해왕 재위 5년(서기 8)이었다. 그리고 2년 뒤에는 최고 벼슬인 대보大輔에 임명되었다. 일개 망명객에 불과했던 석탈해가 일약 신라의 재상이 되어 정치와 군사의 실권자가 된 것이다.

석탈해가 군사를 이끌고 가락국을 공격한 것도 남해왕의 사위가 되고, 또 대보가 된 다음이었다. 비록 김수로왕에게 패퇴했지만, 그가 가락국을 친 것은 가야 연맹의 건국이 신라의 안전에 해가 된다고 판단했기 때문이다.

석탈해는 남해왕 7년에 대보가 되어 왕위에 오를 때까지 50년 동안 재상으로서 신라의 정권을 좌지우지했다. 그가 마음만 먹었다면 남해왕에 이어 바로 즉위할 수도 있었을 것이다. 그러나 아직 때가 이르지 않았다고 판단했음인지, 서기 24년 9월에 남해왕이 죽었을 때도 태자 노례(유리이사금)에게 대위를 양보하는 미덕(?)을 발휘했다.

한편 유리이사금은 죽기 전에 이렇게 유언했다고 사서는 전한다.

탈해는 신분이 국척國戚이요, 지위가 재상에 이르러 여러 번 공명을 세웠다. 나의 두 아들은 재주가 그보다 훨씬 떨어지니 나 죽거든 탈해가 왕위에 오르도록 하라.

그렇게 해서 박씨 왕조는 혁거세거서간·남해차차웅·유리이사금 3대로 일단 정지하고, 석씨 왕조가 막을 올리게 되었던 것이다.

석탈해는 그렇게 이사금 자리에 즉위한 다음, 망명 초에 자신을 적극 후원해 준 호공을 대보에 임명하여 국정을 맡겼다. 그러나 마한부흥군의 항복을 받아들인 것을 계기로 백제와 등지게 되어 재위 내내 치열한 싸움을 벌였다. 또 가야·왜와도 자주 싸웠다.

특기할 사항은 재위 9년(65) 3월에 계림에 나타난 김알지金閼智를 거두어 길렀다는 점이다. 이 김알지가 경주 김씨, 즉 신라 김씨 왕조의 시조가 된다.

탈해이사금은 재위 24년(80) 8월에 죽었는데, 그의 자손으로 이사금에 오른 사람이 벌휴·내해·조분·첨해·유례·기림·흘해 등 일곱 명이다. 탈해이사금의 능묘는 경주시 동천동 소금강산 남쪽 길가에 있다.

한편 탈해이사금의 후손들은 월성 석씨月城昔氏로서 이들은 탈해이사금의 23세손으로 고려 때 시랑 벼슬을 지낸 석재흥昔載興을 시조 1세로 모시고 있다.

이사금 칭호의 유래

《삼국사기》〈신라본기〉에 따르면 유리이사금이 처음에는 대보 탈해가 '덕망'이 있다고 해서 왕위를 그에게 사양했다는 것이다. 덕망이라기보 다는 아마도 탈해의 권력이 왕권을 능가하니 두려웠다는 것이 맞는 표현 일 것이다. 정치란 2,000년 전이나 오늘날이나 별 다를 바 없다. 단지 사 람이 다르고 상황이 다소 틀릴 뿐이다.

그러자 탈해가 말하기를, "임금이란 자리를 어찌 보통 사람이 감당할 수 있겠소? 이 사람이 듣기에 똑똑한 사람은 이가 많다고 합디다." 하고 는 서로 떡을 깨물어 보았는데, 유리의 잇자국(잇금)이 더 많기에 유리에 게 왕위가 돌아갔다는 것이다.

임금이나 이사금이란 왕호는 이 잇금에서 비롯됐다고 하는데, 물론 이것은 탈해가 신민(臣民)들에게 욕을 먹지 않으려고 벌인 연극이었다. 이 렇게 즉위한 유리이사금의 재위 34년 내내 매부인 탈해는 대보 자리를 굳건히 지키며 자신의 토대를 반석처럼 다졌다.

경주 김씨 시조 김알지

경주 김씨 시조 김알지가 서라벌에 나타난 것은 석탈해이사금 4년(60년) 음력 8월 4일이었다.
《삼국유사》 권 제1 〈기이〉 제2

신라는 건국에서 망국까지 56명의 임금이 나라를 다스렸다. 이 가운데 박씨가 10명, 석씨가 8명, 김씨가 39명이었다. 김씨가 압도적으로 많았고, 또 신라를 한반도 동남부의 후진국에서 삼국 가운데 최강국으로 만든 주역도 김씨 제왕들이었다.

《삼국유사》에 따르면 경주 김씨 시조 김알지金閼智가 서라벌에 나타난 것은 석탈해이사금 4년(60) 음력 8월 4일이었다. 공교롭게 김알지도 혁거세거서간이나 탈해이사금처럼 발견 당시에는 궤짝에 들어 있었다. 그런데 이번에는 보통 궤짝이 아니라 황금 궤짝이었다. 그래서 성을 김씨라고 했다는데, 이야기의 자초지종은 이렇다.

그날 밤에 대보 호공_{瓠公}이 월성 서쪽 마을에 볼일을 보러 갔다가 돌아오는 길에 시림_{始林} 속에서 난데없이 환하게 밝은 빛이 나는 것을 보았다. 가까이 다가가 보니 상서로운 보랏빛 구름이 하늘에서부터 땅까지 드리워졌는데, 그 구름 사이로 황금 궤짝 하나가 나뭇가지에 걸려 있었다.

"이게 어찌 된 영문이냐?"

호공이 이상해서 더 가까이 다가가 보니 그 궤짝에서 찬란한 빛이 내비치고, 그 나무 밑에서는 흰 닭 한 마리가 "꼬끼요! 꼬끼요!" 하고 울고 있었다.

"어찌 이런 괴상한 일이 또 일어난단 말인가?"

호공이 놀란 가슴을 쓸어내리며 대궐로 들어가 탈해이사금에게 이런 사실을 보고했다.

"그 말이 사실이오? 혹시 어떤 할 일 없는 녀석이 시조 할아버지 불구내(혁거세) 거서간이나 내 흉내를 내려고 장난치는 건 아닐까?"

"그럴 리가 있겠습니까? 못 믿겠으면 지금 바로 가 보십시다."

탈해이사금이 즉시 호공을 따라 시림으로 행차했다. 몸소 가서 보니 과연 호공의 보고가 사실과 다름없었다. 호위무사들을 시켜 궤짝을 열어 보니 그 안에서 잘생긴 어린 사내아이 하나가 누워 있다가 기다렸다는 듯이 벌떡 일어나는 것이었다.

"오호, 이상하구나! 도대체 어디서 생긴 어린아이인고?"

탈해이사금이 어린아이에게 물어보았다. 그러자 아이가 영리하게 반짝이는 눈을 들어 이사금을 쳐다보면서 또렷또렷한 목소리로 이렇게 대답했다.

"내가 '알지' 아닙니까? 내 이름을 알지라고 불러 주세요."

"얄궂구나! 옛날 시조 할아버지 박혁거세거서간이 알에서 깨어나서도 '나는 알지거서간이다' 했다는데, 오늘 궤짝에서 나온 너도 똑같은 소리를 하는구나."

"그렇지요. 알지가 곧 어린아이란 뜻이 아니겠습니까?"

"이 알지가 틀림없이 하늘이 내게 보낸 아이가 틀림없어. 내가 아직까지 아이를 못 낳은 걸 불쌍히 여겨 이런 똘똘한 아이를 내려 보내 주신 모양이야!"

"그럼 이름을 알지로 하십시다. 그런데 이 아이는 알을 깨고 나온 게 아니니까 성은 박씨라 할 수 없고, 뭐라고 하면 좋겠습니까?"

"그거야 뭐 어려운 문제가 아니시. 금빛 찬란한 궤짝에서 나왔으니 금씨, 아니 김씨라고 하는 게 좋겠소."

그렇게 해서 김알지를 안고 대궐로 데리고 오는데 온갖 네 발 짐승과 두 발 달리고 날개 달린 짐승들이 따라오면서 기쁘다는 듯이 마구 날뛰고 춤추며 노래했다.

탈해이사금은 알지를 하늘에서 주신 아들이라고 생각하고 금이야 옥이야 애지중지 길렀고, 자라나자 태자로 삼았다. 그런데 왕비 아로부인(阿老夫人,《삼국사기》에서는 阿孝夫人)의 소생인지, 아니면 후궁 소생인지는 모르겠지만 탈해이사금에게는 구추(仇鄒)라는 아들이 있는 것으로 나온다. 탈해이사금이 죽은 뒤에 왕위를 이은 사람은 김알지도 아니고, 석구추도 아니고, 제2대 유리이사금의 둘째 아들 박파사_{朴破}^娑였다.

천성이 총명한 김알지는 출중한 인재로 성장했다. 《삼국사기》에 따르면, 대보 벼슬을 지냈으며, 아들 열한(熱漢, 《삼국사기》에서는 勢漢)을 낳았다. 열한이 아도_{阿都}를 낳고, 아도는 수류_{首留}를 낳고, 수류는 욱부_{郁部}를 낳고, 욱부는 구도(俱道, 仇刀, 《삼국사기》에는 仇道)를 낳고, 구도는 미추_{味鄒}를 낳았다. 김알지의 6세손인 이 김미추가 후사 없는 첨해이사금에 이어 제13대 임금으로 즉위하니, 신라 김씨 왕조가 이때부터 문을 열었다.

김씨는 알타이 족 후예인가

《삼국사기》는 설화의 전체적인 윤곽은 비슷하나 《삼국유사》와는 세부적으로 약간 다르다. 이를테면 《삼국사기》에서는 김알지가 서라벌에 나타난 해가 탈해이사금 9년(65)이라고 하여 《삼국유사》보다 5년 늦은 것으로 되어 있다. 5년 정도의 차이는 대세에 별 영향이 없으니 그렇다고 치자. 그러나 탈해이사금이 알지를 태자로 책봉했다는 이야기는 문제가 다르다. 이 대목은 태자가 아니라 수상인 대보로 임명했다는 《삼국사기》의 기록이 정확한 것으로 보인다.

그러나 어디서 어떻게 나타났는지도 모르는 어린아이 김알지를 데려다가 양아들로 길러서 왕국의 토대가 굳어져 가는 신라의 왕위 후계자를 삼았다는 것은 설득력이 떨어진다.

탈해이사금이 김알지를 양자로 받아들이고, 대보라는 최고의 벼슬에 임명했다는 기록 자체도 의심스럽기는 마찬가지다. 그렇다면 그 비밀의 열쇠는 어디에 있을까. 결국은 김알지 성명 석 자에서 찾을 수밖에 없는 듯하다.

김알지라는 성명에 관해 좀 더 자세히 살펴보자. 일부 사학자는 황금-금-김은 고대 북아시아 바이칼 호 서부 알타이 산언저리에 살던 '황금부족'을 가리킨다고 한다. 알타이란 말이 곧 황금이란 뜻이다. 박혁거세거간이 처음 알을 깨고 나왔을 때 "나는 알지거서간이다!"라고 말했다는 사실에 주목할 필요가 있다. 이는 바로 '알타이 케세르칸'이라는 것이다.

다시 말하자면, 박혁거세나 김수로나 김알지나 이들이 속한 부족이 모두 알타이 산을 고향으로 삼던 황금부족-알타이 족이었으며, 알지란

이름도 알타이에서 비롯되었다고 보는 것이다.

신라 김씨 왕족의 유적과 유물을 보면 중앙아시아와 알타이 지방, 또는 시베리아 동쪽 오르도스의 철기 문화와 닮은 양식이 많다고 한다. 예를 들면 신라 금관의 양식이 중앙아시아의 관모冠帽 양식과 흡사하고, 환두대도·마구·숫돌·칠기 등도 흑해 북쪽 스키타이 족과 양식이 비슷하다.

이런 고고학적 유적·유물의 상호 유사성·연관성을 고려할 때 신라 왕가의 박·석·김 3성 집단의 왕조 교체는 강력한 기마민족인 알타이 족의 시차적 남하를 말해 준다는 것이다. 거서간도 흉노족의 왕호인 케세르칸에서 온 말이고, 마립간도 우두머리 임금을 뜻하는 마리칸에서 비롯되었다고 한다.

경주 김씨 시조 김알지가 나타난 시림始林은 닭이 울어 이를 알렸다고 해서 나중에는 계림鷄林이라고 부르게 되었고, 신라의 국호 대신 쓰이기도 했다. 계림은 경주시 교동 첨성대에서 반월성으로 가는 길 중간쯤에 있다.

나정과 계림, 구지봉, 박혁거세거서간·김수로대왕·석탈해이사금에 이어 김알지 등 시조들의 등장에는 공통점이 있다. 모두 어린아이로 나타났다는 것과 알을 깨고 나오거나 궤짝에 들어 있었다는 점이다. 이는 무엇을 상징하는 장치일까. 이들 박·석·김 3성 집단이 자신들의 시조를 하늘의 아들로 받들고, 그러므로 자신들이 곧 하늘로부터 선택된 천손족이란 점을 강조하기 위한 서사구조였던 것이다.

이들의 또 다른 공통점은 본래부터 경주나 김해 지역에 살던 토박이가 아니라 먼 곳, 주로 북쪽에서 남하했다는 점이다. 그리고 이들은 선주민보다 우수한 철기 문화를 지니고 군사적으로도 훨씬 더 강력한 기마민

족이라는 사실이다.

또 한 가지는 이들이 집단으로 이동했다는 점이다. 아무리 하늘의 아들이라 해도 어린아이 하나가 난데없이 하늘에서 뚝 떨어져 박씨가 되고 김씨가 되고 석씨가 되고, 나중에는 쉽사리 임금에 오를 수는 없는 노릇이 아닌가.

김알지의 설화는 그의 성이 '금빛 나는 궤짝'에서 나왔기 때문에 김씨라 했다고 전한다. 이 김알지의 후손들이 바로 경주 김씨이다.

일월의 정기 연오랑과 세오녀

연오가 승낙하자 수백 명의 주민 모두가 그 자리에 납죽 엎드려
연오 임금에게 복종을 맹세하며 큰절을 올렸다.
연오는 그렇게 해서 왜 멸도 한 소국의 왕이 되었다.
《삼국유사》 권 제1 〈기이〉 제2

연오랑延烏郎과 세오녀細烏女 부부는 신라 제8대 임금인 아달라
이사금阿達羅尼師今 때에 동해 바닷가, 오늘의 경북 포항시 영
일만의 한 갯마을에서 살고 있었다.

연오랑의 랑은 사내란 뜻이고 세오녀의 녀는 아내란 뜻이니 이름
과는 상관이 없고, 이들 부부에게 성씨가 없는 까닭은 그 당시 평민
들에게는 성씨가 없었기 때문이다.

때는 아달라이사금 재위 4년, 서기 157년 여름 어느 날이었다. 연
오는 바닷가에 나가 미역을 따고 있었다. 금실 좋은 부부가 늘 함께
붙어 다니며 일을 했는데, 그날은 마침 세오가 집에서 비단을 짜고
있었기에 연오 혼자 바다로 나갔던 것이다.

아내 세오만 두고 집에서 나온 연오가 부지런히 미역을 따다가 잠

시 허리를 펴고 일어나 숨을 돌리다가 요상한 것을 발견하였다. 그것은 파도가 출렁댈 때마다 점점 가까이 다가왔다. 얼핏 보니 집채만큼 커다란 바위였다. 그런데 좀 더 자세히 살펴보던 연오는 그만 깜짝 놀랐다. 괴물의 정체는 바위가 아니라 집채처럼 커다란 고래였기 때문이다.

연오가 난데없이 나타난 고래를 보고 놀라서 그저 멍하니 바라보고만 있는데, 다음 순간 더욱 기절할 일이 벌어졌다. 고래가 연오를 똑바로 쳐다보면서 사람처럼 이렇게 말하는 것이 아닌가.

"빨리 내 등에 올라타라!"

고래는 거대한 꼬리를 철썩 휘둘러 연오를 자기 등 위에 태우더니 쏜살같이 파도를 가르며 한바다로 나가 동남쪽으로 헤엄쳐가기 시작했다. 순식간에 벌어진 일이었다. 연오는 그렇게 왜구에게 잡혀가듯 고래에게 '납치'당해 왜국 땅으로 끌려가게 되었다.

그 무렵 일본 열도는 아직 통일되지 않았고, 나라라고 부를 만한 번듯한 나라도 없었다. 왜국이니 일본 등의 이름은 훨씬 나중에 생긴 것이다. 그저 고조선, 부여, 고구려, 백제, 신라, 가야 등 한반도에서 건너간 사람들이 오늘의 일본 서북부와 중부 지역 여기저기를 개척하고 미개한 원주민들을 복속시켜 저마다 나라를 칭하고 있을 뿐이었다. 그런 소국이 수백 개나 되었다. 나머지 지역은 아직도 미개한 원주민이 씨족이나 부족사회를 유지하고 있었다.

연오를 태워간 고래는 어느 바닷가 마을 앞에 그를 내던지고는 제 할 일을 다했다는 듯이 다시 깊은 바다로 돌아갔다. 연오가 해변의 백사장에 상륙하자 마침 거기에 나와 있던 키 작은 왜인들이 이상한 구경거리라도 생겼다는 듯이 몰려들었다.

"당신 이상한 사람 어디서 왔소이까?"

사람마다 연오를 둘러싸고 그렇게 물었다. 연오는 이왕지사 이렇게 요상한 일에 말려든 바에야 통 크게 나가 보자는 배짱이 생겨 이렇게 대답했다.

"나는 신라에서 온 연오라는 사람이다. 고민거리 있으면 모두 털어 놔 봐라. 내가 해결해 줄 테니까."

그때 그 작은 해안국에는 임금이 없었다. 각 씨족 우두머리들의 세력이 고만고만해서 어떤 족장도 모든 주민을 복속시켜 왕 노릇을 하지 못하고 있었다. 연오가 그 땅에 건너갔을 때 그들은 마침 왕을 선출하는 부족대회를 열고 있었다. 그런데 나라꼴도 제대로 갖추지 못한 조그만 나라에 국왕 후보가 무려 12명이나 나서서 서로 싸우고 있었던 것이다.

연오가 도착했을 때 그 가운데 2명은 세가 불리하여 도중하차 했고, 나머지 10명이 초대 임금 자리를 넘보며 온갖 말도 되지 않는 공약을 내걸고, 다른 후보들을 음해 비방하면서 맹렬히 다투고 있었다.

"너희들 오늘 운수대통한 줄 알아라."

연오가 큰소리쳤다.

"대국 신라에서 오신 신인神人께서 그 무슨 말씀입니까?"

"너희가 왕을 뽑지 못해 벌써 여러 날을 두고 후보 간에 온갖 비방 모략전을 벌이며 시끄럽게 싸우고 있다는 소식을 내가 신령님한테서 듣지 않았겠느냐? 그래서 내 그 문제를 단숨에 해결해 주려고 왔다."

연오가 이렇게 일장연설을 하자 왜인들은 우두머리끼리 쑥덕쑥덕

공론하더니 마침내 연오에게 나와 무릎을 꿇고 이렇게 말했다.

"신령스러운 고래를 타고 오신 거룩한 신인이시여, 제발 우리의 임금이 되어 주시기를 간절히 바라옵니다."

"그래, 참말이지 생각 한 번 잘했구나!"

연오가 승낙하자 수백 명의 주민 모두가 그 자리에 납죽 엎드려 연오 임금에게 복종을 맹세하며 큰절을 올렸다. 연오는 그렇게 해서 왜 열도 한 소국의 왕이 되었다.

한편 본국에 남아 있던 연오의 아내 세오는 그날 해가 서산마루로 넘어갈 때까지 남편이 돌아오지 않자 덜컥 두려운 마음이 들어 바닷가로 달려가 이리저리 찾아다녔다. 그러다가 마침내 남편 연오가 물속에 들어가려고 바닷가에 벗어 놓은 신발을 발견했다.

세오가 남편의 신발을 들고 혹시 낭군이 실족하여 바다에 빠져 죽기라도 했을까 마구 울부짖으며 정신없이 바닷가를 헤매고 있는데, 전에 연오를 납치해갔던 정체불명의 괴물 고래가 다시 나타났다. 그 신령스러운 고래는 전과 같은 방식으로 이번에는 세오를 태우고 바다를 건너 왜 열도로 건너갔다.

그 나라 사람들이 이를 보고 놀라서 연오 왕에게 급히 보고를 했고, 그렇게 해서 금실 좋은 부부는 다시 만나게 되었다. 졸지에 낭군을 잃고 청상과부가 될 뻔했던 세오는 예전에는 꿈도 꾸지 못하던 귀하신 왕비가 되었다.

그런데 연오와 세오 부부가 왜 열도로 건너가자 신라 땅에서 갑자기 해와 달이 정기를 잃어 빛이 없어지는 괴이한 천변이 일어났다.

신라는 온 나라가 갑자기 캄캄한 지옥으로 변해 사람들이 이리 뛰고 저리 뛰고 난리가 났다. 아달라이사금이 급히 일관에게 이 재앙이 어찌된 영문인가 알아보라고 하명했다. 그러자 일관이 아뢰었다.

"아뢰옵기 황공하오나 이는 우리나라에 있던 연오와 세오라는 해와 달의 정기가 왜 땅으로 건너갔기 때문인가 하옵니다."

"그럼 빨리 그 부부를 다시 데려오지 않고 뭐 하고 있느냐!"

이사금은 급히 왜로 사신을 보내 연오와 세오에게 귀국하도록 권했다. 왕좌에 높이 앉아 사신을 맞은 연오가 말했다.

"날 보고 신라로 돌아오라고? 그렇게는 할 수 없지. 내가 여기에 와서 임금이 된 건 하늘이 시킨 일이니, 어찌 내 마음대로 돌아갈 수 있겠는가?"

그리고 연오 왕은 이렇게 덧붙였다.

"사신은 들어라. 여기 우리 세오 왕비가 짠 고운 명주 비단이 있으니, 이것을 가지고 가서 하늘에 제사를 지내 보게나. 그러면 혹시 하늘이 감동해서 예전과 같이 일광 월광을 다시 보내 줄지 모르는 노릇이지."

사신이 돌아온 다음에 연오의 말대로 비단으로 하늘에 제사를 지냈더니 과연 해와 달이 전과 같이 돌아왔다. 그렇게 해서 아달라이사금은 천심인 민심을 안정시켜 나라사람들에게 내쫓기는 불상사를 막을 수 있었다.

그리고 세오가 짜서 보낸 그 비단은 황궁의 창고에 간직하여 국보로 삼고 그 창고를 귀비고貴妃庫라 하며, 하늘에 제사 지낸 곳을 영일현迎日縣 또는 도기야都祈野라고 했으니 그곳이 바로 오늘의 경북 포항시 영일만 호미곶이다.

《삼국유사》에 나오는 이러한 연오랑과 세오녀의 설화에 따라 포항에서는 연오랑과 세오녀의 상을 호미곶 해맞이광장에 세워 관광객을 불러들이고 있으며, 해마다 축제를 벌이고 있다.

아달라이사금의 치세

연오랑과 세오녀가 외국으로 건너갈 무렵 신라의 사정은 어떠했는가. 당시 임금인 아달라이사금은 일성이사금逸聖尼師今의 적자로 키가 7척으로 풍채가 뛰어나고, 코가 크고 얼굴이 기이하게 생겼다고 한다. 한마디로 영웅호걸의 상인 셈이다.

하지만 그의 치세는 별로 태평하지 못했다. 재위 3년에 경북 풍기에서 충북 단양으로 통하는 계립령을, 재위 5년에는 죽령의 길을 뚫어 북진의 의지를 보였으나, 재위 8년의 흉년과 재위 12년의 반란 등으로 민심이 흔들리고 정국이 뒤숭숭했다. 게다가 반란의 우두머리 아찬 길선吉宣이 백제로 달아나는 바람에 백제와의 관계가 극도로 악화되었다.

설상가상으로 안으로는 왕비인 내례부인內禮夫人 박씨까지 간통을 하여 다른 사내의 자식을 낳는 일도 벌어졌고, 재위 13년에는 정월 초하루에 일식이 있었다. 연오랑과 세오녀가 외국으로 건너가자 해와 달이 빛을 잃었다는 이야기는 어쩌면 이러한 일식이나 월식 같이 고대에는 천재지변에 해당하던 대사건을 상징하는지도 모른다.

영걸 석우로와 명원부인

우로는 조분왕 15년 정월에 재상인 서불한에 올라
정치와 군사를 총괄하는 막강한 권력자가 되었다.
하지만 그는 자만하지 않고 임금을 충실히 보필했다.

《삼국유사》

석우로昔于老는 신라 천 년사에서 최초로 출장입상出將入相한 탁
월한 영걸이지만, 비열한 정치적 암수에 걸려 비극적 최후
를 맞은 불행한 인물이기도 했다. 당당하지 못하고 공명정대하지도
못한 정치의 뒷면이 비열하고 추악하기는 예나 이제나 별 다름이 없
었던 것이다.

석우로는 신라 석씨 왕조를 연 탈해이사금脫解尼師今의 5세손이다.
즉 석탈해의 아들 각간 구추仇鄒의 아들이 제9대 벌휴이사금伐休尼師今
이요, 벌휴의 둘째 아들 이매伊買의 아들이 바로 우로의 아버지인 제
10대 내해이사금奈解尼師今이었다.

서기 230년 3월 어느 날, 내해이사금이 세상을 떴다. 그에게는 장남이며 태자인 우로가 있었지만 사촌이며 사위이기도 한 조분助賁에게 왕위를 물려 준다는 괴상한(?) 유언을 하고 눈을 감았다. 다음 왕위는 틀림없는 내 차지라고 철석같이 믿고 있던 우로는 졸지에 뒤통수를 강타당한 셈이 되었다.

심복들이 입을 모아 울분을 터뜨렸다.

"세상이 미치지 않고서야 이럴 수는 없는 거야! 그동안 태자께서 비상한 지략과 용맹으로 많은 전공을 세우셨고, 우리 신라의 국력신장에 큰 역할을 하신 건 온 세상이 잘 아는 사실이 아닌가? 그런데 어찌하여 당연히 차지해야 할 왕위를 빼앗기고 매부의 신하가 되어야만 한단 말인가?"

"뒤집어엎어야 해! 이거야말로 다 된 밥에 코 빠뜨린 격이 아니고 무언가?"

심복들의 노기 서린 성토를 묵묵히 듣고 있던 우로가 이윽고 입을 열었다.

"흥분하지 말고 침착들 하게나. 아무리 화가 나도 참아야지. 우리가 힘이 조분보다 약하니 당장은 별 수 없지 않겠는가? 그러니까 경거망동하지 말고 자기 위치를 잘 지키는 게 좋을 걸세."

내해가 자신의 맏아들 우로를 제쳐두고 조카 조분에게 왕위를 물려 준 것은 묵은 빚을 갚기 위함이었다. 사정은 이랬다.

벌휴는 즉위한 뒤 장남 골정을 태자로 삼았으나 골정이 먼저 죽었다. 그때 왕위 계승의 우선순위는 골정의 아들 조분에게 있었지만 너무 어렸으므로 내해가 귀족들의 추대에 의해 왕위에 올랐다. 그리고 죽을 때가 되자 본래 왕위에 오를 예정이었던 조분에게 빚을 갚은 것이었다.

우로가 전쟁터에 나가 처음으로 공을 세운 것은 내해이사금 14년(209) 7월, 가야를 구원하기 위한 전쟁이었다. 남해안에 있던 '포상팔국浦上八國', 즉 8개 부족국가가 연합하여 가야를 침공하니 가야의 왕자가 신라로 달려와 급히 구원병을 청했던 것이다. 이에 내해이사금이 태자 우로와 둘째 아들 이음으로 하여금 6부의 군사를 이끌고 가서 가야를 구원토록 하였다. 우로와 이음은 이 싸움에 출전하여 여덟 나라의 우두머리 장수들을 모두 죽이고 6,000명의 포로까지 잡아서 개선했다.

우로는 부왕의 유언에 따라 왕위에 오른 조분의 신하가 되었다. 그리고 조분왕 즉위 이듬해인 231년 7월에 이찬 벼슬에 대장군 직위를 맡아 군사를 이끌고 출전, 오늘의 경북 김천 지방인 감문국을 토벌했고, 다시 조분왕 4년 7월에는 오늘의 영일만에서 왜구들의 침범을 철저하게 소탕했다. 두 달 동안에 걸쳐 벌어진 이 싸움에서 우로는 바람을 이용한 화공을 펼쳐 왜구의 대함대를 불태워 적군을 전멸시키는 승리를 거두었다. 우로는 그처럼 병법에 밝고 전략전술에 탁월한 명장이었다.

우로는 조분왕 15년(244) 정월에 재상인 서불한(쇠뿔칸)에 올라 정치와 군사를 총괄하는 막강한 권력자가 되었다. 하지만 그는 자만하지 않고 임금을 충실히 보필했다. 이듬해 10월에 고구려가 북쪽 국경을 침범하므로 우로가 총사령관이 되어 군사를 이끌고 맞아 싸웠지만 이기지 못하고, 오늘의 경기도 포천인 마두책으로 후퇴하여 방어에

전력을 다했다.

음력 10월이면 가을의 문턱을 넘어서 겨울로 들어서는 계절이다. 특히 밤에는 기온이 뚝 떨어져 매우 추웠다. 우로는 총사령관이라 하여 혼자 따뜻이 잠을 자지 않고 몸소 군영을 돌아다니며 모닥불을 피워 군사들을 위로하니 사졸들 모두가 감격했다.

조분이사금이 재위 18년 만인 247년 5월에 죽자 우로는 또 한 번 왕위에 오를 기회를 빼앗겼다. 이번에는 우로의 큰아버지 골정의 장남으로 옥모부인 김씨 소생인 첨해가 그 뒤를 이었던 것이다. 첨해가 내해왕의 태자였던 우로와 두 조카를 제치고 왕위에 오른 것은 그의 세력 또한 만만치 않았기 때문이다.

만일 조분이사금이 별 유언도 없이 죽었고, 또 그의 두 아들이 너무 어려서 왕위에 오르지 못했다면 왕위는 전통에 따라 내해왕의 태자이자 조분왕의 맏사위인 우로에게 돌아가는 것이 마땅했을 것이다. 그런데 왕위 계승권과는 한참 거리가 멀었던 첨해가 왕위를 차지했다는 것은 그 과정에 무력이 개입했다는 반증이다. 정적을 핍박하고 제거하기 위한 권모술수와 음모가 난무하는 행태는 이처럼 고대와 현대가 별 다름 없는 것이다.

그렇게 즉위한 첨해이사금은 조분이사금 때와는 달리 고구려와 왜에 대해 더 이상 강경책을 쓰지 않고 유화정책을 추진했다. 그러니 내해왕과 조분왕 2대에 걸쳐 정치·군사의 실권을 쥐고 백제·고구려·가야·왜 등과 피 흘리며 싸워온 우로는 매우 못마땅했다.

그런데 첨해이사금은 즉위 2년(248) 정월에 이찬 장훤을 우로와 같은 벼슬인 서불한에 임명하여 정사를 맡도록 했다. 이는 우로의 힘을 두려워한 견제 조치였다. 그리고 우로가 왜인들에게 살해당한 것이 첨해왕 7년 4월이었다. 《삼국사기》는 당시 사정을 이렇게 전한다.

　왜국에서 사신이 왔는데 우로가 접대를 맡아 주연을 베푼 자리에서 취중에 이런 농담을 했다.

　"조만간에 너희 임금을 소금 굽는 종으로 만들고, 너희 왕비는 계집종으로 만들겠다."

　왜왕이 사신으로부터 이 말을 듣고 노발대발하여 우도주군于道朱君이란 장수를 보내 신라를 쳤다. 기세가 워낙 흉맹하므로 첨해이사금이 도성을 떠나 피란할 정도였다. 그때 우로가 나서서 말했다.

　"오늘의 환란은 제가 말을 삼가지 못한 데 기인한 것이니 제가 책임을 지겠습니다."

　그러고는 드디어 왜군에게 가서 말했다.

　"전일에 한 말은 농담일 따름이었는데 이렇게 군사를 출동할 줄이야 어찌 알았으랴."

　이에 왜병들이 대꾸도 하지 않고 그를 붙잡아 섶 위에 올려놓고 불태워 죽인 뒤 가버렸다.

　그때 우로의 아들은 어려서 걷지 못했으므로 다른 사람이 그를 안아 말에 태워 돌아왔는데, 이 아이가 뒷날 흘해이사금이다.

　그러나 이 기록을 그대로 믿을 수는 없다. 그동안 우로가 조정에서는 재상으로, 전장에서는 대장군으로 숱한 공을 세웠는데, 이는 그의 사람됨이 결코 경박하지 않고 신중했기 때문에 가능했던 것이다. 국왕의 정책에 불만이 있고, 왜인들이 밉다는 생각을 가지고 있었다 해도 술김에 아무렇게나 입에서 나오는 대로 털어놓을 정도로 우로가 경솔한 인물은 아니었다.

하지만 역사는 승자의 기록이니 이러한 이야기도 우로의 위세와 명성에 위협을 느낀 첨해왕 일파가 왕권 안보를 위해 꾸민 음모의 소산으로 볼 수밖에 없다. 그렇게 해서 왜군을 이용한 차도살인借刀殺人의 음모가 획책되고, 이에 따라 조정의 묵인 아래 우로가 왜군에 의해 목숨을 빼앗겼던 것이다. 더군다나 왕실의 어른이기도 하며 조정의 우두머리 재상인 우로가 왜군에게 살해되는 치욕을 당하고도 첨해왕이나 신라 조정이 취한 조치가 전혀 없었다는 사실이 이를 강력히 뒷받침하는 정황증거라 하겠다.

석우로의 죽음은 그의 아내인 조분왕의 누이요 뒷날 흘해이사금의 어머니인 명원부인命元夫人의 통쾌한 복수극으로 이어진다.

때는 미추이사금味鄒尼師今 재위 시였다. 왜국에서 사신이 왔는데 명원부인이 임금에게 나아가 이렇게 아뢰었다.

"폐하, 왜국에서 사신이 왔는데, 지아비의 일도 있고 하니 이번에는 사사로이 접대를 하고 싶사옵니다. 윤허하여 주소서."

이에 미추이사금이 좋다고 허락했다.

명원부인은 연회를 베풀어 왜국 사신이 만취하자 뜰에 장작불을 활활 피우게 한 뒤에 장사들을 시켜 왜의 사신을 꽁꽁 묶어 꿇어앉히게 했다. 그리고 이렇게 꾸짖었다.

"이 간악한 왜놈들아! 네 놈들이 내 남편을 죽인 뒤 내 하루도 편히 발 뻗고 잠을 이루지 못했다. 내 오늘 네 놈을 죽여 황천에 계신 낭군께 제사를 베풀어 올리고자 하노라. 모두 뭘 하고 있느냐? 저놈을 냉큼 불 속에 집어던지지 않고!"

명원부인은 그렇게 왜국 사신을 불태워 죽임으로써 남편의 원수를 갚았다. 왜군이 이에 분개해 서라벌을 침공했으나 방어가 굳세므로 그냥 물러갔다.

석우로는 신라 초기에 출장입상하며 국위를 빛낸 비상한 영걸이었다. 그는 태자였지만 두 차례나 대권을 빼앗긴 비운을 안은 채 묵묵히 충성스러운 신하가 되어 조정에서는 대신으로서 정무를 주관했고, 전쟁에 임해서는 탁월한 용병술로 침략군을 물리침으로써 신라의 국력신장에 크게 기여하고 국가의 위상을 드높였던 것이다.

하지만 이러한 일세의 영웅도 비열한 소인배의 암수에 걸려 비명에 가고 말았으니 인생무상이 어찌 옛말로 그친다고만 하랴.

미추이사금과 죽엽군

신라 사람들은 미추이사금의 음덕으로
나라가 망국의 위기에서 벗어났다고 믿어 그를 더욱 존경했다.
《삼국유사》 권 제1 〈기이〉 제2

신라 제13대 임금 미추이사금味鄒尼師今은 이름이 미조味照, 味祖 또는 미소味炤, 未召라고도 한다. 이름 표기가 이렇게 다섯 가지나 되는 까닭은 당시 서라벌 사람들이 부르던 우리말 이름을 뒷날 한문자로 쓰다 보니 그렇게 된 것이다.

그는 경주 김씨 시조 김알지의 7세손이며, 김씨로서는 가장 먼저 왕위에 오른 인물이다. 석씨인 첨해이사금이 아들 없이 죽었으므로 국인들의 추대로 왕위를 이었다는 즉위 과정은 매우 수상쩍지만, 어쨌든 그는 재위 22년간 안으로는 민생경제, 밖으로는 국가안보에 주력하여 사후에도 백성들의 크나큰 존경을 받았다.

그의 뒤를 이어 284년 10월에 즉위한 임금이 유례이사금이다. 그의 이름 유례는 제2대 임금 유리이사금儒理尼師今이나 고구려 제2대 임금 유리명왕琉璃明王과 마찬가지로 우리말로 세상을 뜻하는 '누리'를 한문자로 그렇게 표기한 것이다.

유례이사금은 제11대 임금 조분이사금의 아들로서 성이 석씨이다. 미추이사금이 후사 없이 죽었으므로 유례가 왕위를 차지한 것이다. 그런데 유례이사금은 즉위 초부터 복잡한 국제관계로 속을 썩여야만 했다. 걸핏하면 가야와 왜가 쳐들어와 노략질을 했던 것이다.

당시 한반도의 정세는 북쪽에 고구려, 중서부 한강 유역에 백제, 서남부 영산강 유역에 마한, 동남부에 신라, 남해안 일대에는 가야가 각각 자리 잡고 저마다 강대국으로 발돋움하고자 치열한 각축전을 벌이고 있었다. 그런데 이 가운데 신라의 세력이 가장 뒤쳐져 있었다.

북쪽에서는 고구려, 서쪽에서는 백제와 가야, 남쪽에서는 왜가 걸핏하면 쳐들어와 노략질을 하고 백성들을 잡아갔다. 특히 오래 전부터 왜 열도를 개척하여 곳곳에 식민지를 건설한 백제와 가야는 툭하면 왜군을 끌어들여 노략질을 벌이니 신라로서는 참으로 죽을 지경이었다.

유례이사금은 이런 난국을 타개하기 위해 즉위 직후 백제와 화친을 맺었다. 백제의 힘으로 가야와 왜의 침공을 막기 위해서였다.

백제의 고이왕이 이에 응해 서라벌에 사신을 보낸 것이 유례이사금 3년(286)이었다. 그런데 그 무렵 백제는 가야와 왜에 대한 발언권이 예전 같지 않았다. 아니나 다를까, 바로 이듬해 4월에 또 왜군이 신라를 침공해 1,000여 명의 백성을 잡아갔다.

예전의 석우로와 같은 명장도, 강한 군사도 없는 신라는 왜군이 물러갈 때까지 변변히 손도 쓰지 못했다. 노략질에 재미를 붙인 왜는 5년 뒤인 292년 6월에도 다시 대거 침범해 오늘의 영일만 일대를 점령하고 분탕질을 쳤다.

왜가 물러가자 신라는 이렇게 앉아서 당할 수만은 없다고 작정했다. 그래서 내린 결론이 왜군을 뒤에서 사주하고 조종하는 가야부터 응징하기로 한 것이다.

2년 뒤인 유례이사금 11년(294) 7월 이번에는 가야가 오늘의 경남 하동인 다사군에 침범했고, 미리 짜기라도 한 듯이 왜군도 또다시 쳐들어왔다. 분노한 유례이사금은 아예 왜국을 정벌하여 화근을 제거하려 했다. 하지만 분노만 앞설 뿐 군사력이 미치지 못했다. 신하들도 반대했다.

다시 3년이 지났다. 유례이사금 14년(297) 정월, 가야가 왜군과 합세하여 오늘의 경북 청도인 이서고국에 병력을 집결하고 서라벌에 대대적인 공격을 가했다. 10년이 넘도록 가야와 왜의 침략을 가까스로 막아오던 신라는 마침내 기진맥진하고 말았다.

겹겹이 포위당한 금성(서라벌)의 함락은 시간문제로 보였다. 참으로 신라의 운명은 절체절명, 그야말로 풍전등화였다. 그러던 어느 날이었다.

갑자기 하늘에서 신병神兵들이 떨어지듯 난데없는 수천 명의 군사가 서북쪽에서 나타나더니 가야와 왜 연합군의 후미를 무찌르면서 포위당한 금성으로 육박했다. 이미 열흘 가까이 포위당한 채 악전고

투하던 신라군은 구원군의 출현에 일시에 용기백배하여 다시 결사항전의 투지를 불태우기 시작했다.

가야와 왜 연합군이 우왕좌왕하며 혼란에 빠진 틈을 타 신라군은 성문을 열고 나가 정체불명의 구원군과 합세하여 적군을 앞뒤에서 격살했다. 일대혼란에 빠진 가야와 왜군은 숱한 사상자를 낸 채 포위망을 풀고 퇴각했다. 적군을 물리친 뒤 신라군과 구원군이 성 앞에서 만났다.

그런데 이상했다. 갑자기 나타나 서라벌을 위기에서 구한 그 군사들은 모두가 귀에 댓잎을 하나씩 꽂고 있었다. 검은 군복에 댓잎, 그것이 그들의 부대 표시였다. 급히 술과 안주를 내오게 하여 간단히 대접을 했는데, 군사들이 돌아가기 전에 모두가 귓가에서 댓잎파리를 떼어내더니 미추이사금의 왕릉 앞에다 쌓아두고 바람처럼 오던 쪽으로 달려가 사라진 것이다. 그렇게 해서 그 뒤부터 미추이사금의 능을 죽현릉竹現陵, 또는 죽장릉竹長陵이라고 부르게 되었다.

그러면 그들 죽엽군의 정체가 무엇일까. 다름 아닌 백제 군사였다. 우호조약을 맺은 신라가 위급한 사태를 맞아 구원을 요청하자 급히 군사를 파견해서 구해 준 것이었다. 그런데 당시 백제는 가야·왜와도 우호관계를 유지하고 있었으므로 노골적으로 구원군을 보낼 형편이 아니었다. 그래서 변복을 하고 귓가에 댓잎을 하나씩 꽂아서 마치 천군天君이나 신병神兵처럼 위장을 했던 것이다.

그들이 물러가면서 댓잎을 미추이사금 능 앞에 쌓아두고 간 것은 신라 사람들이 미추이사금을 신처럼 추앙하는 것을 이용하여 미추이사금의 영령이 구국을 위해 천병 같은 군사들을 보냈다고 믿게 하기 위함이었다.

신라 사람들은 미추이사금의 음덕으로 나라가 망국의 위기에서 벗어났다고 믿어 그를 더욱 존경했다. 물론 그 뒤에는 나중에 신라 왕통을 완전히 장악한 경주 김씨 후손들의 은밀한 심리전이 작용한 것도 사실이었다.

그로부터 483년이 지난 제37대 임금 혜공왕 15년(779) 4월, 신라가 이른바 '삼국통일'을 이룩하고도 100년이나 지난 뒤였다.

어느 날 갑자기 김유신金庾信 장군의 묘에서 난데없는 회오리바람이 불었는데, 회오리바람 속에 말 탄 장수가 나타났다. 사람들이 보니 김유신 장군이었다. 그의 주위로 갑옷 입고 무기 든 군사 40여 명이 나타나더니 돌풍과 함께 죽현릉으로 들어가는 것이었다. 그리고 잠시 뒤 죽현릉 안에서 귀신들이 서로 울고 하소연하고 다투는 소리가 새나왔다.

"제가 살아서는 정치를 돕고, 나라를 환란에서 구제하고, 나라를 통일한 공로를 세운 사실은 대왕께서도 잘 아는 사실이 아닙니까?"

"맞소, 장군 말이 맞지! 누가 아니라고 합디까?"

"제가 지금 귀신이 되어서도 재앙을 물리치고, 환란에서 나라를 지키고 구하려는 마음은 조금도 변함이 없습니다. 그런데 지난 경술년에 제 자손이 억울하게 사형을 당했으니 어찌 된 노릇입니까? 지금 임금과 신하들이 이렇게 제 공적을 생각해 주지 않으니 이 귀신도 이젠 할 수 없습니다."

"할 수 없으면 어쩔 작정인데?"

"이제부터 멀리 멀리 다른 곳으로 가서 다시는 신라를 위해 힘든 짓은 하지 않겠습니다."

"그대와 내가 이 나라를 걱정하고 돌보지 않으면 장차 우리 후손과 이 나라 백성이 어찌 될 건지 모르고 하는 말이오? 그만 화를 거두고 나라를 위해 음덕을 베풀면 안 좋겠소?"

김유신이 세 번이나 말했지만 미추이사금은 듣지 않고 같은 말로 타일렀다. 그러자 김유신과 그의 귀병鬼兵들이 다시 회오리바람과 함께 자신의 무덤으로 돌아가 버렸다.

신하들로부터 이런 보고를 받은 혜공왕은 덜컥 겁이 났다. 이대로 있다가는 큰일 나겠다 싶어 즉시 대신 김경신金敬信을 김유신묘로 보내 제사를 베풀고 사죄하도록 했다. 그리고 김유신을 위한 공덕보功德寶의 밑천으로 삼도록 밭 30결을 취선사에 내리고 그의 명복을 빌도록 했다. 취선사는 김유신이 고구려 원정에서 돌아온 뒤에 세운 원찰이고, 공덕보란 공덕을 기리기 위해 제사를 올리는데 쓸 재물을 관리하고자 절에 설치한 재단財團이다.

그러자 그 뒤부터는 김유신의 귀신이 나타나지 않았다. 《삼국유사》의 이런 이야기는 결국 신라 김씨 왕조의 시조인 미추이사금을 신성화하고 신격화하기 위해 생겨난 설화일 것이다.

만고충신 박제상과 치술공주

박제상은 눌지마립간 때에 삽량주의 태수였다.
그는 시조 박혁거세거서간의 후손이며, 제5대 파사이사금의 5세손이요,
갈문왕 아도의 손자며, 파진찬 물품의 아들이다.
《삼국유사》 권 제1 〈기이〉 제2

《삼국유사》〈기이〉편은 '연오랑과 세오녀', '미추왕과 댓잎
군사'에 이어 '내물왕奈勿王과 김제상金堤上'의 이야기를 소
개한다. 그런데 이 이야기의 주인공은 김제상이 아니라 박제상이다.
일연선사가 어떤 사료를 참고했는지 모르지만 제상의 성은 김씨가
아니라 박씨가 맞다. 《삼국사기》〈열전〉에도 박제상이 신라 시조 박
혁거세거서간의 후손이라고 밝혔다.

박제상은 눌지마립간 때에 삽량주의 칸(태수), 요즘으로 치면 경북
양산의 군수였다. 그는 시조 박혁거세거서간의 후손이며, 제5대 파사
이사금의 5세손이요, 갈문왕 아도阿道의 손자며, 파진찬 물품勿品의 아
들이다. 귀족 가문에서 태어난 박제상은 빼어난 인품과 학식으로 젊
은 나이에 벼슬길에 올라 삽량주의 칸이 되었던 것이다.

박제상이 역사의 무대에 등장하여 활약하던 무렵인 제17대 내물이사금, 제18대 실성이사금, 제19대 눌지마립간 당시의 신라는 고구려의 속국이나 다름없었다. 신라의 국력이 보잘것없었기 때문이다. 그런데 그것도 모자라서 왕자를 줄줄이 고구려와 왜국에 볼모로 바쳐야 하는 딱한 형편이었다.

그 무렵 고구려는 광개토태왕 이후 동북아시아 최강국이었고, 백제는 근초고대왕 이후 한반도 남부에서 강대국 행세를 하고 있었다. 그래서 신라는 걸핏하면 북쪽에서 고구려와 말갈, 서쪽에서 백제, 남쪽에서는 가야와 왜가 번갈아가며 침범해 국운이 풍전등화 신세였다. 내물이사금이 서기 392년에 사촌동생이며 동서이기도 한 실성을 고구려 광개토태왕에게 인질로 보낸 것도 국가안보를 위한 고육지책이었다.

이듬해에 왜군이 서라벌을 포위, 나라가 거덜 날 위기에 빠졌을 때 광개토태왕이 대군을 보내 왜군을 물리쳐 구해 주었다. 그러나 399년에는 백제가 가야와 왜군과 합세해서 쳐들어와 신라는 오로지 서라벌 주변만 남게 되었다. 이 망국의 위기도 광개토태왕이 5만 대군을 급파해 가까스로 면할 수 있었다. 고구려의 보호가 없으면 신라는 이제 나라의 형태도 제대로 유지할 수 없는 아슬아슬한 지경에 처했다.

그러자 고구려는 신라를 보다 효율적으로 통치하기 위해 군사를 주둔시키는 것만으로도 부족하다고 판단했다. 그리하여 인질로 와 있던 실성을 고구려의 꼭두각시로 만들고자 군사들과 함께 돌려보내 내물이사금을 죽이고 신라 왕위에 앉도록 했으니 그해가 서기 402년이다.

임금이 된 실성이사금은 전에 자신을 고구려에 볼모로 보낸 원한을 꿈에도 잊지 않고 있었다. 죽은 내물이사금에게는 나중에 임금이 되는 눌지, 복호卜好, 寶海, 미사흔未斯欣, 美海 등 3형제가 있었다. 실성이사금은 왜국을 달래 남쪽의 위협을 제거한다는 구실로 막내 조카 미사흔을 왜에 인질로 보냈다. 그때 미사흔의 나이 겨우 열 살이었다.

또한 재위 11년(412)에는 둘째 복호를 고구려에 인질로 보냈다. 그리고 맏이 눌지를 그대로 두었다가는 자신의 왕위가 위태롭기에 눌지마저 고구려에 인질로 보내기로 작정했다.

운명의 417년, 눌지를 고구려로 보내면서 실성이사금은 그보다 앞서 고구려에 밀사를 보냈다. 눌지 일행보다 먼저 고구려로 달려간 밀사는 실성이 전에 볼모로 있을 때 깊이 사귀던 고구려 서부의 귀족 우대해于大海에게 밀서를 전했다. 거기에는 이렇게 쓰여 있었다.

눌지는 상국인 고구려에게 반역할 위험인물이니 도중에 만나는 즉시 죽여 없애기 바라오.

우대해는 명문가 출신으로 자못 의리를 아는 사나이였다. 우대해가 옛 친구 실성의 부탁을 저버릴 수 없기에 심복 무사들을 거느리고 길을 떠나 마침내 인질로 잡혀오는 눌지를 만났다. 그런데 눌지의 인품과 풍모가 친척이지만 천성이 음흉하고 교활한 실성과는 전혀 딴판이었다. 눌지의 군자다운 풍모에 탄복한 우대해가 이렇게 털어놓았다.

"왕자는 요즘 세상에 보기 드문 인물이구려. 내가 사실은 실성이사금의 부탁을 받고 그대를 죽이려고 했는데 차마 그렇게는 못 하겠군요. 그대는 이 길로 빨리 돌아가시오. 지금 우리나라는 백제 정벌 때문에 그대가 인질로 오지 않아도 별로 신경 쓰지 않을 거라오. 그러니 이제부터 스스로 살 길을 잘 찾아보시오."

우대해 덕분에 목숨을 구한 눌지는 말머리를 돌려 신라로 돌아왔다. 실성이사금의 눈을 피해 몰래 서라벌로 돌아온 눌지는 은밀히 군사들을 모아 전광석화처럼 혁명을 일으켰다.

눌지는 그렇게 하여 선왕과 자기 3형제의 원수인 실성을 죽이고 신라의 제19대 임금으로 등극했던 것이다. 눌지는 전왕 때까지 써오던 이사금이란 왕호를 마립간(마리칸)이라고 바꾸었다.

비록 본래 자신이 앉아야 할 자리를 되찾기는 했지만 그는 늘 가슴 한구석이 텅 빈 느낌을 지울 수 없었다. 고구려와 왜국에 인질로 끌려가 있는 두 아우 때문이었다.

즉위 다음 해 어느 날, 눌지마립간은 불우한 왕자 시절부터 굳게 믿던 심복인 수주촌의 칸 벌보말伐寶靺, 일리촌의 칸 구리내仇里迺, 이이촌의 칸 파로波老 등을 궁궐로 불러 술자리를 베풀었다. 그리고 한창 술자리가 무르익자 슬픈 얼굴로 심복들을 둘러보며 이렇게 자신의 속내를 털어놓았다.

"자네들 내 말 좀 들어 보시게. 내가 실성을 없애고 마립간 자리를 되찾기는 했지만 아직도 마음이 조금도 편치 않구려. 여태까지 인질 노릇을 하고 있는 두 동생을 생각하면 밥을 먹어도, 술을 마셔도 아무 맛을 모르겠소. 동생들이 아직도 살아 있는지, 아니면 벌써 죽어 버렸는지 생사도 모르니 어찌 내가 마립간이라고 혼자 호강을 누리겠는가. 막내 미사흔은 겨우 열 살 때 왜국으로 가서 17년째나 돌아오지 못하고, 복호도 고구려로 끌려간 지 7년이나 되니 답답하구나. 도대체 이 일을 어쨌으면 좋겠는가. 무슨 좋은 방도가 없을까?"

임금이 이렇게 눈물을 흘리며 탄식하고 하소연하자 심복들은 모두 술잔을 상 위에 내려놓고 심각한 표정으로 묘책을 강구했다. 별 뾰족한 수가 나오지 않자 임금이 말했다.

"그대들 가운데 혹시 누가 왜국과 고구려로 가서 내 아우들을 데리고 올 사람이 있는가? 그대들이 이 일만 해결해 준다면 무슨 죄를 지어도 용서하고, 무슨 벼슬이든 원하는 대로 내리겠노라."

"우리는 그런 재주가 없으나 기가 막힌 적임자가 있습니다."

"기막힌 적임자라니? 그 사람이 누군지 빨리 말해 보시오."

"혹시 박제상이라고 아시는지요?"

"삽량주의 칸 박제상을 말하는 거요?"

"예, 맞습니다. 바로 그 사람이 최고 적임자 같습니다. 박제상으로 말할 것 같으면 시조 할아버지(박혁거세거서간)의 자손으로서 의지가 굳세고 용기가 남들보다 뛰어나다 합니다. 뿐만 아니라 임기응변하는 지혜는 우리 신라에서 따라갈 사람이 없을 정도라 하겠습니다."

술자리가 끝나기가 무섭게 마립간은 삽량주에 전령을 파견했다. 전령은 밤새 말을 달려 어명을 전했고, 박제상은 이튿날 급히 서라벌로 출두했다. 어전에 꿇어 엎드린 박제상을 보고 마립간이 당부했다.

"경은 잘 들어 보시오. 이 몸이 비록 천명에 따라 마립간 자리에 앉아 있기는 하나, 고구려와 왜에 인질로 잡혀가 있는 두 아우를 생각하면 낮이나 밤이나 심신이 편치 못하오. 내 들으니 경은 지혜와 용기가 보통사람을 뛰어넘는다니 부디 이 어려운 임무를 꼭 맡아 주기 바라오."

박제상이 임금을 우러러보며 아뢰었다.

"신하된 자로서 어찌 명령을 거역하리오. 소신을 믿고 크나큰 과업을 맡겨주시니 오히려 영광으로 생각합니다. 목숨을 걸고 대업을 완수하리니 한 번 믿어 주소서."

그렇게 해서 박제상은 목숨을 건 장도에 오르게 되었다.

박제상이 먼저 향한 곳은 고구려였다. 볼모로 끌려가기는 왜국의 미사흔이 고구려의 복호보다도 앞섰고 훨씬 더 오래되었지만, 왜국은 고구려보다 더 먼데다가 뱃길도 험하기 때문이었다. 그해가 서기 418년. 눌지마립간 재위 2년, 고구려는 광개토태왕의 아들인 장수태왕 6년이었다.

당시 고구려는 도읍을 평양성으로 천도하기 9년 전이었으므로 국내성에 황성이 있었다. 궁궐로 들어간 박제상이 장수태왕을 알현한 자리에서 이렇게 말했다.

"태왕 폐하께 계림(신라)의 신하 박제상이 삼가 아룁니다. 소신이 듣건대 자고로 이웃나라끼리 친선하는 데에는 진실한 정성과 굳건한 신의가 있어야 한다고 들었습니다. 그런데 지금 상국인 고구려가 소국인 저희 계림의 왕자를 인질로 잡고 있는 것은 도저히 선린 간의 우호적 행위라고는 볼 수가 없지요. 태왕 폐하, 지금 현재도 저희 마리칸의 사랑하는 아우가 이곳에서 10년 가까이나 인질로 잡혀 있으니 참으로 신하된 몸으로서 민망스럽기 그지없는 노릇입니다. 부디 하해와 같은 은혜를 베풀어 주소서."

"계림의 사신이 참으로 말은 잘 하는구나. 결론은 인질을 풀어 주고 돌려보내 달라는 말이지?"

"맞습니다, 폐하. 저희 계림의 복호를 풀어 주신다면 저희 마립간께서는 영원히 대국의 노객(종)이 되어 세세연년 조공을 바치겠노라고 거듭 맹세하셨습니다. 통촉하여 주소서."

박제상의 목숨을 건 기개와 언변에 감복한 장수태왕은 복호를 데리고 가도 좋다고 허락했다. 그렇게 하여 박제상은 눌지마립간의 아우 복호를 데리고 신라로 돌아올 수 있었다.

박제상이 고구려에 가서 뛰어난 용기와 빼어난 언변으로 장수태왕을 설득하여 7년 동안이나 볼모로 잡혀 있던 복호를 무사히 구해 오자 눌지마립간은 뛸 듯이 기뻐했다.

며칠 뒤에 마립간은 복호의 귀환을 축하하고 박제상의 공로를 치하하는 큰 잔치를 베풀었다. 악공들이 풍악을 울리고 미녀들이 춤추며 돌아가는 가운데 술이 서너 순배 돌았다. 갑자기 마립간이 깊은 한숨을 내쉬더니 눈물을 줄줄 흘리면서 탄식했다.

"내 마음이 기쁘기도 하지만, 또 한편으론 찢어지게 슬프기 그지없도다. 그 누가 있어서 이 깊은 한을 풀어 줄까?"

잔치판의 왕족과 신하들이 일시에 모든 동작을 멈추고 마립간의 얼굴을 쳐다보았다. 눈치 하나는 기막히게 빠른 왕족, 귀족, 벼슬아치들인지라 모두 마립간이 무슨 까닭에 저러는지 금방 알아챘지만, 누구 하나 앞장서서 위로하려 들지 않았다. 잔치 분위기가 썰렁해지거나 말거나 눌지는 아예 노골적으로 자신의 속내를 드러냈다.

"하늘도 무심하구나! 사람이 본래 머리통, 몸통은 각각 하나지만 눈도 두 개, 귀도 두 개, 팔다리도 두 개씩이 아닌가? 이제 복호는 무사히 돌아왔지만, 아직도 왜국에 붙잡혀 있는 미사흔(未海)은 언제 다시 만날 수 있을꼬? 그 아우를 생각하면 마치 눈귀가 하나씩만 남고, 팔다리도 하나씩만 남은 것 같으니 내 무슨 낙으로 살겠는가?"

그래도 신하들은 누구 하나 앞으로 나서지 않았다. 감히 제2의 '만고충신'이 되겠다고 나설 용기가 없었기 때문이다. 결국 박제상이 앞으로 나섰다.

"마립간께 아뢰옵니다. 이왕 나라를 위해 내놓은 목숨, 이번에도 제가 왜국에 다녀오겠습니다."

잔치가 끝나고 임금과 독대한 박제상은 이렇게 자신의 세책을 아뢰었다.

"왜놈들은 고구려 사람들과는 다릅니다. 고구려야 워낙 대국인데다가 거련왕(巨連王, 장수왕)도 큰 인물이기 때문에 소신이 도리를 들어 말하니 알아듣고 왕자님을 시원하게 돌려보내 주었지만…… 그래서 왜국에 가면 비상한 방법을 쓸 수밖에 없습니다. 제가 왜국으로 가면 저에게 반역죄를 뒤집어씌워 가족들을 잡아 가둬 주소서."

"고육지계(苦肉之計)를 쓰잔 말이구나. 그래야 왜놈들이 그대의 말을 믿을 거다 그 말이구나."

그렇게 해서 박제상은 이번에는 왜국을 향해 목숨을 건 장도에 오르게 되었다. 대궐을 나선 그는 바로 나루터인 밤개栗浦로 말을 달려 갔다. 그러나 시종 한 명을 급히 집으로 보내 왜국으로 바로 간다는 사실만 알려 주게 했다. 대궐에서 돌아올 남편을 눈 빠지게 기다리던 그의 아내 김치술金鵄述은 하인에게 말을 듣기가 무섭게 급히 말을 타고 밤개로 달려갔다. 치술이 밤개에 이르렀을 때 박제상이 탄 배는 이미 뭍에서 멀어지고 있었다.

"여보, 이렇게 무심하게 떠나는 법도 있소? 나는 어찌 살라고?"

갯가까지 쫓아온 아내가 그렇게 울부짖자 박제상이 손을 흔들며 소리쳤다.

"미안하오. 우리 집안이 살 길은 이 길밖에 없구려. 내가 이 길을 떠나지 않으면 우리 부부가 어찌 후세에 이름을 남길 수 있겠소? 내가 돌아오지 못하더라도 당신은 나를 기다리지 마오."

"그까짓 이름이 대수요? 당신이 없으면 내가 더 이상 못 삽니다."

"그만 우시오. 공주 체면에 그래서 되겠소?"

남편이 공주라고 부르자 제상의 아내는 제 정신이 돌아왔다. 과연 그랬다. 박제상의 부인 김치술은 바로 눌지마립간이 죽인 실성이사금의 공주였다. 박제상이 눌지마립간에게 목숨 바쳐 충성하지 않을 수 없는 까닭도 결국은 실성이사금의 사위라는 사실에 있었다. 그의 충성은 가족의 안전을 위해 어쩔 수 없는 선택이기도 했던 것이다.

1인 결사대 박제상을 태운 배는 점점 바다 멀리 사라졌다. 치술공주는 바닷가 백사장에 주저앉아 하염없이 눈물을 흘리며 흐느껴 울었다.

그렇게 왜국으로 건너간 박제상이 왜왕에게 이렇게 말했다.

"이 사람은 계림국의 박제상이라 하오. 내가 전 임금 실성이사금의 사위라고 지금 임금이 트집을 잡아서 죽이려고 하기에 왜국으로 도망쳐 온 거요. 이 사람의 망명을 허락해 주기 바라오."

왜왕은 첩자를 계림국으로 밀파해 박제상의 말이 맞는지 정탐하도록 했다. 이윽고 첩자가 돌아와서 과연 계림의 임금이 박제상을 반역자로 몰아서 그의 아내와 자식들을 모두 감옥에 가두고 곧 목을 베려 한다고 보고했다. 그제야 왜왕은 의심을 풀었다.

그때 왜국에는 강구려康仇麗라는 신라 사람이 미사흔과 함께 살고 있었다. 박제상은 강구려와 더불어 미사흔을 모시고 자주 바닷가로 나가 고기를 낚거나 산야로 나가 짐승을 잡아 왔다. 그렇게 잡은 물고기와 짐승을 왜왕에게 바치니 왜왕은 매우 좋아하며 제상을 기특하게 여겼다.

안개 짙은 어느 날 새벽이었다. 술상을 마주하고 있던 박제상이 갑자기 무릎을 꿇고 엎드리더니 미사흔에게 이렇게 말했다.

"왕자님, 소신의 절부터 받으소서."

"아니, 갑자기 왜 이러십니까?"

"소신은 왕자님을 구해오라는 밀명을 받고 파견된 밀사올시다."

"아니, 뭐라고요? 형님께서 보낸 밀사라고요?"

"네, 그렇습니다. 오로지 왕자님을 구출하고자 이 한 목숨을 걸고 저 바다를 건너왔습니다. 소신이 계책을 세울 터이니 왕자님께서는 믿고 따라주기만 하소서."

그로부터 며칠 뒤, 그날도 안개가 짙게 낀 새벽이었다. 박제상은 미리 대기시킨 배에 미사흔과 강구려를 태워 바다를 건너게 했다. 배에 오르기 전에 미사흔이 울며 말했다.

"이 사람이 그대를 아버지나 형처럼 따르는데 어찌 혼자 갈 수 있 겠습니까? 함께 가야지 여기 그대로 있으면 그대는 죽습니다."

"우리가 같이 가면 왜병들의 추격을 당해 멀리 가지 못하고 잡힐 게 틀림없습니다. 소신이 남아서 시간을 벌려는 것이니 두 분은 빨리 출발하소서."

그렇게 미사흔과 강구려를 탈출시킨 박제상은 미사흔의 방에 들어 가 밤을 새웠다. 그리고 아침이 되어 왜병들이 방에 들어가 확인하려 고 하자 그 앞을 가로막고 이렇게 말했다.

"이 방에 함부로 들어가면 안 된다. 왕자님이 어제 사냥을 하느라 고 너무 고단해서 늦잠을 주무시거든. 알겠느냐?"

이윽고 날이 저물기 시작했다. 의심이 생긴 왜병들이 박제상을 밀 치고 방으로 들어가 보니 이불 속에 들어 있는 것은 미사흔이 아니라 헌옷들이었다.

박제상은 노한 왜병들에게 꽁꽁 묶여 왜왕 앞으로 끌려갔다. 그를 보자마자 왜왕이 고함쳤다.

"너를 믿었는데 배신을 해? 너는 왜 그런 짓을 했느냐?"

"나는 계림의 신하지 너의 신하가 아니다. 우리 마립간의 뜻에 따 라 왕자님을 보내드렸을 따름이니 그게 뭐가 잘못된 일인가."

"너는 계림에서 우리 왜국으로 망명했으니 이제 내 신하가 된 것이 아니냐? 너에게 큰 벌을 내려야겠지만, 용기가 가상하니 용서하겠 다. 앞으로는 내게 충성을 다하겠는가?"

"나는 살아서도 계림의 신하, 죽어서도 계림의 신하다. 차라리 계림의 개돼지가 되는 게 낫지, 왜국의 신하는 될 수 없다. 차라리 계림의 매를 맞는 게 낫지, 왜국의 상과 벼슬은 받을 수 없다."

이 말을 들은 왜왕은 박제상의 발바닥 가죽을 벗기게 하고 갈대를 날카롭게 베어내어 그 위를 걷게 했다. 그렇게 잔혹한 형벌을 가한 뒤에 왜왕이 다시 물었다.

"너는 어느 나라 신하냐?"

"계림의 신하다!"

왜왕은 이번에는 뜨겁게 불에 달군 철판 위에 세워놓고 다시 물었다.

"이제는 항복하는 게 좋겠구나. 너는 누구의 신하냐?"

"계림의 신하다!"

마침내 박제상을 굴복시킬 수 없다는 사실을 깨달은 왜왕은 그를 목도木島라는 섬으로 보내 장작을 쌓아놓고 불을 질러 태워 죽였다.

한편 무사히 바다를 건너 신라에 닿은 미사흔은 강구려를 서라벌로 보내 귀환을 알리도록 했다. 소식을 들은 눌지마립간은 너무나 놀라고 기뻐 좋아하다가 이윽고 정신을 차려서 아우 복호와 더불어 문무백관을 거느리고 대궐 앞까지 마중을 나갔다. 그렇게 삼형제는 박제상의 희생 덕분에 오랜만에 환희의 재회를 하게 되었다.

대궐로 돌아와 잔치를 벌이고 전국에 대사령을 내린 눌지마립간은 나중에 박제상의 순국 소식을 듣게 되었다. 그 보고를 들은 눌지마립간은 치술공주를 국대부인國大夫人으로 책봉하고, 그들 부부의 둘째 딸을 미사흔의 부인으로 삼았다.

치술령은 경주시 외동읍 녹동리와 울산시 울주군 두동면 경계 지역에 서 있는 해발 765미터의 산이다. 이 산 정상에 서면 날씨가 맑은 날에는 멀리 바다 건너 대마도가 보인다. 정상에서 동쪽으로 조금 내려가면 치술공주가 앉아서 바다 건너 왜국으로 간 낭군을 그리며 통곡하다 변했다는 망부석이 있다. 그 부근에는 치술공주를 기리는 사당 신모사神母祠가 있었다. 치술이 죽어서 치술신모가 되었기에 사당을 세웠던 것이다. 또 울주군 두동면 만화리에 충렬묘와 치산서원, 양산에 효충사와 춘추원, 공주의 동계사, 영덕의 운계서원 등이 박제상 부부의 충절을 기리는 유적이라고 한다.

또 다른 전설에는 치술공주가 딸 셋을 데리고 날마다 망부석에 올라 애통하게 울다가 새가 되었다고 한다. 산 정상에서 서쪽 기슭에 있는 은을암隱乙巖이 그 전설의 현장이다. 망부석과 은을암은 함께 울산광역시 기념물 제1호 '박제상 유적'으로 지정되어 있다.

박제상의 아들 백결선생

박제상의 이야기는《삼국사기》〈열전〉에도 실려 있는데, 〈열전〉에는 그의 아들 백결선생百結先生 이야기도 나온다. 이번에는 백결선생으로 유명한 박제상의 아들 박문량朴文良을 소개한다.

***

박제상의 부인 치술공주는 남편이 고구려에서 돌아오자마자 다시 왜국으로 떠났다는 소식을 들었다. 이에 첫째 딸 아기阿奇와 셋째 딸 아경阿慶을 데리고 치술령에 올라가 왜국을 바라보며 통곡하다가 마침내 남편이 순절했다는 소식을 듣고 두 딸과 함께 애통을 못 이겨 굶어 죽었다. 그리하여 몸은 망부석이 되고, 넋은 치술조로 화하여 왜국까지 날아가 남편의 혼을 맞아 신라로 돌아왔다고 한다.

박제상과 치술공주 부부의 둘째 딸 아영阿榮이 그때 겨우 다섯 살짜리 남동생을 홀로 기르니 그가 바로 문량, 곧 백결선생이다.

문량은 자비마립간 때 조정에 나아갔는데 청빈검소하게 살았으며, 그러면서도 거문고를 즐겼고, 언제나 100군데나 기운 누더기 같은 옷을 입었으므로 백결선생이라 불렸다.

어느 해 섣달 그믐날 집집마다 떡방아 소리가 요란하자 그의 부인이 탄식했다.

"남들은 설 명절을 맞으려고 떡방아를 찧는데 우리는 당장 먹을 양식조차 없으니 어찌할꼬."

그러자 문량은 태연하게 이렇게 말했다.

"사람에게는 각각 타고난 수명이 있고, 부귀는 하늘에 매인 것이니 오

게 되면 받는 것이요, 가게 되면 막을 수 없는 것인데, 부인은 왜 쓸데없는 걱정을 하오?"

그러고 나서 거문고를 뜯어 방아소리를 구성지게 내어 부인을 위로했다고 전한다. 이 방아타령이 서라벌에 널리 퍼졌다고 한다.

문량은 말년에 벼슬과 세상사에서 등지고 오로지 거문고만 벗 삼아 은둔했다. 백결선생 박문량의 증손이 마령간麻靈干인데, 서라벌 선도산에서 김유신金庾信과 김춘추金春秋에게 비법을 전수한 스승이라고 전한다. 또 이차돈異次頓으로 하여금 불교를 위해 순교토록 한 사람도 마령간이라고 한다.

박제상은 영해 박씨寧海朴氏의 시조다.

비처마립간과 선혜부인

비처마립간의 명령에 따라 두 사람은 처형당했고,
노인이 나와서 편지를 준 그 연못을 서출지라고 부르게 됐다.
《삼국유사》 권 제1 〈기이〉 제2

비처마립간毗處麻立干은 소지마립간炤知麻立干이라고도 하는데 신
라 제21대 임금이다. 아버지는 자비마립간, 어머니는 서불
한 미사흔未斯欣의 딸 김씨. 왕비는 이벌찬 내숙乃宿의 딸 선혜부인善兮
夫人이다. 비처마립간에게는 두 명의 왕비가 있었으니 이 선혜부인과
말년에 얻은 벽화부인碧花夫人이다.

비처마립간이 즉위한 지 10년째 되던 서기 488년에 이런 일이 있었
다. 그해 정월에 왕궁을 월성으로 옮겼는데, 마립간이 어느 날 신하
들을 거느리고 서라벌 근교 천천정으로 민정시찰을 나갔다. 그런데
갑자기 까마귀와 쥐가 쌍으로 나타나더니 쥐가 이렇게 사람처럼 말
을 하는 것이었다.

"모두 날 좀 보소. 이 까마귀가 가는 곳으로 한번 따라가 보소."

"이럴 수가, 쥐가 사람의 말을 하다니!"

마립간과 신하들이 모두 놀랍고 괴이쩍게 생각하면서도 쥐가 말한 대로 호위무사 한 명에게 까마귀를 따라가 보라고 시켰다.

무사가 말을 타고 날아가는 까마귀를 따라가다가 피촌에 이르렀는데, 돼지 두 마리가 요란하게 싸우고 있었다. 돼지들이 얼마나 열나게 싸우는지 무사는 제 임무도 까맣게 잊은 채 그 싸움을 재미있게 구경하다가 그만 까마귀의 종적을 놓치고 말았다.

당황한 무사가 사라진 까마귀를 찾아 사방을 두리번거리고 있는데, 갑자기 연못 가운데서 머리도 수염도 하얀 노인 한 명이 걸어 나오더니 편지 한 통을 주며 이렇게 이르는 것이었다.

"이 편지를 빨리 너희 마리칸에게 갖다 주거라."

그러고 나서 노인은 온다간다 소리도 없이 어디론가 사라지고 말았다. 무사가 부리나케 비처마립간에게 달려가 자초지종을 보고하고 그 편지를 바쳤다. 마립간이 보니까 봉투에 이렇게 쓰여 있었다.

열어 보면 두 사람이 죽고, 열어 보지 않으면 한 사람이 죽는다.

그것을 보고 소지마립간이 좌우를 돌아보며 말했다.

"이 무슨 황당한 소리란 말인고? 그래도 두 사람이 죽는 거보다야 한 사람이 죽는 게 낫겠지?"

그러자 곁에서 모시고 있던 일관, 즉 왕실 점쟁이가 이렇게 아뢰었다.

"꼭 그렇지만도 않사옵니다. 점괘를 보니 두 사람이란 건 서민이고, 한 사람이란 마립간을 가리킵니다."

그 말을 듣자 비처마립간은 속이 뜨끔했다. 그래서 봉투를 뜯어 속에 든 편지를 보니 이렇게 쓰여 있었다.

거문고집을 쏘아라 射琴匣

마립간은 마음속에 짚이는 것이 있는지라 신하들을 이끌고 그 길로 급히 환궁했다. 그리고 내전으로 들어가 호위무사에게 거문고집을 활로 쏘게 했다. 그러자 거문고집이 화살을 맞고 와장창 박살이 났는데, 그 뒤에서 백주에 정신없이 운우지정雲雨之情을 나누던 남녀 한 쌍의 모습이 적나라하게 드러나는 게 아닌가.

"아니, 지금 거기서 뭐하고 있는 게냐?"

더욱 놀라운 사실은 그 한 쌍이 보통 궁녀와 신하도 아니고, 여자는 바로 왕비인 선혜부인이요, 사내는 내전에서 불공을 올리던 묘심妙心이란 중이었다.

간통 사실을 현장에서 들켰으니 두 사람은 입이 백 개라도 할 말이 없었다. 그런데 묘심이란 중이 좀 엉뚱한 구석이 있는 자였다. 분노와 수치를 못 이겨 부들부들 떠는 임금 앞에 납죽 엎드린 채 이렇게 물었던 것이다.

"색즉시공色卽是空 공즉시색空卽是色이라 했는데, 참말로 죽을죄를 졌습니다. 그렇지만 소승이 이 궁금증을 풀지 않고서는 도저히 극락왕생하지 못 하겠사오니 마리칸께서 어찌 알았는지 가르쳐 주시면 죽어도 원이 없겠소이다."

"내 오늘 궁 밖으로 시찰을 나갔다가 너희들의 낮일을 본 까마귀와

밤일을 본 쥐로부터 특별보고를 받았다."

그렇게 하여 비처마립간의 명령에 따라 두 사람은 처형당했고, 노인이 나와서 편지를 준 그 연못을 서출지書出池라고 부르게 됐다는 것이다. 이것이 바로 저 유명한 '거문고집 사건', 일명 '서출지 사건'의 전말이다.

파계승 묘심의 정체

비처마립간이 왕비 선혜부인과 파계승 묘심을 처형했다는《삼국유사》의 이 기록은 사실과는 다르다. 김대문金大問의《화랑세기花郞世紀》, 김부식의《삼국사기》등 다른 사서는 이와 다른 내용을 전하고 있기 때문이다.

《화랑세기》에 따르면 비처마립간과 선혜부인은 딸 보도공주保道公主를 낳았다. 또 선혜부인은 이 사건에서 보다시피 묘심과 통정해서는 둘째 딸 오도공주吾道公主를 낳았다. 그러니까 간통 사실이 발각되었을 때 그 자리에서 처형당했다면 둘째 딸은 낳을 수가 없었을 것이 아닌가. 그리고 당시 신라 상류층의 성 풍조는 매우 자유분방했고, 왕실의 순수한 혈통을 보존하기 위해 근친혼도 성행했다. 따라서 간통죄란 있지도 않은 죄명으로 왕비가 처형당하는 일은 있을 수가 없었던 것이다.

비처마립간의 맏딸 보도공주는 다음 임금인 지증왕의 태자 김원종金原宗의 부인이 된다. 오도공주도 원종의 총애를 받다가 다른 사내에게 넘겨졌다. 이 김원종이 뒷날의 법흥왕이다.

한편 신라의 불교는 법흥왕 때부터 시작된 것으로 알고 있는데, 느닷없이 불교가 공인되기도 전에 신라 왕궁에 웬 중이냐고 의문을 품을 사람도 있을 것이다. 하지만 그건 의심할 문제가 아니다. 법흥왕 때 이차돈異次頓의 순교를 계기로 불교가 공인된 것은 맞지만, 그에 앞서 눌지마립간 때 고구려에서 넘어온 아도화상阿道和尙에 의해 비밀 포교가 시작되었고, 비처마립간 때에는 왕궁 안에도 신자가 많이 늘었다. 그러니까 독실한 신자였던 이차돈이 불법의 공인을 위해 순교를 감행한 것이다.

따라서 묘심이란 파계승은 어쩌면 아도화상의 제자였을지도 모르는 일이다.

섬신공과 벽화부인

수레를 열어 본 마립간은 깜짝 놀랐다.
그것은 맛있는 음식도 아니고, 뇌물로 바친 금은보화도 아닌,
눈부시게 아름답게 꾸민 벽화였던 것이다.
《삼국유사》권 제1 〈기이〉 제2

ㅂ처마립간 재위 22년(500). 이른바 거문고집 사건, 일명 서출지 사건이 일어난 지 12년이 지난 뒤였다. 계절은 한가위가 지나고 가을이 깊어가는 9월 어느 날 밤. 이리저리 뒤채며 잠을 이루지 못하던 비처마립간은 침전을 나서서 정원으로 발길을 옮겼다. 내전을 지키던 경호원들도 발소리를 죽이고 임금 뒤를 따랐다.

근래 들어 마립간의 심기가 불편한 이유는 오직 하나, 대를 이을 아들이 하나도 없다는 사실 때문이었다. 육촌아우 지도로智道路, 智證麻立干를 다음 왕위 후계자인 부군副君으로 삼은 것도 그런 까닭이었다.

정원을 거닐던 마립간은 밤하늘을 쳐다보았다. 가느다란 초승달이 서쪽으로 기울고 있었다. 미인의 눈썹처럼 요염한 초승달은 영락없이 어여쁜 벽화碧花의 눈썹 같았다. 임금은 어둠 속에서 한숨을 내쉬

었다.

늙은 비처마립간의 가슴에 늦바람의 불길을 지른 벽화는 누구인가. 그녀는 오늘의 경북 영주 땅인 날이군의 태수 섬신공剡臣公 김파로金波路와 벽아부인碧我夫人의 딸이다. 마립간이 날이군에 행차하여 나라 안에 절세미녀로 이름난 벽화를 처음 본 것은 불과 한 달 전이었다.

마립간이 변경 순시를 위해 날이군으로 행차한다는 소식을 들은 파로는 접대에 매우 신경 썼다. 임금을 직접 모시는 이번 기회야말로 중앙정계 진출과 출세의 지름길이며 갈림길이기 때문이었다.

성 밖 멀리까지 마중 나가서 마립간을 집으로 맞아들인 파로는 온갖 산해진미로 상다리가 부러지게 음식상을 차리고 환영연을 베풀었다. 그날 밤 임금의 잠자리에는 자신의 부인을 들여보내 원로의 객고를 풀도록 했다. 그런데 그것으로 끝이 아니었다.

이틀 뒤 임금이 돌아가는 길에 어마어마한 '선물'을 바쳤던 것이다. 그 선물이 바로 자신의 외동딸 벽화였다. 곱게 단장시킨 벽화를 울긋불긋 화려한 비단옷으로 둘둘 감아 수레에 태워서 통째로 바쳤던 것이다.

수레를 열어 본 마립간은 깜짝 놀랐다. 그것은 맛있는 음식도 아니고, 뇌물로 바친 금은보화도 아닌, 눈부시게 아름답게 꾸민 벽화였던 것이다. 마립간이 할 말을 잃고 바라보자 벽화도 고개를 들어 마주쳐다보는데 쌩끗 눈웃음치는 그 교태가 애간장을 살살 녹였다.

하지만 자신은 공식적으로는 민정 시찰과 영토 순시를 나온 대왕이 아닌가. 어찌 훤한 대낮에, 그것도 대소 신료가 지켜보는 가운데 신하의 딸을 선물로 받을 수가 있단 말인가. 비처마립간은 눈물을 머

127

금고 빈손으로 환궁했다.

그것이 벽화를 알게 된 경위였다. 그때는 신하들의 눈도 있고 해서 체면상 그냥 돌아오고 말았지만, 그렇게 서라벌로 돌아온 다음부터 그림보다 아리따운 벽화의 모습이 머리에서 떠날 줄 몰랐던 것이다.

며칠 뒤 마립간은 백성의 옷차림으로 변장하고 몰래 황궁을 나섰다. 마립간이 예고도 없이 나타났건만 파로는 놀라는 기색조차 없었다. 그렇게 해서 비처왕은 마침내 꿈에 그리던 절세미녀 벽화를 안을 수 있었다.

한번 열린 문에는 바람이 계속 드나들기 마련이다. 늦게 배운 도둑질에 날 새는 줄 모른다고 비처마립간은 벽화의 미색에 빠져 걸핏하면 정무를 팽개치고 날이군을 다녀왔다. 그러니 70고개를 바라보는 노구가 어찌 혹사를 견디랴. 게다가 꼬리가 길면 밟히는 법이다. 비처마립간은 자신의 날이행을 극소수의 심복 측근만 알고 있는 줄 알았으나 세상에 비밀이 어디 있는가. 임금의 미행은 얼마 못 가 대궐 안에서부터 소문이 퍼지기 시작해 급기야는 민간에까지 알려지게 되었다.

그날도 변복을 하고 날이군으로 가다가 날이 저물어 고타군, 오늘의 안동 땅에서 묵고 가게 되었다. 집주인은 노파였다. 저녁상을 물리고 임금이 노파에게 넌지시 물어보았다.

"요즘 사람들이 마리칸을 어떻게 생각하오? 정치를 잘 한다고 합디까?"

그러자 노파가 망설이지도 않고 이렇게 대답했다.

"마리칸을 훌륭한 분이라고 하는 사람도 있소이다만 나는 마리칸이 훌륭한 사람이라고 생각하지 않습니다."

"아니, 왜 그렇게 생각합니까?"

"내가 이런 촌구석에 살아도 마리칸이 날이에 사는 여자한테 반해서 자주 찾아간단 소문을 다 들었다오. 그러면 나랏일은 언제 볼 것이오? 용이 물고기 옷을 입고 다니면 어부한테 잡히는 법인데, 마리칸이란 분이 변복을 하고 색이나 밝히러 다닌다니, 그렇게 신중하지 못해서야 되겠소이까? 쯧쯧……."

노파의 일장훈계를 듣고 비처마립간은 얼굴이 화끈거려 견딜 수가 없었다. 그렇다고 해서 벽화를 포기하기도 싫었다. 마립간은 벽화를 사람들의 눈에 안 띄게 서라벌로 불러 후궁으로 들여앉혔다.

결국 비처마립간은 더 오래 살 수도 있었을 것을 벽화와의 지나친 색사로 인해 그로부터 불과 두 달밖에 더 살지 못하고 죽었다. 늘그막에 찾아온 그 바람은 참으로 무서운 죽음의 바람이었던 것이다. 비처마립간이 죽은 뒤에 벽화는 왕자를 낳았는데, 그 핏줄이 왕위를 잇지는 못했다. 왜냐하면 산중의 범처럼 위엄 있고 느긋하게 때를 기다리던 부군 지도로가 대권을 장악했기 때문이다.

그렇게 하여 절세미녀 벽화의 운명도 다시 한 번 바뀌는데, 그녀의 다음 남자는 지증마립간의 태자 김원종이었다.

지철로마립간과 영제부인

고구려와 백제, 가야와 왜국도 벌써부터 성왕이니 명왕이니 태왕이니 대왕이니 하고 부르지 않소.
그러니까 우리 신라도 이제부턴 국왕이라고 부르기로 합시다.
《삼국유사》 권 제1 〈기이〉 제2

지철로마립간智哲老麻立干은 임금의 체면이 구겨질 대로 구겨
지는 바람에 견딜 수가 없었다. 자신만의 비밀이라고 여겼
던 것이 어떻게 알려졌는지 소문이 퍼져 체면이 말이 아니었기 때문
이다.

마립간의 비밀이란 무엇인가. 그것은 그의 생식기가 비정상적으로
어마어마하게 크다는 사실이었다. 그것도 한 자 다섯 치, 즉 35.5센티
미터나 됐으니 어찌 놀라지 않으랴. 지철로마립간은 이처럼 돌연변
이라 할 만큼 비정상적으로 거대한 생식기 탓에 알맞은 배필을 구할
수 없었다.

서기 500년, 지철로마립간이 육촌형이던 전 임금 소지마립간이 재
위 22년 만에 죽자 그 뒤를 이어 즉위, 마침내 고대하던 대궐의 주인

이 된 뒤였다. 즉위한 마립간이 가장 급히 착수한 과제는 배필을 찾는 일이었다. 그렇다고 이처럼 매우 미묘하면서도 은밀한 문제까지 어전회의의 정식 안건으로 올릴 수는 없었다. 마립간은 어느 날 신임하는 극소수의 근신들만 내전으로 불러들여 상담했다.

마립간은 자신의 배필을 구하는 문제는 뒤로 하고 다른 문제부터 꺼냈다.

"앞으로는 우리나라 이름을 한 가지로 통일해서 부르는 것이 좋겠소. 도대체 나라는 하난데 이름이 몇 개나 되는가 말이오. 서나벌·서벌·사로·사라·계림·신라, 이렇게 짐이 알고 있는 것만 해도 여섯 개나 된다 그거요. 그러니까 앞으로는 '날마다 새로워져 온 누리를 덮는다'라는 뜻을 가진 신라로 통일하는 게 어떻겠소?"

신하들은 마립간의 말씀에 두 말 없이 즉각 지지 찬동했다.

"국호는 정리됐고, 왕호도 바꾸는 게 좋겠소, 우리도 이제부턴 거서간이나 차차웅, 마립간이라고 부르지 말자 그 말이오."

"그러면 뭐라고 불러야 좋겠습니까?"

"우리도 이제부턴 대왕이라고 부르기로 합시다. 옛날 박혁거세 시조 때부터 불러오던 거서간, 이사금, 마립간, 하는 칭호는 시대에 한참 뒤떨어진 칭호가 아니오? 이웃 고구려와 백제, 가야와 왜국도 벌써부터 성왕이니 명왕이니 태왕이니 대왕이니 하고 부르지 않소. 그러니까 우리 신라도 이제부턴 국왕이라고 부릅시다."

"그럼 이제부턴 대왕폐하라고 부르겠습니다."

"그렇게 합시다. 그리고 짐이 또 하고 싶은 말이 있소이다."

마립간은 마침내 자신의 배필 구하는 문제를 꺼냈다.

그리하여 이튿날 아침부터 대왕의 측근들은 서라벌 6부를 하나하나 뒤지기 시작했다. 목적은 오로지 하나, 대왕의 '치수'에 맞는 여자를 찾는 것이었다.

날이면 날마다 서라벌 주변을 샅샅이 뒤지던 사신들의 한 조組가 모량부에 이르렀을 때였다. 두 사람은 날씨도 후텁지근해서 좀 쉬었다 가기로 하고 마을 앞 냇가 나무그늘에 앉았다. 그렇게 나란히 앉아서 땀을 식히고 있자니 근처에서 갑자기 개들이 으르렁거리며 짖는 소리가 들려오는 것이었다.

두 사람은 개 짖는 소리가 나는 곳을 찾아가 보았다. 그리고 놀라운 광경을 목격하게 되었다. 개 두 마리가 '북만큼 커다란' 똥 덩어리 하나를 사이에 두고 서로 차지하려고 사납게 짖어대며 맹렬히 싸우고 있었던 것이다. 그 주변에는 모량부에 사는 마을아이 대여섯 명도 구경하고 있었다.

두 사람이 마을아이들에게 물어보았다.

"너희들 혹시 저 똥 임자를 아느냐?"

"저 똥은 우리 마을 칸의 따님이 빨래하다가 숲에 들어가서 몰래 싼 똥이라오."

두 사람은 아이들을 앞세우고 즉시 그 마을 칸의 집으로 찾아갔다. 그리고 문제의 똥을 눈 주인공을 불러 보니 키가 무려 일곱 자 다섯 치, 오늘날의 치수로 187.5센티미터나 되는 거녀巨女였다. 처녀의 성은 박씨였다.

모량부는 원래 손씨네 마을인데, 현재 그 마을의 우두머리인 처녀의 아비는 자신이 시조 박혁거세거서간의 후손이라고 했다.

알맞은 신붓감을 발견했다는 보고를 받은 지증마립간은 즉시 '천생연분' 인 박씨 처녀와 혼인식을 올렸다.

이 거녀가 바로 나중에 법흥왕 김원종의 어머니가 되는 영제부인(迎帝夫人,《삼국사기》에서는 延帝夫人)이다.

영제부인의 아비 모량부의 칸 박씨는 졸지에 국구(國舅, 임금의 장인)가 된데다 각간이란 최고위 벼슬까지 얻게 되었으니, 참으로 사람 팔자는 알 수 없다.

신라 도약기를 이끈 지증왕

《삼국유사》의 이 설화에서 한 가지 모순점을 발견할 수 있다. 《삼국사기》에 따르면 지증왕은 나이 64세에 즉위했다고 하니, 나이 예순이 넘도록 장가를 들지 않았을 리가 없다. 지증왕이 즉위한 때는 서기 500년이다. 지금으로부터 1,500년 전에 환갑이 넘도록 살았으면 매우 오래 산 편인데 장가도 들지 않았다니 믿을 수 있을까.

지증왕에게 왕위를 물려주고 죽은 소지마립간은 후사가 없었다. 그래서 육촌아우 김지도로를 부군副君, 또는 갈문왕葛文王, 즉 왕위 계승 서열 1위로 책봉했던 것이다.

지도로는 지대로智大路, 지철로智哲路라고도 나오는데, 이는 신라 말 이름을 한문자로 기록하다 보니 여러 가지로 표기된 것이다. 《삼국유사》 〈왕력〉 편에서는 지정마립간智訂麻立干이라고도 했다. 지증왕은 이 지도로왕 사후에 바쳐진 존호이다.

신라에서 사후에 존호를 바치는 것은 지증왕에서 비롯되었고, 그때까지 사라니 서라벌이니 하던 국호를 신라로 확정하고, 거서간이니 이사금이니 마립간이니 하던 왕호를 다른 나라들과 마찬가지로 왕이라고 부르기 시작한 것도 바로 이 지증왕 때부터였다. 순장을 금지한 것도 지증왕 때부터였다.

또한 이 지증왕 때부터 신라는 한반도 동남부에 위치했다는 지정학적으로 불리한 여건을 딛고 비약적인 발전을 하기 시작했다. 당대의 영웅 김이사부金異斯夫가 오늘의 강원도 삼척 지방인 실직주 군주가 되어 오늘의 울릉도인 우산국을 정복한 것도 지증왕 때였다. 김이사부는 내물이사금의 후손이다. 또 지증왕은 전국의 행정구역을 개편하고, 소를 이용한 농사법을

확산했으며, 서라벌에 새로운 동부시장을 개설하여 상업을 장려했다. 그리고 선박이용법을 제정하여 해운업을 장려하는 등 탁월한 업적을 남겼다.

어쨌든 지증왕이 즉위하기 전에 이미 장성한 아들을 둘이나 둔 유부남이란 사실은 《삼국유사》와 《삼국사기》를 유심히 분석해 보면 알 수 있고, 또 《화랑세기》에도 분명하게 기록되어 있다.

소지마립간 재위 시에 지도로의 장성한 아들 김원종, 즉 뒷날의 법흥왕이 국공國公이란 이름을 내걸고 신라 중앙정계의 실력자로서 현실 정치에 참여하고 있었던 것으로 나온다.

한편 둘째 아들 김입종金立宗은 비록 둘째 아들로 태어나서 임금 자리에는 오르지 못했지만, 형인 법흥왕의 딸 지소智昭, 즉 친조카와의 사이에서 태어난 아들 삼맥종彡麥宗이 왕위에 올랐으니, 그가 곧 신라 최고의 영주로 꼽히는 진흥왕이다.

신라 왕실은 근친혼이 매우 빈번한데, 그 이유 중 하나는 왕족의 순수한 혈통, 이른바 성골聖骨을 보존하여 박·석·김이 아닌 타성他姓에게 대권을 넘겨 주지 않으려고 했기 때문이다. 특히 이러한 근친혼은 제17대 임금인 내물이사금의 즉위를 계기로 석씨 왕조가 몰락하고, 경주 김씨 시조인 김알지의 후손인 김씨 왕조 설립 이후 더욱 두드러졌던 것이다.

그러면 지증왕의 이야기는 어떻게 하여 만들어졌을까. 그것은 정통성이 결여된 즉위에 대한 보완작업(?)이었다. 어차피 역사는 승자의 기록이다. 강자가 승자가 되어 왕 노릇을 하던 고대 사회가 아닌가. 왕이 후사도 없이 죽었겠다. 그러지 않아도 오랫동안 후계자 자리를 굳혀놓았던 지도로─지증왕이 '신체'도 장대하고 머리까지 금상첨화로 빼어나니 성골이든 진골이든 다른 자들은 불평불만만 하지 말라는 일종의 경고이기도 했던 것이다. 역사는 그렇게 이어져 왔다.

신라에 불교를 전한 아도화상

아도가 "천경림에 절을 세워 불법을 크게 일으켜서 나라의 복을 빌고 싶다."라고 하므로
띠집(초가)을 지어 불법을 가르치니 이 절이 흥륜사였다고 했다.
《삼국유사》 권 제3 〈흥법〉 제3

《삼국유사》 〈흥법興法〉 편은 순도順道가 고구려에 불법을 전한 일, 마라난타摩羅難陀가 백제에 불법을 전한 일, 아도阿道가 신라에 몰래 들어가 불법을 전한 일 등을 전한다.

경북 구미시 해평면 송곡리의 냉산 정상부에는 도리사桃李寺가 있으니 곧 신라 불교의 기초를 닦은 아도화상이 창건한 신라 최초의 절이다. 또한 그 이웃 마을인 도개면 도개동에는 아도와 그의 후원자였던 모례毛禮의 설화가 얽힌 모례집터와 모례장자샘이 남아 있어 이곳이 바로 신라 불교의 첫새벽이 밝았던 역사의 현장이라는 사실을 증명해 준다.

도리사 인근에는 아도가 좌선하던 곳이라고 전하는 좌선대, 아도가 입적했다는 금수굴, 조선 인조 때 건립한 것으로 알려진 아도화상

사적비, 아도가 손가락을 곧게 펴서 직지사 터를 잡았다는 서대西坮 등이 있다. 또한 1976년 도리사 석축에서 발굴된 석인은 아도 스님의 석상이라고 하여 화제를 불러일으키기도 했다.

모례집터와 모례장자샘이 있는 도개면 도개동에 대대로 전해오는 이야기에 따르면, 고구려에서 몰래 신라 땅으로 넘어온 아도는 신분을 숨기고 부자였던 모례의 집에서 머슴살이를 했다고 한다. 아도는 모례의 소 1,000마리와 양 1,000마리를 길렀으며, 3년 뒤에 새경을 받아 냉산 기슭에 절을 지었다. 그 절에는 한겨울에도 복숭아꽃, 오얏꽃이 만발하여 보기 좋았다. 그래서 절 이름을 복숭아 '도桃' 자 오얏 '이李' 자를 합쳐 도리사라고 했다는 것이다.

신라 불교가 새싹을 틔운 이곳은 현재 경북 구미시에 속해 있지만 당시에는 고구려와의 국경이 멀지 않은 신라의 일선현一善縣, 뒷날 선산군의 한 마을이었다.

신라가 불교를 공인한 것은 《삼국유사》에 따르면, 법흥왕 14년(527), 이차돈의 순교가 계기였다. 이 대목은 다음에 나오는 이차돈 편에서 자세히 소개하기로 한다. 하지만 《삼국사기》에는 이보다 한 해 뒤로 나온다.

어쨌든 이는 고구려보다 150년, 백제에 비해서 140년쯤이나 뒤늦은 일이었다. 고구려는 소수림왕 2년(372) 전진왕前秦王 부견符堅이 사신과 함께 순도順道를 시켜 불상과 경문을 보내왔고, 2년 뒤에는 아도가 왔다고 했다. 또한 375년에는 당시 수도인 국내성, 현재의 중국 길림성 집안시에 기록상 우리나라 최초의 절인 초문사肖門寺를 세워 순도를 머물게 하고, 아울러 이불란사伊弗蘭寺를 지어 아도를 머물게 했다. 그러면서 《삼국사기》는 '이것이 우리나라 불법의 시초'라고 기록했다.

백제는 침류왕 원년(384) 호승(胡僧, 인도의 승려로 추정) 마라난타摩羅難陀 가 진晉나라에서 오니 대궐에 머물게 하고 예로써 공경했으며, 이듬해에는 서울인 한산주에 절을 짓고 중 열 명을 두었는데, 이것이 곧 백제 불법의 시초라고 했다.

그러면 이러한 기록 이전에는 불교가 이 땅에 소개된 적이 전혀 없었을까. 다른 여러 문헌이나 각 지역의 전설 등을 살펴볼 때 이 같은 사서의 기록 이전에 우리나라는 다른 경로를 통해 이미 불법의 가르침을 받아들였던 것으로 판단된다.

경남 남해 금산 보리암은 가락국 시조 김수로왕의 부인 허황옥 황후의 삼촌인 장유대사長遊大師가 창건하고 인도에서 모셔 온 관세음보살상과 석가모니의 진신사리를 모셨다고 한다. 비록 석탑 자체는 고려 시대 초기 작품 양식이기는 하지만, 이러한 전설은 사서의 기록보다 훨씬 전부터 이 땅에 불법이 전해져 왔음을 일러 주는 증거가 아닐까.

《삼국유사》 '가락국기'에 따르면 김수로왕이 신하들에게 장차 황후가 될 허황옥 공주가 오는 길목을 지키라고 지시했다는 것이 서기 48년 음력 7월 27일이라고 하니 장유대사가 불법을 가지고 왔다는 전설이 사실이라면, 이는 순도가 고구려에 온 372년보다 무려 324년이나 앞서는 일이다. 또 《삼국유사》에 따르면 제8대 질지왕銍知王, 金銍

王 2년인 452년 김수로왕과 허황후의 명복을 빌기 위해 두 사람이 국제결혼을 했던 곳에 왕후사王后寺라는 절을 지었다고 했으니 공식적 기록상으로는 가야가 신라보다 75년이나 앞서 불교를 공인한 셈이 된다.

신라에 처음 불법을 전한 사람도 《삼국사기》와 《삼국유사》에 따르면 아도가 아니라 묵호자墨胡子, 黑胡子로 나와 있으며, 불교가 들어온 연대도 정확하지가 않다. 또 근래에는 묵호자와 아도가 동일인이라는 추정이 꽤 설득력을 얻고 있다. 《삼국사기》 〈신라본기〉 법흥왕 조는 이렇게 전한다.

15년(528)에 불교를 처음 폈다. 눌지왕 때에 중 묵호자가 고구려에서 와서 일선군에 이르니 그 고을 사람 모례가 자기 집안에 굴방을 만들어 그를 있게 했다. 그때 양나라에서 신라에 사신을 파견하여 의복과 향을 보내왔는데, 여러 신하가 그 향의 이름과 쓸 곳을 알지 못했다. 그래서 사람을 시켜 향을 싸가지고 널리 나라 안을 돌아다니면서 묻게 했다. 묵호자가 이것을 보자 그 이름을 알려 주며 말했다.

"이것을 태우면 향기가 매우 강합니다. 정성을 신성神聖에게 통하는 것입니다. 이른바 신성이란 삼보三寶보다 나은 것이 없습니다. 첫째는 부처, 둘째는 불법, 셋째는 사문沙門이라 합니다. 만약 이것을 불에 태워 소원을 빌면 반드시 영험이 있습니다."

이때 왕녀가 병이 위독하여 왕이 묵호자에게 향을 피워 소원을 말하게 했는데 왕녀의 병이 즉시 나았다. 왕이 매우 기뻐하며 예물을 후히 주었다. 묵호자가 나와서 모례를 보고 얻은 물건을 그에게 주며, "나는 이

제 갈 곳이 있다."라고 하며 작별을 청했는데, 잠시 후에 그가 간 곳을 알 수 없었다.

비처왕比處王 때에 와서 아도화상이란 이가 있었다. 시종 세 명을 데리고 역시 모례의 집으로 왔는데 모습이 묵호자와 비슷했다. 그는 몇 해 동안 이곳에 살다가 아무런 병도 없이 죽었다. 그에게 시종하던 세 사람은 남아 있으면서 경經과 율律을 가르쳤는데 가끔 믿는 사람이 있었다.

이때에 와서 왕(법흥왕)이 또한 불법을 일으키려 했으나 여러 신하가 믿지 않고 떠들기만 하니 왕이 이를 어렵게 여겼다…….

하지만 정작 묵호자가 왔다는 눌지마립간 조를 보면 불교 전래에 관한 기사가 보이지 않는다. 또한 《삼국사기》에 따르면 눌지마립간의 재위 시기는 417년부터 458년까지, 비처마립간의 재위 시기는 479년부터 499년까지이지만, 《삼국유사》는 아도가 미추이사금 2년인 263년에 신라에 왔다고 했다. 《삼국유사》 '아도기라阿道基羅'의 기록을 살펴보자. 아도기라란 아도가 신라 불교의 기초를 닦았다는 뜻이며, 아도는 혹 아도我道, 또는 아두阿頭라고도 쓴다고 주석을 붙였다.

〈신라본기〉 제4권에 이런 말이 있다. 눌지왕 때 사문 묵호자가 고구려로부터 일선군에 이르니 그 고을 사람 모례毛禮. 毛祿는 자기 집 안에 굴을 파서 방을 만들고 그를 머물도록 했다…….

여기에서 묵호자가 왕녀의 병을 고치고 사라진 뒤 아도가 나타났다는 대목은 앞서 소개한 《삼국사기》의 기록과 크게 다를 바 없다.

이는 두 사서 모두 지금은 사라지고 없는 《신라고기》라는 책을 원전 삼아 인용했기 때문일 것이다. 그다음은 이렇게 이어진다.

아도가 대궐에 나아가 불법 전하기를 청하니 세상에서 일찍이 보지 못 하던 것이라 하여 꺼리고 심지어 그를 죽이려는 자까지 있었으므로 이에 모례의 집으로 도망쳐 숨었다. 《고기古記》에 법사가 처음 모례의 집에 올 때 천지가 진동했는데 그 당시 사람들은 중이란 명칭을 알지 못 했으므로 아두삼마阿頭三摩라고 했다. 삼마란 우리말로 중을 가리키니 즉 사미란 말과 같다.

일연선사가 인용한 《아도본비》에 따르면 아도는 고구려 사람이요, 그의 어머니는 고도령高道寧이라고 했다. 고구려 동천왕東川王 때에 조위曹魏 사람 아굴마我屈摩가 사신으로 왔다가 고도령과 관계하고 돌아 갔는데, 여기서 아도가 태어났다.

아도는 다섯 살 때 어머니가 출가시켰다. 이어 나이 열여섯에 위나라에 가서 아버지를 만나고 현창화상玄彰和尙에게서 가르침을 받았다. 열아홉에 돌아와 어머니를 뵈었는데, 어머니가 그에게 신라에 가서 불법을 전하도록 일렀다. 아도가 어머니의 가르침에 따라 신라에 가서 서라벌의 서리西里에 살았으니 지금의 엄장사嚴莊寺라는 내용이다.

이어서 《삼국유사》는 아도가 이듬해인 미추이사금 3년에 공주의 병을 고쳤고, 임금이 소원을 말하라고 하자 "천경림天鏡林에 절을 세 워 불법을 크게 일으켜서 나라의 복을 빌고 싶다."라고 하므로 띠집 (초가)을 지어 불법을 가르치게 하니 이 절이 홍륜사興輪寺였다고 했다.

그 뒤 미추이사금이 세상을 떠나니 사람들이 아도를 해치려고 하여 모례의 집으로 도망쳐 스스로 무덤을 만들고 그 속에 들어가 죽으니 법흥왕 때 불교가 공인되기까지 불교가 폐지되었다는 것이다.

이들 이야기를 살펴보면 연대 상 커다란 차이가 남을 알 수 있다. 일연선사도 지적했지만 아도가 비처왕 때 왔다면 고구려에서 100년이나 있다가 온 셈이며, 미추왕 때 왔다면 고구려에 들어온 것보다도 100년이나 앞선 일이기 때문이다. 따라서 일연선사는 아도가 신라에 온 것은 눌지왕 때가 맞을 것이며, 두 사람의 행적을 살펴볼 때 묵호자와 아도도 다른 사람이 아니라 한 사람일 것이라고 했다. 일연선사는 이렇게 해석했다.

그리고 그때(미추왕 때) 신라에서는 아직 문물과 예교禮教가 없었고 나라 이름도 정해지지 않았는데 무슨 겨를에 아도가 와서 불교의 신봉을 청했겠는가. 또 고구려에도 이르지 않고 이를 지나서 신라에 왔다는 일은 이치에 맞지 않는다. 설령 불교가 잠시 일어났다가 즉시 폐지되었다 하더라도 어찌 그 중간에 잠잠히 소문이 없었을 것이며, 그때까지 향의 이름을 몰랐겠는가. 〈신라본기〉는 연대가 어찌 그리 뒤지고 〈아도본비〉는 연대가 어찌 그리 앞섰을까. 생각하건대 불교가 동방에 전래된 것은 틀림없이 고구려와 백제에서 시작되어 신라에서 끝났을 것이니 신라의 눌지왕과 고구려의 소수림왕 시대가 서로 잇대어 있으니 아도가 고구려를 하직하고 신라에 온 것은 마땅히 눌지왕 때였으리라. 또 왕녀의 병을 고친 것도 모두 아도의 일이라 전하니 이른바 묵호자도 진짜 이름이 아니요 단순히 별명일 것이다. 양나라 사람이 달마達摩를 가리켜 벽

안호碧眼胡라 하고, 진나라에서 중 도안道安을 칠도인漆道人이라 한 것과 마찬가지이다. 아도는 고결한 행실로써 세상을 피하면서 성명을 감춘 것이다. 대개 신라 사람들은 그들이 소문에 따라 묵호자니 아도니 하는 이름으로써 두 사람을 만들어 전했을 뿐이다. 더구나 아도의 모습이 묵호자와 비슷하다고 했으니 이것으로도 한 사람임을 알 수 있다.

고려 고종 2년(1215) 각훈覺訓 스님이 왕명을 받들어 저술한《해동고승전》에도 이와 비슷한 내용이 나오는데,《해동고승전》은 1280년께에 저술된《삼국유사》보다 앞서 나온 책이다.

이 책에도 아도 스님이 신라에 온 것이 자료에 따라 미추왕에서 법흥왕에 이르기까지 11명의 왕이나 연대가 어긋난다는 점을 지적하면서, 아도와 묵호자가 결국은 동일인이라는 점을 일깨워 주고 있다.

순교자 이차돈과 법흥왕

폐하께서 대성법왕이 되어 불법을 일으키려 하므로 내가 목숨을 바쳐 이승과 얽힌 인연을 끊고자 하오니
하늘은 상서를 버리시어 두루 보이소서.

《삼국유사》권 제3 〈흥법〉 제3

이차돈異次頓의 본명은 박염촉朴厭髑이며, 시조 박혁거세거서간의 후손이다. 지증왕 2년(501)에 태어난 이차돈은 법흥왕 14년(527), 순교하기 전까지 26세의 한창 나이로 사인舍人, 요즘으로 치면 청와대 하급 비서관 노릇을 하고 있었다.

지증왕이 재위 15년 만에 죽고, 태자 김원종이 즉위하니 그가 법흥왕이다. 법흥왕은 사후에 바친 존호이고 생시에는 원종왕이라고 불렀다. 어느 날 왕궁인 월성의 내전에서 원종왕과 이차돈이 이런 대화를 나누었다.

"이차돈아, 이 일을 어쨌으면 좋겠느냐? 너도 아까 낮에 분명히 보

고 들었지? 우리도 이제는 불교를 인정하고 절을 세우자고 했더니 공목工木·알공謁恭 같은 수구파 대신들이 결사반대하지 않더냐?"

그랬다. 이미 500년 오랜 역사를 이어 온 신라는 그때까지 국왕이 마음대로 불교도 공인하지 못하고, 절 한 채 쉽사리 짓지 못했던 것이다. 왜냐하면 전래된 민간종교의 위세가 워낙 강해 선진 외래종교인 불교가 쉽사리 뿌리내릴 수 없었기 때문이다. 이는 결국 절대왕권이 확립되지 못한 탓이기도 했다.

그러나 비록 왕실의 공인을 받지 못하고 아직도 비밀 포교 수준에 머물고 있기는 하지만, 불교가 고구려를 거쳐 신라에 전해진 지도 이미 100년이 가까운 때였다. 민간에서 불교를 믿는 사람은 나날이 늘어갔고, 이제는 왕궁 안에도 불당이 마련되어 중들이 무상으로 출입할 정도였다. 그럼에도 수구파의 격심한 반대에 절 한 채 마음대로 짓지 못하고 있었던 것이다.

비록 출가하지는 않았지만 독실한 불제자 이차돈이 이렇게 아뢰었다.

"소신이 폐하의 허락을 받았으니 절을 지어도 좋다고 전하겠습니다. 그래서 말썽이 생기면 폐하께서 짐이 언제 그런 명령을 내렸느냐, 하고 대노하여 소신의 목을 베신다면 아무도 감히 폐하의 뜻을 어기지 못할 것입니다."

"내 뜻은 백성을 이롭게 하려는 것인데 어찌 죄 없는 너를 죽일 수 있겠느냐? 너는 비록 불법을 위해 한몸 바치려 하지만 그렇다고 죽을 것까지야 있겠느냐?"

"폐하! 일체를 버리기 어려운 것이 신명身命이오나, 소신이 아침에 죽어서 저녁에 불법이 행해진다면 이 한 목숨 무엇이 아깝겠습니까?"

"오오, 장하구나. 네가 그렇게 할 수 있다면 대사(大土, 보살)가 따로 없겠구나!"

어전에서 물러난 이차돈은 건축을 담당한 관리에게 가서 절을 지어도 좋다는 임금의 거짓 명령을 전했다. 예상대로 이튿날 조회에서 수구파 노신들이 격렬히 반대와 항의를 했다.

"폐하, 불교는 참으로 믿을 수 없는 외래종교라 하겠습니다. 중이라는 자들은 머리를 박박 깎고, 이상한 옷을 입고, 괴상한 주문이나 외고 다니는데, 이걸 받아들여서 어찌 나라가 잘 되겠습니까?"

"신들은 감히 그런 어명은 받들지 못하겠습니다."

그러자 대왕이 이차돈에게 앞으로 나서게 하고 이렇게 물었다.

"도대체 어찌 된 노릇이냐? 불교를 공인하고 절을 지으라는 명령을 내가 언제 내렸느냐?"

"폐하, 이 불충한 소신을 죽여 주소서. 하오나 지금 저 말들을 곧이 들으시면 안 됩니다. 소신이 듣건대 불법은 대자대비大慈大悲를 교리로 하는데, 그 뜻이 매우 깊다 하오니 나라와 백성을 위해서는 우리 모두가 반드시 믿어야 할 줄로 압니다."

이에 대왕이 이미 약조한 바가 있는지라 짐짓 화를 내며 이렇게 소리쳤다.

"넌 어찌하여 감히 제명帝命을 날조하는 불충을 저질렀단 말인고? 짐이 여러 사람의 말을 물리칠 수 없고, 너 혼자 주장이 다르니 너를 버릴 수밖에 없구나. 이봐라, 조정 공론을 어지럽히고 제명을 날조한

저놈을 끌어내다 목을 베어라!"

처형을 맡은 무사들이 이차돈을 묶어 끌고 가자, 이차돈이 대왕과 중신들을 돌아보며 이렇게 소리쳐 맹세를 했다.

"폐하께서 대성법왕大聖法王이 되어 불법을 일으키려 하므로 내가 목숨을 바쳐 이승과 얽힌 인연을 끊고자 하오니 하늘은 상서를 내리시어 두루 보이소서."

그것이 이차돈의 유언이었다. 형리가 그의 목을 베자 당연히 붉은 피가 흘러야 마땅하거늘 이게 무슨 조화 속인가. 난데없이 젖같이 흰 피가 분수처럼 한 길이나 솟구쳐 오르는 것이었다. 모든 사람이 "악!" 하고 외마디 비명을 지르며 놀라는 사이에 갑자기 하늘이 빛을 잃고 사방이 캄캄해지는 가운데 지진이 일어나듯 땅이 마구 흔들리고 하늘에선 꽃잎들이 비 오듯 무수히 쏟아져 내렸다.

이차돈이 이처럼 전대미문의 장엄한 이적을 일으키며 순교하자 대왕은 옷자락으로 눈물을 훔쳤으며, 신하들은 진땀으로 속옷을 적셨다. 감천이 갑자기 말라 물고기와 자라들이 다투어 뛰어오르고, 곧은 나뭇가지가 부러져 원숭이 떼가 구슬피 울부짖었다. 말고삐를 나란히 하고 즐겁게 지내던 친구들도 서로 돌아보며 애간장이 끊어지듯 피눈물을 흘리고 애통해하며 이차돈의 관을 뒤따랐다.

그리하여 이차돈의 순교를 계기로 신라는 불교를 공인하기에 이르렀고, 법흥왕은 천경림에 대왕흥륜사를 짓기 시작했고, 왕후 보도부인 김씨는 뒷날 영흥사를 세웠으며, 이차돈의 고귀한 순교정신을 기리기 위해 그가 순교한 북악 소금강산 기슭에는 자추사를 세웠다.

이차돈을 추모하고 그의 극락왕생을 기원하기 위해 그의 목이 날아가 떨어진 곳, 그의 무덤가에 세웠다는 본래의 자추사는 사라져 없어졌고, 경주시 동천동 북악 소금강산 기슭의 지금 그 자리에는 백률사가 서 있다.

《삼국유사》는 '나인(內人)이 그를 애도하여 좋은 터를 잡아 난야(절)를 지어 자추사라 이름했다'라고 했는데, 나인을 이차돈의 부인이라고 풀이한 사람도 있고, 궁녀들이라고 풀이한 사람도 있으나 어느 쪽이 맞는지 지금은 상고할 수 없다. 자(刺)는 잣, 추(楸)는 밤이니 백률(柏栗)이나 마찬가지이다. 그리고 자추사는 이차돈 순교 기사에만 나오고, 백률사는 서라벌의 명찰로 여러 차례 사서에 기록되었으니 자추사가 백률사로 개칭된 듯하다.

국립경주박물관에는 백률사, 옛 자추사에서 출토된 이차돈순교공양석당이 있다. 육각형의 석당 1면에는 이차돈의 순교 장면이 양각으로 새겨져 있어, 참다운 구법·수도자의 길이 얼마나 멀고 험한가를 잘 일러 주고 있다. 이차돈의 순교기념비인 석당은 육각형의 돌기둥으로 한 면에는 그림이, 다른 다섯 면에는 글자가 새겨져 있다. 글자들은 오랜 세월을 겪느라 마멸이 심해 판독할 수 없지만, 그림은 한눈에 이차돈의 순교 장면임을 알아볼 수 있다. 이차돈이 아직도 지상에 두 발을 딛고 서 있는 것은 방금 머리가 떨어졌기 때문일 것이다. 두 손을 가슴 앞에 모으고 반쯤 허리를 굽힌 채 이차돈은 아직도 서 있는 자세이다. 그의 발 앞에는 방금 잘린 머리가 떨어져 있고, 그 머리가 베어진 목에서는 흰 피가 분수처럼 솟구쳐 오르고 있다. 거기에 하늘에선 꽃송이들이 비 오듯 쏟아져 내리는 장엄한 광경이다.

이처럼 장엄한 이적을 보인 이차돈의 순교를 계기로 원종왕은 불교를 공인할 수 있었고, 신민들은 이를 두렵고 괴이하게 여겨 다시는 불사佛事를 반대하지 않았다. 원종왕이 사후에 법흥왕이란 시호를 받은 것도 불교를 공인한 덕분이다.

향전은 매월 초닷새 날 아침마다 향로鄕老들이 흥륜사에 모였는데, 이는 이차돈의 순교일이 바로 8월 초닷새였기 때문이라고 했다.

이차돈은 우리나라 불교사상 최초의 순교자였다. 명문가에서 태어나 벼슬길에 나아가 앞날이 촉망되던 빼어난 젊은 귀족이었건만 그는 현세의 영화를 뿌리치고 아까운 한 목숨을 스스로 버렸다. 이차돈은 "비상한 사람이 있어야만 비상한 일이 생기는 법"이라면서 서라벌과 신라를 불국정토로 만들기 위해 기꺼이 칼날 아래 목숨을 던지는 순교의 길을 택했다.

비록 가사를 입고 중이 되지는 않았으나 그는 고승대덕 못지않게 신앙심이 투철한 불제자였고, 그의 살신성인한 순교는 우렁찬 사자후獅子吼와 마찬가지였다.

신라 최고의 영주 진흥왕

진흥왕 23년(562)에 가야의 반란을 진압하고,
2년 뒤 서해안의 항구 당항성을 통해 중국의 남북조와 활발한 외교활동을 벌였다.
《삼국유사》권 제3 〈탑상〉 제4

역사에서 교훈을 얻어야 한다는 말은 천만 번 강조해도 지나
침이 없는 만고불변의 진리다. 역사의 교훈을 망각하거나
저버린 국가와 민족에게 밝은 내일은 기대할 수 없기 때문이다. 나라
가 제대로 성장·발전하고 국운이 융성하기 위해서는 무엇보다도 국
민의 힘을 하나로 결집시키는 지도자의 리더십이 가장 절실하다. 그
럼에도 우리는 아직도 출중한 자질과 탁월한 리더십을 지닌 지도자
를 만나지 못했으니 참으로 불행하다고 할 수밖에 없다.

그 옛날 고구려·백제·신라가 한반도의 주도권을 두고 세력을 다
툴 때 삼국에는 모두 걸출한 제왕이 등장해 자국의 성세를 과시했다.

고구려는 광개토태왕廣開土太王이 우리 역사상 가장 광대한 영토를 개척했고, 백제는 근초고대왕近肖古大王이 최전성기를 구가했다. 또한 신라는 진흥태왕眞興太王이 일어나 고구려·백제에 비해 상대적으로 후발주자라는 불리한 여건을 딛고 신라 중흥을 이끌었으며, 마침내 그의 위대한 치적을 바탕으로 뒷날 삼한통일을 이룰 수 있었다.

진흥왕은 천부적 자질을 타고난 제왕이었으나 그가 즉위할 때 불과 7세의 어린아이였으므로 어머니 지소태후只召太后가 신라사상 최초로 섭정을 맡았다. 여기에 김이사부金異斯夫와 김거칠부金居柒夫, 김유신金庾信의 할아버지 김무력金武力 등 당대 영웅호걸이 어린 임금을 보필하면서, 정치와 군사 양면에서 신라의 국력신장에 앞장섰다.

따라서 진흥왕은 즉위하여 친정親政에 나서기까지 약 10년간은 이들로부터 불교 진흥을 통한 민심의 안정, 관직 및 행정구역 정비를 통한 내치의 안정, 인재의 발탁과 적재적소 기용, 고구려와 백제 및 중국과의 적절한 외교관계 구축, 군사력 증강과 같은 부국강병의 통치술을 철저히 전수했다고 볼 수 있다.

진흥왕의 즉위와 원화原花, 화랑花郞 제도 설치에 관한 기사는《삼국유사》〈탑상〉 편에 나온다. 진흥왕의 즉위 과정에 관해서는《삼국사기》와《화랑세기》에도 상세히 나온다.

《삼국사기》에 따르면 진흥왕의 이름은 김삼맥종金彡麥宗, 또는 김심맥부金深麥夫로서 아버지는 법흥왕의 아우인 갈문왕 김입종金立宗이요, 어머니는 법흥왕의 딸 지소부인이었다. 그러니까 입종과 지소는 작은아버지와 조카 사이인 셈인데, 신라 왕실이 근친혼으로 혈통을 이어왔다는 사실은 새삼스러운 일이 아니기에 이에 관한 설명은 생략

한다.

540년 음력 7월, 법흥왕이 재위 27년 만에 죽자 법흥왕의 조카요,
외손자이기도 한 삼맥종이 즉위하니 바로 진흥왕이다. 그해 8월에
즉위한 진흥왕은 불과 7세의 어린아이였으므로 어머니 지소태후가
섭정을 했다. 과부가 된 지소는 당대의 영웅 김이사부와 연인 사이
였다.

따라서 진흥왕 즉위 이후 10년 안팎은 여걸 지소태후와 영웅 이사
부가 신라의 정사를 좌우했으며, 따라서 이 기간은 진흥왕의 성장기
인 동시에 위대한 제왕이 되기 위한 학습기였다.

즉위 즉시 대사령을 내려 죄수들을 사면하고, 모든 신하의 직급을
한 등급씩 올려 주었다는 기록이나 즉위 이듬해에 이사부를 병부령
으로 삼아 군권을 장악하게 했다는 기록 등이 이런 사실을 반증한다.
병부를 설치한 일은 법흥왕 때였지만 병부령을 임명했다는 사실은
신라 왕실이 진흥왕 대부터 중앙집권제를 강화하고 귀족들의 견제를
제압하고 군사력을 완전히 장악했음을 뜻한다.

신라가 화랑 제도를 설치하고 문무에서 빼어난 인재를 화랑과 그
우두머리인 풍월주風月主 가운데서 등용하기 시작한 것도 진흥왕 원년
부터였다. 《삼국사기》에는 화랑의 설치가 진흥왕 37년(576)의 일로 기
록되어 있지만, 《화랑세기》를 비롯하여 《삼국사절요》, 《동국통감》 등
에 따르면 진흥왕 원년 지소태후에 의해 이루어진 것으로 나오니, 이
설이 맞을 것이다.

진흥왕 5년(544)에는 법흥왕 때에 이차돈의 순교를 계기로 불교를
공인한 이후 국가적 차원으로 지은 최초의 절인 대왕흥륜사가 낙성

되었다. 지소태후는 독실한 불교신자였고, 진흥왕도 그 영향을 받아 어려서부터 불교를 신봉했다. 그러나 진흥왕은 단순한 불교도가 아니었다. 그는 불교를 국교 차원으로 끌어올리고, 부처가 곧 왕이란 사상을 백성들에게 인식시켜 불법을 통한 국민의 교화와 민심의 안정을 도모했으니, 이것이 우리나라 호국불교의 첫걸음이었다.

이처럼 신라는 진흥왕 즉위 이후 화랑과 불교를 양대 축으로 삼아 급속한 국력신장을 이룩하기 시작했다. 또한 그 이듬해엔 이사부의 건의를 받아들여 김거칠부에게 《국사國史》를 편찬토록 했다. 이미 고구려에는 《유기遺記》가, 백제에는 《서기書記》라는 역사서가 있었지만 신라는 그때까지 건국 이후의 역사를 정리한 사서가 없었다. 따라서 이는 신라도 이젠 고구려·백제에 비해 후진국이 아니라 당당히 어깨를 나란히 하는 나라라는 자부심의 발로였다.

'준비된 제왕' 진흥왕이 마침내 친정에 나선 것은 재위 12년째인 551년으로 추정된다. 그해에 그는 이미 만 18세였다. 삼국 시대에 15세면 혼인 적령기요, 군대와 부역에 징집될 나이였으니 18세라면 청소년이 아니라 당당한 성년이었다. 그해 정월에 진흥왕은 법흥왕이 제정한 연호 건원建元을 개국開國으로 고쳤다. 진흥왕이 연호를 개국으로 고친 것은 자신이 약소국의 임금이 아니라 제국을 다스리는 황제라는 뜻이요, 앞으로는 보다 역동적이며 적극적으로 영토를 확장하겠다는 의지의 표출이었다.

당시 양원왕陽原王의 고구려는 돌궐족의 침공으로 남쪽의 신라·백제와 전면전을 치를 형편이 아니었고, 성왕聖王의 백제는 신라와 고구려가 손잡고 협공할 것이 두려워 신라와의 적대관계를 피하고자 했다. 진흥왕은 마침내 대제국 건설이란 원대한 뜻을 실현시킬 기회가 왔다고 판단했다. 그리하여 가야를 복속시켜 남·북국으로 나누고, 화랑도와 불교 진흥으로 급신장한 국력을 바탕으로 팽창 정책에 나서기 시작했다.

이보다 3년 전에 진흥왕은 백제가 한강 이북의 대 고구려 방어요새인 독산성이 고구려군에게 포위되었을 때 이를 구해 준 적이 있었다. 그리고 1년 전에는 백제가 고구려의 도살성을 함락시키고, 고구려는 백제의 금현성을 함락시키자, 진흥왕은 양국 군사가 서로 싸우다 지친 틈을 타 이사부로 하여금 이 두 성을 모두 점령토록 했다.

그리고 그해 개국 원년(551)에는 백제와 동맹을 맺고 연합군을 일으켜 고구려의 남쪽 변경을 공격했다. 거칠부를 총사령관으로 삼은 그 싸움에서 신라는 고구려의 10개 군을, 백제는 6개 군을 점령했다. 당시 신라가 차지한 10개 군은 오늘의 남한강 상류 강원도와 충북 지방이고, 백제가 차지한 6개 군은 오늘의 서울과 경기도 일대였다. 그런데 거칠부는 내친 김에 백제가 천신만고 끝에 70년 만에 되찾은 옛 서울 한성 지역의 6개 군마저 암습하여 차지했다. 그러자 분노한 성왕은 절치부심하며 복수의 칼날을 갈았다.

신라의 이러한 군사작전을 비도덕적이며 비겁하다고 매도할 수는 없다. 예나 지금이나 전쟁이란 승리 아니면 멸망뿐이요, 내가 빼앗지 못하면 적에게 빼앗기는 비정한 것이기 때문이다. 전쟁이란 칼로 하는 정치요, 국운이 걸린 전쟁에선 승리만이 지상목표기에 양심과 도덕을 찾는 것은 어리석은 잠꼬대에 불과한 것이다.

그렇게 하여 한반도 동남부를 완전히 석권한 데 이어 한성 지역까지 장악한 신라는 서해를 통해 중국과 직거래할 뱃길을 확보할 수 있었다. 진흥왕은 자신이 개척한 영토를 순행하며 백성들을 위무하고 그 사적을 기록한 비석을 세웠으니 그것이 바로 창녕·북한산·마운령·황초령의 이른바 진흥왕순수비다. 이들 순수비에는 진흥왕이 자신을 짐朕이라고 하고, 태왕太王이라고 하여 고구려 및 당나라와 맞먹는 제국의 주인 황제를 자처했음을 알 수 있다.

진흥왕 23년(562)에 가야의 반란을 진압하고, 2년 뒤 서해안의 항구 당항성을 통해 중국의 남북조와 활발한 외교활동을 벌인 진흥왕은 재위 29년(568)에는 연호를 태창太昌으로, 다시 재위 33년(572)에는 홍제弘濟라고 고쳐 보다 큰 정치를 펼치겠다는 자신의 의지를 나타냈다.

신라사상 가장 훌륭한 제왕으로 꼽히는 진흥왕은 재위 37년째인 576년 음력 8월에 43세의 한창 나이로 세상을 떴다. 그렇게 젊은 나이에 유명을 달리한 이유를 정확하게 알 수 없지만, 《화랑세기》에는 중풍에 걸려 죽었다고 기록되어 있다.

원화 남모와 질투의 화신 준정

좋은 가정 출신 사녀로서 덕행이 있는 자를 뽑아
이번에는 이름을 고쳐 화랑이라 하고 처음으로 설원랑을 받들어 국선으로 삼았다.
《삼국유사》 권 제3 〈탑상〉 제4

〈탑상〉편 '미륵선화彌勒仙化, 미시랑未尸郞, 진자사眞慈師' 조는 진흥왕의 즉위와 치적을 간단히 언급한 뒤에 원화原花와 화랑花郞의 설치에 관해 이렇게 소개했다.

(……) 또한 그(진흥왕)의 천성과 풍정이 신선을 매우 숭상하여 어여쁜 여염집 처녀를 택해 받들어 원화原花라 하고, 무리를 모으고 인물을 뽑아서 효도·우애·충성·신의로 교양하니 나라를 다스리는 커다란 방법이 되었다.

여기서 남모南毛와 교정姣貞, 두 명의 원화를 뽑아 무리 300~400명을 모았다. 여기서 교정이 남모를 질투하여 술자리를 벌여 남모에게 술을 많이 마시게 하여 취하자 북쪽 개천에 버리고 돌로 묻어 죽이니 그에게 딸린 무리가 그가 간 곳을 몰라 슬피 울면서 흩어졌다.

이 사실의 내막을 아는 자가 노래로 만들어 동네 아이들에게 부르게 하니 남모의 무리가 그 노래를 듣고 시체를 찾아내고 교정을 죽였다. 이에 왕명을 내려 원화를 폐지한 지 수년이 흘렀다. 그런데 왕이 나라를 진흥시키는 데는 반드시 풍월風月의 도가 필요하다고 생각하여 좋은 가정 출신 사내로서 덕행이 있는 자를 뽑아 이번에는 이름을 고쳐 화랑이라 하고 처음으로 설원랑薛原郎을 받들어 국선國仙으로 삼았다. 이것이 화랑과 국선 제도의 시초가 되었다.

일연선사의 이 기록에는 몇 가지 틀린 부분이 있다. 이를테면 원화는 원화源花의 오기이고, 교정은 준정俊貞의 오기이며, 화랑도의 우두머리인 초대 국선, 풍월주風月主도 설원랑이 아니라 위화랑魏花郎이다. 원효성사元曉聖師의 증조부인 설원랑은 제7세 풍월주를 지냈다. 이런 사실을 알 수 있게 된 것은 김대문의 《화랑세기》 필사본이 세상에 알려진 덕분이다. 《화랑세기》 서문은 화랑의 설치 내력을 이렇게 전한다.

화랑은 선도仙徒다. 우리나라(신라)에서 신궁神宮을 받들고 하늘에 대제를 행하는 것은 마치 연燕의 동산桐山이나 노魯의 태산泰山과 같다. 옛날 연부인燕夫人이 선도를 좋아하여 미인을 많이 모아 국화國花라 불렀다. 그 풍습이 동쪽으로 흘러들어 우리나라에서도 여자로 원화源花를 삼게 되었는데, 지소태후只召太后가 원화를 폐지하고 화랑을 설치하여 국인들로 하여금 받들게 했다.

이에 앞서 법흥대왕이 위화랑을 사랑해 '화랑'이라고 불렀다. 화랑이
란 이름은 여기서 비롯됐다. 옛날에 선도는 단지 봉신奉神을 주로 했는
데, 국공國公들이 (봉신을) 베풀어 행한 뒤 선도는 도의를 (닦기에) 서로 힘
썼다. 이에 어진 재상과 충성스러운 신하가 이로부터 빼어났고, 훌륭한
장수와 용감한 병졸이 이로부터 나왔다. 화랑의 역사를 알지 않으면 안
된다.

이 서문의 내용 일부는 《삼국사기》에도 두 군데나 나온다. 첫 번째
는 〈신라본기〉 진흥왕 37년(576), 두 번째는 〈열전〉 김흠운金歆運 편의
뒷부분인데, 그 내용은 같은 것이다. 그러나 화랑의 설치시기가 《삼
국사기》보다 앞서 나온 《화랑세기》나 그 뒤에 나온 《삼국사절요》·
《동국통감》·《동사강목》 등에는 한결같이 진흥왕 원년(540)의 일로 나
온다. 이런 정황을 근거로 근래 사학자들의 의견은 진흥왕 원년이 더
신빙성이 높은 것으로 보고 있다.

《삼국사기》 〈신라본기〉 진흥왕 조의 내용도 읽어 보자.

봄에 비로소 원화를 받들었다. 처음에 임금과 신하들이 인물을 알아볼
수 없음을 근심하여 무리를 모아서 놀게 하고, 그 행실을 본 뒤에 뽑아
서 쓰고자 하여 마침내 아름다운 여자 두 명을 선발했다. 한 명은 남모
요, 또 한 명은 준정이었는데 모인 무리가 300여 명이었다. 그러나 두
여인은 아름다움을 다투다가 서로 질투하여 준정이 남모를 집으로 유
인하여 굳이 술을 권하여 취하자 끌어다가 강물에 던져 죽였다. 그래서
준정은 사형을 당하고 무리는 화목을 잃은 채 흩어지고 말았다.

그 뒤에 다시 얼굴이 아름다운 사내를 뽑아 이를 곱게 꾸며서 화랑이라고 이름하고 받들게 했는데, 무리가 구름처럼 모여들었다. 그들은 혹은 도덕과 의리로써 서로 연마했고, 혹은 가무로써 서로 즐겼으며, 산수에서 노닐고 즐겨 멀리 가보지 않은 데가 없었다.

이로 말미암아 그 사람됨의 올바름과 간사함을 알게 되어 착한 자를 뽑아서 조정에 천거했던 것이다. 김대문金大問의 《화랑세기》에는 '어진 보필과 충성스러운 신하는 여기에서 나왔고, 훌륭한 장수와 용감한 병졸들도 여기에서 나오게 된다'라고 했다.

《화랑세기》를 지은 김대문은 제4세 풍월주 이화랑二花郎의 후손이다. 잃어버린 화랑의 역사를 알 수 있게 된 것은 이름만 전해 오던 《화랑세기》가 세상에 다시 나타난 덕분이다. 《삼국사기》〈열전〉'설총薛聰'편을 보면 설총의 전기 뒤에 최승우·최언휘에 관한 언급이 나오고, 이어서 '김대문은 신라 귀족 자제로 성덕왕 3년(704)에 한산주 도독이 되었다. 약간의 전기를 지었는데, 그중 《고승전》·《화랑세기》·《한산기》 등이 아직도 남아 있다'라고 했다.

《화랑세기》는 김부식이 《삼국사기》를 편찬하던 고려 인종 23년(1145)까지도 존재했던 것이다. 그러나 그 뒤 언제 어디로 사라졌는지 나타나지 않다가 그로부터 844년이 지난 1989년 2월 부산에서 32쪽 분량의 《화랑세기》 발췌본이 공개되었다. 이어서 1995년 4월에는 서울대 노태돈 교수가 162쪽 분량의 필사본을 공개했다. 이 필사본은 1933년부터 1945년까지 일본 궁내성 도서료의 촉탁으로 근무했던 박창화朴昌和 씨가 원본을 보고 필사한 것이라고 했다. 그는 1965년에 세상을 폈지만《화랑세기》필사본이 갑자기 세상에 나타나자 이 필사본은 곧 치열한 진위 논쟁에 휘말리게 되었다.

위작설을 주장하는 학자들은 이《화랑세기》필사본이 후대 사람이 신라 사회를 헐뜯기 위해 악의적으로 조작한 것이라고 했다. 필사본에 등장하는 인물들의 문란한 성생활이나 사고방식 등이《삼국사기》나《삼국유사》의 내용과 다르다는 것이 주된 이유였다.

반면 진본설을 주장하는 학자들은 신라인의 성생활과 화랑의 의식 세계 등을 오늘의 윤리·도덕적 기준으로 판단하고 비난할 수는 없으며, 필사본의 내용을《삼국사기》등 다른 사서들과 비교·분석해 볼 때 진본이 틀림없다고 했다.

양측의 주장은 지금도 팽팽히 맞서고 있는데, 최근에는 진본설에 좀 더 무게가 실리는 추세다. 이 필사본의 진위 여부는 한국이나 일본 땅 어딘가에 아직도 숨어 있을《화랑세기》원본이 나타나야만 시원하게 밝혀질 것이다.《화랑세기》필사본 진위 논쟁의 전말을 더 상세히 소개할 수는 없고, 저자 역시 몇 가지 정황증거를 고려해 볼 때 이 필사본이 신라인에 의해 기록된 신라 화랑의 역사서일 가능성이 높다고 본다. 내용을 살펴볼 때 이 기록은 신라 당대의 사정을 잘 모르는 후세의 인물 한두 명의 능력으로 조작할 수 있는 것이 아니라는 판단이다.

《화랑세기》에는 진흥왕 1년(540)부터 신문왕 1년(681)까지 존재했던 제1세 풍월주 위화랑부터 제32세 풍월주 신공信功에 이르는 풍월주 32

명의 전기와 가계, 화랑의 조직과 파벌 등이 실려 있다. 여기에 등장
하는 인물은 남자 238명, 여자 180명 등 418명이다.

　일연선사도《화랑세기》를 보았는지는 알 수 없지만, 김부식은《삼
국사기》를 편찬할 때에 분명히《화랑세기》를 보았을 것이고 또 더러
는 참조하기도 한 것으로 보인다. 이를테면 화랑 사다함斯多含에 관한
대목이 그렇다. 그러나《화랑세기》는 사다함이 당대의 요녀 미실美室
에게 실연당한 충격을 이기지 못해 죽었다고 한 것과는 달리《삼국사
기》〈열전〉에서는 친구 무관랑武官郎의 죽음을 7일간 애통해하다가 17
세에 죽은 것으로 나온다.

　이는 무슨 까닭일까. 김부식은 어디까지나 사대주의 모화사상과
유교적 윤리관에 사로잡힌 고려 시대의 유학자였다. 아무리 '신라의
후예'를 자처한 김부식이시만 신라인들의 연애관과 성생활을 도저히
이해할 수 없었던 것이다. 따라서 김부식에게는 미실궁주를 비롯한
풍월주들, 왕족과 귀족들의 자유분방하다 못해 난잡하고 패륜적인
성관계를 전해 주는《화랑세기》는 도저히 묵과할 수 없는 불온서적
이었을 것이 뻔했다.

　하지만 우리가 원시인들의 식인관습을 비난할 수 없듯이 신라인들
의 성생활이나 윤리·도덕관을 오늘의 잣대에 맞춰 비난할 수는 없는
일이다. 따라서 신라인의 손으로 쓴 신라인의 역사서인《화랑세기》
를 지금 기준으로 비난해서는 안 될 것이다.《삼국사기》〈신라본기〉
내물이사금 즉위 조에서 김부식은 이렇게 썼다.

　아내를 얻을 때에 같은 성을 얻지 않는 것은 인류의 분별을 두터이 하

기 때문이다. (……) 신라에서는 같은 성끼리 혼인하는 데 그치지 않고 형제의 자식이나 고모·이모·사촌 자매까지 아내로 맞았으니, 비록 외국으로서 각기 풍속이 다를지라도 중국의 예속禮俗으로써 이를 따진다면 큰 잘못이라고 하겠다. 흉노가 그 어머니와 상관하고 자식과 상관함과 같은 것은 또 이보다 더 심한 것이라 하겠다.

이런 중국식 유교적 윤리관으로 무장한 김부식이었으니 자신의 윤리·도덕관과 어긋나는 옛 서적과 기록들은 아무리 희귀하더라도 자의적으로 취사선택한 뒤 없애고 말았을 것이라는 점이다.

진흥왕과 진지왕이 과도한 색사色事 때문에 명을 재촉했다는 사실은 그냥 '죽었다' 라는 한 마디로 처리할 수 있었지만, 그 숱한 기록을 모두 숨길 수는 없었다. 그래서 법흥왕의 딸 지소가 친삼촌인 입종에게 시집가 진흥왕을 낳았다는 사실이나, 김서현과 만명부인이 야합하여 김유신을 낳았고, 김춘추와 김문희가 야합하여 뒷날의 문무왕인 김법민을 낳았다는 사실 등은 그대로 전할 수밖에 없었던 것이다.

그리고 《삼국사기》와 《삼국유사》에는 김유신이 임신한 누이 문희를 불태워 죽이려 할 때 선덕여왕이 구해 주었다고 했지만, 법민은 626년에 태어났고 선덕여왕은 632년에 즉위했으니 《화랑세기》의 기록대로 그녀는 당시 선덕여왕이 아니라 선덕공주가 맞는 것이다.

진지왕과 도화녀와 비형랑

병신년(576)에 즉위하여 나라를 다스린 지 4년 만에
정치가 문란하고 주색에 빠져 음탕하므로 나라 사람들이 임금 자리에서 몰아냈다.
《삼국유사》권 제1 〈기이〉 제2

신라 제25대 임금 진지왕의 성명은 김사륜金舍輪으로 진흥왕과
사도부인思道夫人의 둘째 아들이다. 태자였던 동륜銅輪이 먼저
죽고, 그때 동륜의 아들은 매우 어렸기 때문에 왕위에 오를 수 있었
다. 《삼국유사》는 진지왕이 '병신년(576)에 즉위하여 나라를 다스린
지 4년 만에 정치가 문란하고 주색에 빠져 음탕하므로 나라 사람들이
임금 자리에서 몰아냈다'라고 했다.

진지왕이 왕위에서 쫓겨나기 전에 이런 일도 있었다.

서라벌 사량부 어느 민가의 여인이 얼굴이 매우 아름다웠으므로
사람들이 도화랑桃花娘, 즉 '복사꽃처럼 어여쁜 아가씨'라고 불렀다.

163

진지왕이 이 소문을 듣고 도화를 궁중으로 불러들여 보니 참으로 절
세미인이었다. 그런데 도화는 이미 혼인하여 남편이 있는 유부녀가
아닌가. 하지만 미색이라면 처녀건 유부녀건 가리지 않는 진지왕인
지라 꿈틀대는 음심을 억누를 수 없었다.

"근래 보기 드문 미색이구나! 너 오늘부터 내 여자가 되지 않겠느
냐?"

"그렇게는 못하겠습니다. 여자가 지켜야 할 도리는 두 남자를 섬기
지 않는 것인데, 남편을 두고 어찌 다른 남자에게 몸을 허락할 수 있
겠습니까? 비록 폐하의 영이라 해도 저의 정절을 빼앗지는 못할 것
입니다."

"당돌하구나. 그렇게 고집 피우다가 맞아 죽어도 좋단 말이냐?"

"폐하께서 저잣거리에서 목을 벤다 해도 이 마음 변치 않을 것입니
다. 차라리 죽여 주소서."

진지왕이 잠시 생각하다가 이렇게 물었다.

"네 뜻을 잘 알겠구나. 그렇다면 말이다. 만일 네게 남편이 없다면
내 뜻을 받아줄 수 있겠느냐?"

"남편이 없다면야 그럴 수도 있겠지요."

그래서 진지왕은 그녀를 돌려보냈다. 그러고 나서 얼마 뒤에 진지
왕이 죽었는데, 그로부터 2년 뒤에 도화의 남편도 죽었다. 도화가 그
렇게 과부가 된 지 열흘이 지난 어느 날 깊은 밤중. 2년 전에 죽은 진
지왕이 생시와 같은 모습을 하고 도화의 방에 홀연히 나타나더니 이
렇게 말하는 것이었다.

"도화야, 도화야, 내가 왔다. 네가 예전에 한 말을 잊지 않고 내 오

늘밤 이렇게 찾아왔노라. 이젠 남편이 없으니 되겠지?"

도화가 생각하기에 이렇게 황당무계한 일도 없었다. 죽은 지 2년이나 지난 임금의 귀신이 찾아와서 생전의 약속을 지키라니 도대체 이게 어찌 된 노릇인지 갈피를 잡을 수 없었다. 그러나 도화는 영리한 여인이었다.

"너무나 갑자기 당하는 일이라 영문을 모르겠습니다. 이럴 땐 어찌해야 좋을지 부모님께 여쭤 봐야 되겠습니다."

도화가 진지왕의 귀신을 잠시 기다리게 해 놓고 부모에게 이를 고하니 부모가 말하기를 "귀신이라 해도 임금의 말씀인데 어찌 따르지 않을 수 있겠느냐?" 하고 그 방에 들어가 진지왕을 모시도록 했다.

그렇게 해서 진지왕과 도화가 방안에서 7일 동안 나오지 않고 운우지락雲雨之樂을 즐기는데, 오색구름이 늘 집을 뒤덮고, 방안에는 이상한 향기가 가득 찼다. 7일이 지난 뒤에 진지왕은 나타날 때처럼 홀연히 사라졌다. 도화는 그로부터 태기가 있어 달이 차자 해산을 하는데 갑자기 천지가 진동하는 가운데 사내아이 하나를 낳았다. 도화는 아이 이름을 비형鼻荊이라고 지었다.

진평왕은 비형이 태어난 사연을 듣고 아이를 궁중으로 데려다가 길렀다. 그리고 비형의 나이가 15세가 되자 집사 벼슬을 주었다. 집사란 요즘으로 치면 청와대 하급 비서관쯤 될 것이다.

그런데 비형은 밤마다 대궐을 빠져나가 멀리 나가서 놀곤 했다. 이런 사실을 보고받은 진평왕이 친위군사 50명을 시켜 엄중히 지키게 했지만, 비형은 번번이 월성月城을 훌쩍 타넘어서 서쪽 황천荒川 언덕 위에 가서 귀신들을 데리고 노는 것이었다.

군사들이 숲 속에 매복해서 엿보니 귀신들이 서라벌의 여러 절에서 새벽종이 울리는 소리가 들리자 각각 헤어졌는데, 비형도 그때 대궐로 돌아갔다. 친위 군사들로부터 이런 사실을 보고받은 진평왕은 비형을 불러 이렇게 물었다.

"네가 귀신들과 어울려 논다는데 사실이냐?"

"그렇습니다."

"그렇다면 그 귀신의 무리를 이끌고 신원사 북쪽 개천에 다리를 한 번 놓아 보거라."

비형이 칙명을 받들어 귀신 무리를 시켜 돌을 다듬고 하룻밤 사이에 큰 다리를 놓았다. 그래서 그 다리를 귀신다리鬼橋라고 불렀다.

왕이 또 비형에게 물었다.

"혹시 귀신들 중에서 인간으로 현신現身하여 조정을 도울 자가 없겠느냐?"

"길달吉達이란 자가 있는데 국정을 도울 만합니다."

"그러면 가서 데리고 와 보거라."

이튿날 비형이 길달을 데리고 와서 왕에게 소개하니 비형과 같은 집사 벼슬을 내렸다. 길달을 써 보니 과연 충직하기 그지없었다.

그때 각간(이벌찬) 임종林宗이 아들이 없었기에 왕이 길달을 아들로 삼게 했다. 임종이 길달에게 시켜 흥륜사 남쪽에 다락문樓門을 세우게 했더니, 길달은 밤마다 그 문루에 올라가 잤으므로 사람들이 그 문을 길달문이라고 불렀다.

어느 날 길달이 여우로 변신해 도망치니 비형이 귀신의 무리를 시켜 그를 잡아 죽였다. 그로부터 귀신들은 비형의 이름만 들어도 공포에 질려 마구 달아났다. 당시 사람들이 이런 글을 지었다.

갸륵한 임금의 혼이 아들을 낳았으니
비형랑의 집이 여기로다.
날고뛰는 뭇 귀신아
이곳에 머물지 말지어다.

향속鄕俗에서는 이 글을 붙여서 잡귀를 물리쳤다.

진지왕 폐위의 비밀

《삼국유사》'도화녀와 비형랑'의 설화를 좀 더 정확히 이해하기 위해
서는 보충설명이 필요하다. 우선 진지왕의 죽음부터 살펴보자. 진지왕의
죽음은 《삼국사기》에도 나오고, 《화랑세기》에도 나온다.

그러나 《삼국사기》에는 진지왕이 재위 4년(579) 7월 17일에 죽었다는
한마디뿐이지 어찌해서 죽었다는 사연은 없다. 반면 《삼국유사》는 재위
4년째 되던 해에 '국정이 문란하고 대책 없이 음탕하여 나라 사람들이
폐위시켰다'라고 썼다. 그런데 《화랑세기》를 보면 진지왕이 즉위 1년 만
에 쿠데타로 왕위에서 쫓겨나고 3년간 유폐 당했다가 죽은 것으로 당시
의 상황이 비교적 상세하게 나온다.

또한 그의 이름도 《삼국사기》와 《삼국유사》에는 사륜金輪 또는 금륜金
輪이라고 한 반면, 《화랑세기》에는 오로지 금륜으로 나온다.

족보상으로 보면 비형은 진지왕의 서자로서 진평왕의 사촌아우가 된
다. 《삼국유사》의 이야기와는 달리 진지왕이 귀신이 아니라 살아 있는
동안 도화와 관계하여 비형을 낳았던 것이다. 《화랑세기》〈제13세 풍월
주 김용춘金龍春〉조에 보면 '서제庶弟인 비형랑과 함께 힘써 낭도를 모았
다. 그러자 대중이 따랐고 3파가 모두 추대하고자 하였으므로, 서현랑舒
玄郎이 위位를 물려주었다'라고 한 것이다.

김용춘은 김용수金龍樹의 이우로 진지왕과 지도부인 소생이다. 비형과
는 배다른 형제인 셈이다. 진지왕이 폐위될 때 어려서 아버지의 얼굴도
모르고 자란 것을 진평왕이 대궐에서 살게 했으므로 사촌형인 진평왕을
아버지로 알고 자랐다. 진지왕의 서자인 비형도 이들 용춘 형제와 같이
진평왕에 의해 어릴 때부터 궁궐에서 자랐던 것이다. 그러니까 비형은

진지왕이 죽은 뒤 도화녀에게 나타난 귀신의 아들이 아니라 폐위당해 유폐되어 잔명을 보존하던 3년 사이에 도화녀와 관계하여 낳은 자식인 것이다.

《삼국유사》와 《화랑세기》에 따르면 김용춘은 진지왕이 폐위되기 1년 전인 578년에 태어났고, 비형랑은 579년 폐위되고 도화녀가 과부가 되길 2년을 기다렸다가 상관하여 태어났으니 581년생이 된다. 용춘이 제13세 풍월주風月主에 오른 때가 596년이니 용춘은 18세에 풍월주가 되고, 비형은 15세에 화랑이 되어 용춘을 도운 것이다.

그러면 《화랑세기》의 기록을 보자.

진평왕의 생부 동륜태자는 금륜(사륜)의 형인데, 두 형제가 모두 여색이라면 사족을 못 쓰는 젊은이였다. 동륜은 화랑들과 어울려 나니면서 엽색행각을 일삼았다. 색정에 눈먼 동륜은 부왕인 진흥왕의 후궁인 보명궁주寶命宮主까지 넘보기에 이르렀다. 보명궁주는 추잡한 소문이 날까 두려워 응하지 않았으나 이미 색정광이 된 동륜을 막을 수는 없었다. 그리하여 할 수 없이 태자와 관계했는데, 그 뒤 동륜은 걸핏하면 몰래 보명궁을 찾았다. 그러다가 어느 날 밤 보명궁의 담을 넘다가 맹견들에게 물려 죽고 말았다. 진흥왕 33년(572) 3월이었다.

동륜이 죽자 태자 자리는 금륜에게 돌아갔고, 4년이 지난 576년 8월에 진흥왕이 중풍에 걸려 겨우 43세에 죽었다. 진흥왕이 죽자 금륜이 왕위에 올랐다. 왕위에 오른 진지왕은 정사를 제대로 돌보지 않은 채 엽색행각에만 몰두했다. 심지어는 민간의 부녀자까지 닥치는 대로 범해 백성의 원성을 샀다.

당시 궁중에는 진흥왕의 황후였던 사도태후, 동륜태자의 정비였던 만호태후, 진지왕의 정비인 지도황후 등이 있었지만, 아무도 그의 방탕한 행각을 말리지 못했다. 이들은 마침내 진지왕을 폐위시키기로 작정했다. 허수아비 제왕으로 세워져 방탕한 세월을 보내던 진지왕은 재위 2년 11개월 만에 제위에서 끌려 내려와 유폐되었다가 죽음을 당했다. 그때가 579년 7월이었다. 그렇게 진지왕을 폐위시킨 '나라 사람', 즉 쿠데타 세력은 사도태후의 손자요 죽은 동륜태자의 아들인 김백정金白淨을 즉위시키니 그가 바로 진평왕이다.

이러한 《화랑세기》의 기록을 살펴보면, 비형은 뒷날 태종무열왕이 되는 김춘추의 아버지 김용수·용춘 형제의 서제庶弟로서 김유신의 아버지 김서현 등과 같은 시기인 진평왕 대에 화랑으로 활동했다. 또한 비록 본인의 출신성분이 미천하여 화랑 중의 화랑인 풍월주는 되지 못했으나 낭도들을 이끌고 서형인 용춘을 힘껏 도왔다는 사실을 알 수 있다.

도화녀의 연인이며 비형랑의 아버지였던 진지왕의 능은 경주시 서악동에 있으며, 사적 제178호로 지정되어 있다.

진자사와 미시랑

미시랑은 7년 동안 화랑들의 우두머리 노릇을 잘 하다가
어느 날 홀연히 온다간다 한마디 말도 없이 사라지고 말았다.
《삼국유사》권 제3 〈탑상〉 제4

진자사(眞慈師, 또는 貞慈師)와 미시랑未尸郎의 설화는 원화와 화랑
설치 이야기에 이어서 나온다.

진자는 진지왕 때 흥륜사의 스님이다. 흥륜사의 주불은 미륵불인
데 진자는 매일같이 미륵불상에게 이렇게 빌었다.

"비나이다, 비나이다, 거룩하신 미륵부처님께 간절히 비나이다. 원
컨대 거룩하신 미륵부처님께서 화랑의 몸으로 세상에 나타나 주소
서. 그렇게만 해 주신다면 제 한 몸 모두 바쳐 죽을 때까지 부처님의
뒷바라지를 하겠나이다."

진자는 하루도 거르지 않고 그렇게 간절히 기도했다. 그러던 어느

날 밤 꿈이었다. 꿈속에 어떤 스님 한 분이 나타나 이렇게 말하는 것이었다.

"네 발원이 간곡하기에 일러 주노라. 네가 웅천 수원사水源寺로 찾아가면 미륵선화를 볼 수 있느니라."

꿈에서 깨어난 진자는 놀라움과 기쁨에 곧장 행장을 꾸려서 먼 길을 떠났다. 그렇게 열흘이나 걸려서 웅천 땅까지 갔는데, 삼보일배三步一拜가 아니라 일보일배를 하면서 수원사까지 찾아갔다. 그리하여 수원사에 다다랐는데, 절 문 앞에 용모가 수려한 화랑 한 명이 기다렸다는 듯이 반겨 맞더니 작은 대문을 통해 객실로 안내했다.

객실에 들어가자 진자가 다시 공손히 절을 하고 이렇게 말했다.

"화랑께서는 평소에 저를 조금도 알지 못할 터인데 어떻게 제가 찾아올 줄을 알았고, 또 이렇게 반겨 맞아 주시는지요?"

그러자 진자가 미륵선화라고 여긴 그 화랑이 조용히 웃으며 대답했다.

"나 역시 원래는 서울(서라벌) 사람입니다. 스님이 먼 길을 오셨기에 그저 위로해 드리는 겁니다."

그러고 나서 화랑은 잠시 뒤에 말없이 일어나 바깥으로 나갔는데 아무리 기다려도 돌아오지 않았다. 바깥이 어두컴컴해져도 한 번 나간 화랑이 돌아오지 않기에 진자가 밖으로 나가 그 절의 중에게 자초지종을 설명하고 미륵선화가 돌아올 때까지 이 절에 머물면서 기다리면 안 되겠느냐고 물어보았다. 그러자 그 중이 뭔가 알고 있다는 듯이 실실 웃어대며 이렇게 일러 주었다.

"그렇게 하염없이 기다릴 수야 없겠지요. 여기서 남쪽으로 계속 가면 천산干山이란 산이 나옵니다. 옛날부터 그 산에 미륵선화들이 살고 있다던데 그 산으로 한 번 찾아가 보시지요?"

진자가 그 중의 말에 따라 물어물어 천산으로 찾아갔더니 이번에는 노인으로 변장한 산신령이 나타나서 이렇게 물었다.

"젊은 스님은 여기에 무슨 연유로 왔는고?"

"소승은 미륵선화님을 만나고자 여기까지 찾아왔습니다."

"그대는 얼마 전 수원사 앞에서 미륵선화를 만난 적이 있건만 또 찾는단 말인고?"

진자가 그 노인의 말에 반신반의하면서 다시 발길을 돌려 서라벌로 돌아왔다. 그리고 한 달 남짓 흐른 뒤였다. 진자가 미륵선화를 찾아 웅천으로, 천산으로 떠돌다 왔다는 소문이 돌고 돌아 대궐의 진지왕의 귀에도 들어갔다. 진지왕이 진자를 궁으로 불러들여 자초지종을 듣더니 이렇게 말했다.

"그 화랑이 서울 사람이라니 다시 돌아와 있을지도 모르지 않느냐? 그러니까 멀리까지 돌아다니면서 찾을 게 아니라 이 서라벌 안에서 찾아보아라!"

진자가 임금의 도움으로 화랑의 무리와 더불어 이 거리 저 동네로 돌아다니며 미륵선화를 찾았다. 그러던 어느 날이었다. 영묘사 근처에서 아이들이 모여 놀고 있었는데 그 가운데 출중한 용모에 어여쁘게 화장한 미소년 하나가 눈에 확 띄었다. 다가가서 자세히 살펴보니 수원사에서 만났던 바로 그 미륵선화가 아닌가. 진자가 반가운 마음에 탄성을 지르며 이렇게 물었다.

"오오, 미륵선화님 이렇게 다시 만날 줄 몰랐습니다. 선화님의 집

173

은 어디에 있으며, 성명이 어찌 되시는지?"

"내 이름은 미시未尸라고 하는데, 어릴 적에 부모님이 모두 돌아가셔서 성은 모르고, 집도 없소."

진자가 화랑도의 도움으로 미시를 가마에 태워 대궐로 들어가 진지왕에게 보였다. 진지왕이 보기에 미시가 참으로 미목이 수려하고 태도가 의젓한 게 매우 마음에 들었다. 그래서 그를 국선으로 삼았는데, 미시랑은 7년 동안 화랑들의 우두머리 노릇을 잘 하다가 어느 날 홀연히 온다간다 한마디 말도 없이 사라지고 말았다.

진자와 미시랑을 찬미하는 시가 있었다.

걸음마다 절을 하며 고운 꽃을 찾았더니
곳곳에 심었으니 그 공덕이 한결같구나.
홀연히 사라진 봄을 찾을 길이 없었더니
상림원上林苑에 다시 필 줄 그 누가 알았으랴.

미시랑은 미륵의 화신인가

이 설화에 나오는 웅천은 오늘의 충남 공주로 진지왕 당시에는 백제 영토였으니 어찌 된 일일까. 또한 웅천의 수원사水原寺는 위덕왕 25년, 진지왕 3년(578)에 창건된 절이니 이 일화가 사실이라면 진지왕 재위 시가 아니라 폐위되고 유폐당한 뒤 죽기 직전의 일로 보인다.

또 한 가지, 국선이든 풍월주든 화랑의 우두머리는 모두 귀족 자제 가운데서 선출했는데, 미시랑이라는 출신성분이 불분명한 소년을 국선으로 임명했다는 말도 사실과는 다르다. 다만 일연선사가 수집한 이 이야기에서 미시의 미未는 미彌와 음이 같고, 시尸의 모양이 력力과 비슷하니 미력은 미륵, 혹시 미륵불의 현신이란 신이기사神異奇事를 표현한 것이 아닌지 모르겠다.

화랑 세속 5계를 만든 원광법사

자기의 보존을 위해 남을 없애는 것은 불교도의 행실이 아니오나,
제가 대왕의 물과 곡식을 먹는 바에야 어찌 감히 명령을 좇지 않겠습니까?

《삼국유사》권 제4 〈의해〉 제5

《삼국유사》〈의해義解〉의 첫 이야기 원광법사圓光法師 편은 이
렇게 시작된다.

《속 고승전續高僧傳》에는 이렇게 전한다. 신라 황룡사의 중 원광은 속성
이 박씨로 본래 삼한에 살았다. 즉 진한 사람이다. 대대로 해동에서 살
아 조상의 풍습을 이어왔다.

원광법사라고 하면 먼저 '화랑 세속 5계'가 떠오를 것이다. 당대
서라벌 최대 규모의 절 황룡사 제2대 주지를 지내고, 화랑도의 정신
적 스승으로서 세속 5계를 지은 원광법사의 속성이 과연 박씨가 맞
는가. 결론부터 말해서 원광법사는 박씨가 아니라 김씨다. 왜냐하면

《화랑세기》 발췌본에 따르면 이 책의 저자 김대문이 원광법사가 자신의 증조부인 제12세 풍월주 보리공普利公의 형이라고 밝혔기 때문이다.

《속 고승전》에는 박씨로 나오고,《해동고승전》에는 박씨, 혹은 설씨라고 나오지만, 김대문이 자신의 증조부의 형이라고 분명히 밝혔으니《화랑세기》필사본이 위작이 아니라면 김씨가 틀림없는 것이다.

화랑의 우두머리인 풍월주의 아들로 태어난 원광은 어려서부터 총명하고 학문을 좋아했다. 그러나 자신의 지식이 부족하다고 여겨 부모의 곁을 떠나 유학을 결심했다. 그래서 나이 25세 때 배를 타고 중국 금릉金陵, 현재의 남경으로 갔는데, 그때 중국 남쪽은 진陳나라가 장악하고 있었다.

원광은 그곳에서 평소 의심나던 것들을 여러 학자에게 묻고 학문을 익혔다. 처음에 장엄사莊嚴寺의 중 민공旻公의 제자가 하는 강론을 들었다. 원광은 세상의 웬만한 경전은 다 읽고 그 이치에 통달했다고 자부하고 있었는데, 그의 강론을 듣고 나니 자신의 지식이란 것이 썩은 지푸라기처럼 보잘것없다는 사실을 깨닫게 되었다. 원광은 진나라 임금에게 글을 올려 불법에 귀의할 것을 청했고, 진나라 임금은 칙령을 내려 이를 허락했다.

원광은 그렇게 출가하여 계를 받고 두루 강론하는 곳을 찾아다니며 불법의 오묘한 진리를 깨우치기 위해 노력했다. 그리하여 드디어 〈성실론〉과 〈열반경〉을 얻어 마음속에 간직해 두고, 경經·율律·논論

삼장을 두루 탐구했다.

나중에는 오吳나라 호구산虎丘山에 들어가 수행해서 마침내 깨달음을 얻으니 다른 중들이 그에게 가르침을 받으려고 구름처럼 모여들었다. 원광은 일생을 호구산에서 마치기로 작정하고 속세와의 인연을 끊으려고 했다. 그래서 산 밑에 사는 사람이 찾아와 설법을 요청해도 거절했다. 그러나 그가 여러 차례 찾아와 간곡히 부탁하는 바람에 결국은 이를 응낙했다.

원광은 먼저 〈성실론〉을, 이어서 〈반야경〉을 강의했다. 조리가 분명하고 이론이 정연했으며, 모든 질문에 막힘없이 대답해 주므로 듣는 사람이 모두 기뻐하고 만족했다. 이를 본 원광은 세속과 인연을 끊는 것만이 능사가 아니라고 생각하여 그때부터 본격적으로 중생을 불법의 진리로 이끄는 길에 나섰다. 그가 설법을 할 때마다 따르는 무리가 구름같이 많아서 그의 명성은 이내 중국 곳곳에 퍼졌다.

그때는 수隋나라가 일어나 중국을 통일하던 무렵이었다. 수나라 군사가 파죽지세로 남진하여 진나라 양도揚都까지 내려왔다. 이때 원광도 잡혀 죽임을 당할 위기에 처했다. 수나라 군사들이 원광을 불탑 앞에 묶어놓고 절에 불을 질렀던 것이다. 그때 마침 불심이 깊은 수나라 장수가 있어서 급히 불을 끄려고 달려들었다. 그런데 이상한 일이었다. 분명히 불길을 봤는데 절에는 불탄 흔적이 없고, 원광이 묶인 채 의연하게 죽음을 기다리고 있지 않은가. 그 장수는 원광의 비범한 자태에 놀라 그를 풀어 주었다.

원광은 중국 북쪽 지방도 두루 살펴보기 위해 길을 떠나 개황 9년(589)에는 수나라 수도 장안성에 이르러 머물렀다. 원광은 장안에서도 뛰어난 설법으로 금세 이름을 날렸다. 그의 명성은 이내 본국 신라에도 전해져 당시 국왕인 진평왕이 그의 귀국을 주선해 달라고 수나라 임금에게 청했다.

그리하여 원광법사는 진평왕 22년(600)에 마침내 고국으로 돌아왔다. 원광법사가 중국에서도 큰 명성을 떨치고 귀국하자 사람들이 열렬히 환영했다. 진평왕은 원광법사를 성인으로 우러르며 받들어 모셨다.

중국에 건너가 오래 머물며 죽을 고비까지 넘기면서 불도를 닦고 돌아온 고승인지라 원광은 학식이 넓고 인품도 너그러워 모든 사람을 넉넉한 마음으로 감싸 안았고, 사람들도 위아래 할 것 없이 모두 그를 존경하며 따랐다. 또 벼슬을 하지 않았음에도 외국에 보내는 국서를 모두 그에게 맡겼다.

세월이 흘러 나이가 들자, 원광은 수레를 타고 황궁에 출입했다. 선덕여왕 10년(641)에 그는 자신의 죽음을 예감하고 7일 뒤에 황룡사에서 세상을 떠났다. 그때 그의 세속 나이 99세였다. 이 기록을 역산해 보면 원광법사는 진흥왕 3년(542)에 출생한 것이 된다.

원광법사가 입적할 때 동북쪽 하늘에 음악소리가 가득하고 이상한 향기가 절 안에 가득 찼다. 승속이 모두 원광의 입적을 슬퍼하면서도 이런 현상이 부처님의 영험이라 하여 기쁘게 여겼다. 드디어 교외에서 장사 지냈는데 임금이 장례용품을 내려 국왕의 장례처럼 성대하게 치렀다. 법사의 묘소는 명활산 서쪽인 삼기산三岐山 금곡사金谷寺에 있었다고 한다.

원광법사는 죽어서도 영험을 나타냈는데, 한 번은 이런 일이 있었다. 어떤 사람이 죽은 태아를 낳았다. 그런데 당시에는 사산死産한 태아를 복 있는 사람 곁에 묻으면 후손이 끊이지 않는다는 미신이 있었다. 이를 알고 그 사람은 죽은 태아를 원광의 무덤 옆에 몰래 묻었다. 그러자 바로 그날 밤 벼락이 떨어져 태아가 무덤 밖으로 튕겨져 나갔다. 이 사건이 알려지자 평소에 원광을 믿지 않던 사람들도 모두 그를 존경하게 됐다.

한편 원광의 제자 원안圓安은 지혜롭고 유람을 좋아했다. 조용한 곳을 찾아서 수도하며 스승을 본받고자 하여 북쪽으로는 고구려 옛 땅으로, 동쪽으로는 동예의 옛 땅으로 찾아다니다가 서쪽으로 발길을 돌려 중국 당나라의 수도 장안성까지 갔다. 당나라에서 불법의 진리를 깊이 깨우치고 돌아온 원안은 곧 고승으로 소문났고, 원광의 뒤를 이었다. 임금이 원안의 귀국을 보고받고 그에게 남전의 진량사津梁寺에 머물게 하고 공양을 게을리하지 않았다. 이 원안이 스승 원광법사에 관해 쓴 기록이 있으니 다음과 같다.

우리 신라의 임금이 병이 나서 의원이 치료해도 차도가 없었다. 이에 원광법사에게 부탁해 매일 밤 두 시간씩 설법을 듣고, 참회의 계를 받으니 임금이 이를 크게 믿었다. 그러던 어느 날 원광이 열심히 법문을 외느라고 여념이 없는데 임금이 원광의 머리를 보니 금빛이 찬란하고 태양이 그의 몸을 따라다니는 것이었다. 황후와 궁녀들도 모두 이 광경을 보았다. 임금이 원광을 그대로 병실에 머물게 했더니 얼마 안 가서

병에 차도가 있었다. 원광은 진한(신라)과 마한(백제)에 불법을 널리 펴고 해마다 두 차례 강론하여 후학을 양성했으며, 보시 받은 재물은 모두 절 짓는 데 쓰게 하니 그에게 남은 것은 가사와 바리때뿐이었다.

이어서 《삼국유사》는 《수이전》에 실린 '원광법사전'을 소개하는데, 몇 가지 다른 점이 있다.

여기서 원광의 성은 설씨薛氏로 경주 사람이다. 이미 소개했다시피 원광의 성은 김씨이므로 이는 틀린 말이다. 또 앞의 기록에서는 원광이 25세에 중국으로 건너갔다고 했는데, 여기서는 30세에 삼기산에 들어가 홀로 수도했다고 한다. 그렇게 4년이 지났는데, 한 중이 멀지 않은 곳에 절을 짓고 살기 시작했다.

그 중은 성품이 강맹하고 잡술雜術을 좋아했다. 어느 날 밤에 원광이 불경을 외고 있는데 갑자기 웬 귀신이 나타나더니 이렇게 말했다.

"그대의 수행이 훌륭하구나. 대체로 불법을 공부하는 자는 많지만 법사 같은 사람은 드물도다. 그런데 지금 그대 이웃에 사는 중을 보건대 잡술이나 배우면서 별 소득은 없고 시끄럽게 떠드는 소리가 다른 사람의 고요한 상념을 방해한다. 또한 그 자의 거처가 내가 다니는 길목을 막아 늘 오고가고 할 때마다 내 화를 돋우니 법사는 나를 위해 그 자로 하여금 거처를 옮기도록 말해 주기 바라노라. 만일 오래 지체한다면 내가 그 자의 목숨을 거두는 죄를 범할까 걱정되노라."

이튿날 법사가 그 중에게 가서 말했다.

“내가 어제 신의 말을 들었는데 그대는 곧 거처를 옮기는 것이 좋겠다. 안 그러면 틀림없이 재앙이 닥칠 것이야.”

그러자 그 중은 콧방귀를 연발했다.

“그대처럼 독실한 중도 잡귀에게 넘어가는가? 어찌하여 그런 여우 귀신의 공갈 협박에 넘어가는가? 한심하구나!”

그날 밤 귀신이 다시 와서 물었다.

“그 중이 뭐라고 하던가?”

법사는 귀신이 정말로 그 중의 목숨을 빼앗을 것이 걱정되어 이렇게 둘러댔다.

“아직 말을 못 전했습니다. 내가 그렇게 타이른다면 그가 어찌 듣지 않겠습니까?”

“그대는 거짓말을 하고 있군. 내 아까 둘이서 하는 말을 다 들었거든. 두고 보라. 이제 무슨 일이 벌어지는가를……..”

그날 밤, 갑자기 천둥번개가 우르릉 번쩍 쳤다. 이튿날 아침에 보니 산이 무너져 중이 사는 절은 흔적도 없이 깔려버리고 없었다. 그 신이 다시 나타나 말했다.

“그대가 보기에 어떤가?”

“참말로 놀랍고 무섭더군요.”

“내가 나이가 삼천 살이나 됐으니 이런 정도는 아무것도 아니지. 그런데 내가 보기에 그대는 이런 곳에서 썩기는 아까운 인물이구나. 이런 산골에서 공부해 봐야 그대 자신에게는 이로울지 몰라도 다른 사람들에게 공덕을 베풀 수는 없는 거야. 세상에 태어나서 높이 이름을 날리지 못한다면 어찌 내세에 좋은 과보를 기대할 수 있겠는가?

그러니까 그대는 중국에 가서 더욱 불법을 깊이 탐구하는 것이 좋을 것이다."

"저도 중국에 가서 공부를 하고 싶지만 너무 멀어서 엄두가 나지 않습니다. 또 어찌 가야 좋을지 몰라서 이러고 있습니다."

그 말을 들은 잡신이 원광에게 계책을 일러 주었다. 그 말에 따라 원광은 중국에 건너가서 11년 동안 널리 보고 깊이 배우고 진평왕 22년(600)에 돌아왔다. 귀국한 원광법사는 그 신에게 감사의 인사를 하려고 삼기산으로 찾아갔다. 밤중에 신이 찾아와 물었다.

"그래, 드디어 돌아왔구나. 잘 다녀왔는가?"

"덕분에 무사히 잘 다녀왔습니다. 그런데 신의 얼굴을 한 번 봤으면 좋겠는데요?"

"내 얼굴을 보고 싶으면 내일 아침에 동쪽 하늘 끝을 살펴보라."

이튿날 아침에 원광법사가 그 말대로 하니 큰 팔뚝이 구름을 꿰뚫고 하늘가에 닿아 있었다. 그날 밤에 귀신이 다시 나타났다.

"그래, 내 팔뚝을 봤는가?"

법사가 대답했다.

"봤습니다. 정말 대단하더군요."

그렇게 해서 삼기산을 속칭 비장산臂長山, 곧 '긴팔뚝산'이라고도 부르게 됐다. 신이 다시 나타나 말했다.

"잘 들어라. 비록 이 몸이 있으나 덧없는 것이야. 그 누구도 죽음을 면치 못하는 법이거든. 나도 얼마 안 가서 그 고갯마루에서 죽을 것일세. 부디 바라건대 법사는 와서 영원히 가는 내 영혼을 바래어 주기 바라노라."

약속한 날 법사가 그 고개로 가서 보니 온몸이 새까만 늙은 여우 한 마리가 마지막 숨을 몰아쉬더니 죽었다. 그 신의 정체는 3,000년 묵은 여우였던 것이다.

일연선사는 이어서 원광법사가 왕의 명을 받아 수나라 임금에게 고구려를 칠 군사를 청하는 〈걸사표乞師表〉를 지었다고 썼다. 이 사실 은 《삼국사기》〈신라본기〉 진평왕 30년(608) 조에도 이렇게 나온다.

> 왕이 고구려가 자주 국토를 침범하므로 수나라 군사를 청해 고구려를 치려고 원광을 시켜 청병하는 글을 짓게 했더니 원광이 말하기를, "자기의 보존을 위해 남을 없애는 것은 불교도의 행실이 아니오나, 제가 대왕의 물과 곡식을 먹는 바에야 어찌 감히 명령을 좇지 않겠습니까?" 하고 곧 글을 지어 올렸다.

이 일을 두고 후세 사람들이 원광법사를 가리켜 호국불교의 주춧 돌을 놓았다고 평가하는 것이다. 반면 고승이란 사람이 이웃 나라를 치려고 중국에 군사를 청하는 편지를 썼다고 비난하는 사람들도 있 다. 화랑의 우두머리 풍월주의 아들로 태어나 불법에 귀의한 원광법 사가 '화랑 세속 5계'를 지은 이야기는 그다음에 나오는데, 이 또한 《삼국사기》〈열전〉 귀산貴山 편과 내용이 같다.

귀산은 사량부 사람이다. 같은 마을에 사는 추항箒項과 친구였는데 어느 날 이들은 마음을 닦고 몸을 단련하기 위해 훌륭한 스승을 찾아 가르침을 구하기로 했다. 이들은 돌아와 가실사嘉瑟寺에 머무르고 있는 원광법사에게 찾아가 가르침을 청했다. 이에 원광법사가 이런 가르침을 내렸다.

"불법에는 열 가지 보살계가 있는데 너희는 이미 임금의 신하가 되었으니 모두 지킬 수 없을 것이다. 그래서 속계의 다섯 가지 계명을 가르치노라. 첫째는 충성으로써 임금을 섬길 것이요, 둘째는 어버이를 효도로써 섬길 것이요, 셋째는 벗을 신의로써 사귈 것이요, 넷째는 싸움터에 나아가서는 물러서지 말 것이며, 다섯째는 살아 있는 것을 죽일 때는 마땅히 가려서 해야 한다. 알겠는고?"

귀산이 말했다.

"다른 것은 다 알겠지만, 살생을 가려서 하란 말씀은 이해가 안 갑니다."

"몸조심하고 마음을 깨끗이 재계하는 육재일六齋日과 봄여름에는 죽이지 않는 것은 때를 가리라는 것이다. 말·소·개와 같은 가축과 고기가 한 점도 되지 않는 작은 생물을 죽이지 말라는 것은 살생을 하더라도 필요한 경우에만 하고 많이 죽이지 말라는 것이야."

귀산과 추항이 말씀을 명심하여 어김없도록 하겠다고 맹세하고 물러나왔다.

《삼국사기》〈열전〉 귀산 편은 이어서 귀산과 추항이 세속 5계를 잘 지켜 전쟁터에서 힘껏 싸우다가 용감히 죽은 이야기를 덧붙였다.

진평왕 때 백제가 쳐들어와 아막산성(전북 남원)을 포위하자 장군 건품乾品과 무은武殷에게 군사를 주어서 나가 막게 했는데, 무은의 아들이 바로 귀산이었다. 이때 귀산과 추항도 종군했다.

백제군이 접전에서 패해 물러가자 신라군이 그 뒤를 추격했다. 그러나 백제군은 퇴각하는 척하다가 복병을 깔았고, 신라군이 포위망에 들어오자 기습 공격했다.

신라군이 대패하여 퇴각할 때 무은은 뒤를 맡아 백제군의 맹공을 필사적으로 막다가 백제군이 갈고리로 말의 발을 걸어 당겨 낙마하고 말았다. 그러자 귀산과 추항이 달려들어 적군 수십 명을 죽이고 무은을 탈출시켰다.

이 모습을 본 신라 군사들은 용기를 얻어 용감하게 싸워 백제군을 격퇴했다. 그러나 귀산과 추항은 온몸에 상처를 입어 장렬하게 전사했다. 귀산에게는 내마의 벼슬이, 추항에게는 대사의 벼슬을 추증했다.

일연선사는 원광법사 편을 마무리 지으면서 이런 찬미의 시를 붙였다. 여기에서 금곡金谷과 가서嘉西란 원광법사의 유적을 가리킨다.

배를 띄워 처음으로 중국 땅 구름을 뚫고
몇 사람이나 내왕하며 아름다운 덕을 쌓았을까.
옛 자취는 오직 푸른 산만 남았으니
금곡과 가서의 일은 지금도 전해지네.

원광법사는 풍월주의 아들

《화랑세기》에 따르면, 원광법사와 풍월주 보리공 형제는 제4세 풍월주 이화랑二花郎과 숙명공주叔明公主의 소생이다. 이화랑은 제1세 풍월주였던 위화랑魏花郎과 준실부인俊室夫人의 아들이다. 위화랑은 앞서 '섬신 공과 벽화부인' 편에서 소개한 그 벽화부인의 남동생이고, 준실부인은 자비마립간의 외손녀로서 법흥왕의 수많은 후궁 중 한 명이었다가 법흥왕 사후 위화랑에게 개가한 여인이다.

원광법사와 보리공 형제의 출생에 대해《화랑세기》는 이렇게 전한다. 이화랑은 12세에 제3세 풍월주 모랑공毛郎公의 부제副弟, 즉 화랑도의 제2인자가 되었다. 모랑은 법흥왕과 백제 동성왕의 딸 보과공주寶果公主의 소생으로서 앞서 소개한 남모와 준정의 원화源花를 둘러싼 다툼 때 살해당한 그 남모의 남동생이다. 이화랑은 진흥왕의 모후 지소태후의 사랑을 받아 황궁을 무상출입하게 되었고, 그러다가 숙명공주와 눈이 맞아 원광과 보리 등을 낳게 된 것이다.

그런데 숙명공주는 그때 처녀가 아니라 유부녀였다. 그것도 진흥태왕의 정궁正宮이었다. 그것도 진흥태왕과는 씨는 다르지만 배는 같은 지소태후只召太后의 딸이니, 보통 문제가 아니었다. 황궁을 발칵 뒤집어 놓은 일대 사건이었다.

지소태후는 남편 법흥왕이 죽은 뒤 당대의 영웅인 김이사부와 연인이 되어 황화黃華·숙명·송화松花공주 등 세 딸을 낳았다. 세 딸의 아버지는 당대의 영걸이고 진골이며 대신이지만, 어머니가 존귀한 혈통인 성골聖骨의 태후였으므로 세 자매는 모두 공주로 불렸다. 당연히 이사부는 딸들에게도 신하로서 존대를 해야만 했다.

이 세 공주는 모두 어려서부터 이화랑과 더불어 배우고 놀았는데, 그러다가 이화랑과 숙명공주와 눈이 맞아 임신을 하였다. 그런데 숙명공주는 그때 이미 어머니 지소태후의 명에 따라 씨 다른 오라비 진흥태왕의 부인이 되어 아들 정숙태자貞肅太子를 낳았으니 참으로 큰일이 벌어진 것이었다.

세상에 비밀은 없는 법이어서 이 일은 곧 여러 사람이 알게 되었다. 당연히 대왕의 귀에도 들어갔다. 진흥왕은 이런 불미한 사건이 터지자 노발대발했다. 왕은 숙명과 이화의 목을 치고 싶었지만, 어머니 지소태후가 울면서 통사정을 하는 통에 결국 숙명과 이화가 정식으로 혼인하여 궁에서 나가 살게 했다. 그런 까닭에 숙명의 소생인 정숙태자도 자신의 아들이라고 인정할 수 없어 사도황후思道皇后의 소생인 동륜銅輪을 태자로 책봉했다.

《화랑세기》제4세 이화랑 조에 원광법사의 출생에 관해 이렇게 나온다.

(원광법사는) 임신할 때 공주는 공(이화랑)을 사모하는 마음을 스스로 억제할 수 없었고, 화가 공에게 미칠까 두려워 자살하려고 했다. 그런데 갑자기 금불金佛이 나타나 고하기를, "나는 약사불인데 공주의 배를 빌려 머물고자 한다."라고 했다. 공주가 그 앞에 무릎을 꿇고 합장 배례하니 부처가 공주를 안고 엎드려서 마치 공주의 몸 안으로 들어오려는 듯이 묘한 자세가 됐다. 그때 (이화)공도 공주를 사랑하는 마음을 금치 못해 궁중으로 무단 침입했는데, 공주가 바로 누워서 마치 누군가를 품에 안고 있는 모양을 하고 있었다. 공이 그 까닭을 물었더니 공주가 기쁜 표정으로 자초지종을 말하고 이렇게 덧붙였다. "이는 곧 부처님의 가호가 아니겠는지요?" 둘이 어울려

기쁨을 나누고 원광을 낳으니 그가 과연 대성여래大聖如來였다.

　그러니까 원광법사는 지소태후와 이사부의 딸 숙명공주가 풍월주 이화랑과 밀통하여 낳은 사생아였던 셈이다. 그러나 당시에는 간통이니 사생아니 하는 개념이 없었다는 사실을 알아야 한다.

융천사와 〈혜성가〉

고승 융천사가 이런 향가를 지어 부르니,
혜성이 사라지고 그때 쳐들어온 왜군도 물러가는 경사가 일어났다.
《삼국유사》 권 제5 〈감통〉 제7

진평왕 때였다. 거열랑居烈郎·실처랑實處郎·보동랑寶同郎 등 세 화랑의 무리가 금강산 유람을 떠나려는데 갑자기 혜성이 나타나 하늘을 어지럽혔다.

이에 꺼림칙하게 여긴 화랑들이 유람을 그만두려고 하자 고승 융천사融天師가 이런 향가를 지어 부르니, 혜성이 사라지고 그때 쳐들어온 왜군도 물러가는 경사가 일어났다. 임금이 듣고 기뻐하며 화랑들에게 금강산으로 놀러가게 했다.

이 노래가 유명한 향가 〈혜성가彗星歌〉이다. 여기서 건달파乾達婆란 인도 수미산 남쪽 금강굴에 살면서 향香만 먹고 공중을 날아다녔다는 신이다. 또는 불가에서 음악의 신을 가리키기도 한다. 건달파의 성이란 신기루를 뜻한다.

옛날 동해 바닷가에

건달파가 노닐던 성城을 바라보고

왜군이 왔다고

봉화를 올린 변방이 있더라.

세 화랑 산 구경 가려 하니

달도 등을 밝히려는데

그 길 휩쓰는 별 바라보고

혜성이여! 하고 사뢴 이가 있구나.

아으, 달은 저 아래로 흘러가버렸거니

보아라, 무슨 혜성이 있으랴.

최초의 여왕 선덕여왕

이름은 덕만이다. 아버지는 진평왕이요, 어머니는 마야부인 김씨이다.
성골의 남자가 없었으므로 여왕이 왕위에 올랐다.
《삼국유사》권 제1 〈기이〉 제2

《삼국유사》〈기이〉편에 '선덕왕이 세 가지 일을 미리 알다
善德王知機三事'라는 대목이 나온다. 먼저 본문을 소개한다.

제27대 왕 덕만德曼. 德萬의 시호는 선덕여왕이니 성은 김씨요, 아버지는
진평왕이다. 정관(貞觀. 당 태종의 연호) 6년 임진(632)에 즉위해 나라를 다
스린 지 16년 동안에 그가 미리 알아맞힌 일이 모두 세 가지나 되었다.
첫째는 당 태종이 붉은빛·사줏빛·흰빛 등 삼색의 모란꽃 그림과 그 꽃
씨 석 되를 보냈더니 왕이 그림을 보고 말하였다.
"이 꽃은 필시 향기가 없을 것이다."
그러고는 뜰에 심으라고 명하고 그 꽃이 피고 떨어지는 것을 기다렸더
니 과연 그 말과 같았다.

둘째는 영묘사 옥문지玉門池에서 겨울철에 수많은 개구리가 모여 사나흘을 두고 울었다. 국인들이 이를 괴상히 여겨 왕에게 물었더니 왕이 서둘러 각간 알천閼川과 필탄弼呑 등을 시켜 정병 2,000명을 뽑아 빨리 서쪽 교외로 나가 여근곡女根谷을 찾아가면 반드시 적병이 있을 것이니 그들을 습격하여 죽이라고 했다. 두 명의 각간이 명령을 받은 뒤 각각 군사 1,000명을 데리고 서쪽 교외로 가서 물었더니 부산富山 밑에 과연 여근곡이 있었고, 백제 군사 500명이 와서 그곳에 숨어 있었으므로 한꺼번에 잡아 죽였다. 백제 장군 우소亐召는 남산 고개 바위 위에 숨어 있었으므로 에워싸고 쏘아 죽였다. 또 후원군 1,200명도 역시 습격하여 한 명도 남김없이 다 죽였다.

셋째는 왕이 아무런 병도 앓지 않을 때에 여러 신하에게 말하였다.

"내가 아무 해 아무 달 아무 날에 죽을 것이니 나를 도리천忉利天 가운데 장사 지내라."

여러 신하가 도리천이 어디인지 몰라 물었더니 왕이 이르기를, "낭산 남쪽이니라."라고 했다. 왕이 말한 그달 그날이 되자 과연 왕이 돌아가므로 여러 신하가 낭산 남쪽에 장사지냈다. 그 뒤 10여 년 만에 문무대왕이 사천왕사를 왕의 무덤 아래에 지었다. 불경에 이르기를, '사천왕천 위에 도리천이 있다'라고 했으니 이로써 (선덕)대왕의 신령스럽고 거룩함을 알 수 있을 것이다.

당시의 여러 신하가 왕에게 아뢰기를, "어떻게 하여 모란꽃과 개구리 사건이 그렇게 될 줄 알았습니까?" 하니 왕이 말하기를, "꽃을 그리면서 나비가 없으니 향기가 없다는 것을 알 수 있었던 것이다. 이는 바로 당나라 임금이 내가 혼자 지내는 것을 조롱한 것이다. 개구리는 성낸

꼴을 하고 있으니 군사의 모습이요, 옥문玉門은 여자의 생식기이다. 여
자는 음陰이요, 그 빛은 희니 곧 서방西方이다. 그러므로 군사가 서쪽에
있다는 것을 알 수 있었다. 남자의 생식기가 여자의 생식기에 들어가면
결국은 죽는 것이니 그래서 적병을 쉽게 잡을 줄 안 것이다."라고 했다.
이때야 여러 신하가 그 거룩한 지혜에 탄복했다.

이에 앞서 〈왕력〉편 신라 조 제27대 선덕여왕 첫머리에는 이렇게
나온다.

이름은 덕만이다. 아버지는 진평왕이요, 어머니는 마야부인 김씨이다.
성골聖骨의 남자가 없었으므로 여왕이 왕위에 올랐다. 왕의 배필은 음
갈문왕飮葛文王이다. 인평仁平 갑오년에 왕위에 올라 14년 동안 나라를
다스렸다.

《삼국사기》에서는 진평왕이 아들이 없이 죽어서 국인國人들이 맏딸
을 임금으로 세웠다고 한 반면, 《삼국유사》에는 성골의 남자가 없으
므로 (성골의) 여자인 덕만공주가 왕위에 올랐다고 한 것이다. 두 사서
의 공통점은 진평왕에게 아들이 없어서 공주가 뒤를 이었다는 사실
이요, 다른 점은 《삼국사기》는 국인들이 덕만공주를 왕위에 오르게
했다는 것이고, 《삼국유사》는 성골 남자의 씨가 말라서 여자가 즉위
했다고 한 것이다.
　여기에서 말하는 국인이란 흔히 백성으로 해석하기 쉬운 보통 '나
라 사람'이 아니다. 적어도 어떤 인물을 선택하여 다음 임금 자리에

앉힐 정도의 권력을 지닌 지배 계층을 가리키는 것이다. 이처럼 막강한 국인들이 임금을 내세우거나 내쫓은 경우는 《삼국사기》와 《삼국유사》 곳곳에서 찾아볼 수 있다. 가장 가까운 경우가 선덕여왕의 아버지인 진평왕이다. 진평왕은 바로 국인들에 의해 불과 13세의 나이로 왕위에 올랐으며, 국인들이 바로 진지왕을 폐위시킨 세력이기도 했다. 또한 국인들의 힘에 의해 왕이 바뀐 경우는 신라에서만 있었던 일이 아니라 고구려와 백제에서도 여러 차례 있었다.

진평왕이 죽을 당시 신라의 국인들은 누구를 가리키는 것일까. 진평왕이 성골의 마지막 남자였으므로 그들은 틀림없이 그다음 골품骨品인 진골眞骨이었을 것이다. 일연은 《삼국유사》 〈왕력〉 제28대 진덕여왕 끝부분에 '이상을 중고中古라 하며 성골이요, 이하는 하고下古라 하여 진골이다' 라는 설명을 덧붙였다. 따라서 진평왕이 성골의 마지막 남자요, 선덕여왕의 사촌동생 진덕여왕이 성골의 마지막 여자라는 사실을 알 수 있다.

첫머리에 소개한 《삼국유사》 〈기이〉 편과 《삼국사기》 〈신라본기〉 즉위조의 기록으로 미루어 보건대 선덕여왕이 뛰어나게 총명한 여자였으므로 왕위를 이었다는 이야기는 사실일 것이다. 그런 기록이 두 사서에 공통적으로 실린 이유도 선덕여왕이 똑똑했기 때문에 밖으로는 고구려와 백제와 날카롭게 대립하고 있고, 안으로는 범이나 늑대 같이 사나운 숱한 왕족 사내들을 제치고 왕위에 오를 수 있었다는 당위성을 부여하기 위한 장치로 보인다. 당 태종이 보낸 모란꽃 그림을 보고 꽃씨가 향기 없는 꽃이라는 예언을 했다는 이야기는 《삼국유사》에 앞서 《삼국사기》 즉위 조에도 이렇게 나온다.

전 임금(진평왕) 시대에 당나라로부터 온 모란꽃 그림과 꽃씨를 얻어 덕만에게 보였더니 덕만이 말하기를, "이 꽃이 비록 곱기는 하지만 반드시 향기가 없을 것입니다."라고 했다. 왕이 웃으며 "네가 그것을 어떻게 아느냐?" 하고 물었다. 덕만이 대답하기를, "꽃을 그렸는데 나비가 없으므로 그것을 알았습니다. 무릇 여자로서 국색國色을 갖추면 사내가 따르는 법이요, 꽃에 향기가 있으면 벌과 나비가 따르는 까닭입니다. 이 꽃이 매우 고운데도 그림에 벌과 나비가 없으니 반드시 향기가 없는 꽃입니다."라고 했다. 그 씨를 심었더니 과연 공주가 말한 바와 같았다. 그가 앞을 내다보는 식견이 이와 같았다.

두 책의 내용이 다른 점은 《삼국사기》는 이 일이 공주 시절인 진평왕 때에 있었다고 했고, 《삼국유사》는 재위 때의 일이라고 하여 차이가 나지만, 어쨌든 선덕여왕이 총명했다는 사실을 강조한다는 점에서는 다를 바가 없다.

여왕이었든 공주였든 점쟁이가 아닌 다음에야 그림만 보고 함께 보내온 꽃씨가 향기가 있는지 없는지 어떻게 알 수 있었으랴. 또한 모란꽃을 그릴 때에는 원래 나비를 함께 그리지 않는다고 한다. 따라서 이 일화는 당 태종이 부귀를 상징하는 모란꽃 그림을 선물로 보내 양국의 우호를 다지려는 의례적인 선물에 불과했던 것인데, 선덕여왕의 재기가 빼어났다는 사실을 강조하고자 꿰맞춘 이야기라는 주장도 있다. 또한 여근곡은 지형지세가 사서의 기록과는 달리 적군이 매복할 수 없는 곳이고, 실지로 백제군과 충돌했던 곳도 신라 서쪽 백제와의 접경 지역이었으며, 당시 신라군의 승리도 여왕의 예언에 따라 군사를 보냈기 때문이 아니라 장군 알천의 지휘능력이 뛰어났기 때문이라고 보아야 한다는 설도 있다. 마지막으로 서라벌의 도리천인 낭산에 자신의 묘 자리를 미리 잡았다는 설화도 뒷날 문무왕이 그 아래쪽에 사천왕사를 세우면서 여왕을 신라에 현신한 보살로 미화하기 위해 만들어 낸 이야기로 보는 사람도 있다.

실지로 있었던 일이든, 뒷사람들에 의해 조작되고 미화된 이야기든 선덕여왕이 공주 때부터 총명했던 것은 사실이었을 것이다. 그런 까닭에 부왕에 의해 후계자로 선택되었을 것이고, 이처럼 천성이 총명했으므로 당연히 왕위에 오를 만한 자질이 있었다는 점이 강조된 것이 아니겠는가.

《삼국유사》나 《삼국사기》에 진평왕은 아들 없이 세 명의 공주만 둔 것으로 나온다. 다른 두 명은 천명공주天明公主와 선화공주善花公主이다. 이 가운데 선화공주는 《삼국유사》에만 나오고 《삼국사기》에는 나오지 않는다. 천명공주는 뒷날 진골의 첫 번째 임금으로 즉위하는 태종무열왕 김춘추의 어머니요, 선화공주는 백제 무왕과 국제결혼을 하여 단재 신채호가 말한 이른바 '동서전쟁同壻戰爭'의 빌미를 제공하게 된 여주인공이다.

그런데 《삼국사기》는 덕만공주가 맏딸이라고 했지만, 《화랑세기》의 기록을 분석해 보면 천명공주가 맏딸로 나타난다. 《화랑세기》 제13세 풍월주 용춘공龍春公조에 이런 대목이 나온다. 용춘공, 즉 김용춘은 《삼국사기》와 《삼국유사》에 김춘추의 아버지로 '또는 용수龍樹'라고도 한다' 라고 나오는 인물이다.

그때 (진평)대왕은 적자가 없어 (용춘)공의 형 용수 전군龍樹殿君을 사위로 삼아 왕위를 물려주려고 했다. 이에 전군이 공에게 의견을 물으니 공이 대답했다. "대왕의 춘추가 한창 강성할 때인데 혹시 왕위를 이으면 불행한 일을 당할까 염려됩니다." 전군은 이에 사양했으나 마야황후가 들어주지 않고 마침내 전군을 사위로 삼았으니 곧 천명공주의 남편이다. 이보다 앞서 공주는 마음속으로 공을 사모하여 황후에게 조용히 말하기를, "남자는 용숙龍叔과 같은 사람이 없습니다." 하였다. 황후가 (용숙을 용춘이 아니라) 용수로 생각하여 시집을 잘못 보냈던 것이다. 공주는 이에 공에게 은밀히 말하기를, "첩이 본래 그리워한 사람은 곧 그대입니다." 하니 공이 말하기를, "가정의 법도는 장자가 귀한 것인데, 신이 어찌 감히 형과 같겠습니까?" 했다. 공주는 공을 더욱 사랑하여 (진평)제帝에게 공의 처지를 떠받쳐 주게 했고, 여러 차례 공의 관계官階를 승진시켜 위位가 용수공과 같게 했다. 용수공이 공주의 뜻을 알고 공주를 공에게 양보하려 했으나 공이 힘써 사양했다. 마야황후가 밤에 궁중에서 잔치를 베풀고 공을 불러 공주와 함께 묵도록 했다. 용수공 또한 늘 병을 칭하고 공에게 공주를 모시고 공주의 마음을 위로하도록 명했다. 공은 스스로 게으르거나 방자한 적이 없었다. 이로 인해 공은 대궐에서 더욱 신임을 얻었다……

그러면 선덕여왕은 몇 살에 왕위에 올랐을까. 선덕공주가 여왕으로 등극할 때에 처녀가 아니라 남편이 있는 유부녀라는 사실은 이미 밝혀진 대로다.

선덕여왕의 생몰 연대는 어느 사서에도 나오지 않는다. 하지만 여왕의 나이를 추정할 단서가 전혀 없는 것은 아니다. 첫째 남편이었던 김용수와 언니 천명공주 사이의 아들, 용수가 죽은 뒤 용춘의 아들로 입적된 김춘추의 나이를 기준으로 추산하면 된다. 《삼국유사》〈기이〉 태종무열왕 조에 따르면, 김춘추는 661년에 59세로 사망했다고 나온다. 따라서 그가 태어난 해는 602년이 된다. 선덕여왕이 즉위한 것은 632년이니, 당시 김춘추의 나이는 만 30세가 된다. 언니 천명공주가 김춘추를 낳았을 때 나이가 15~16세라면 동생 선덕공주는 13~14세, 천명공주가 늦어도 20세에 김춘추를 낳았다면 선덕공주 또한 한두 살이나 두세 살 적었던 18세 안팎으로 볼 수 있다. 따라서 선덕여왕이 즉위할 때 나이는 적어도 만 43세, 많으면 48세쯤으로 추산된다. 결혼적령기가 15~16세였던 1,500년 전 당시에는 많은 나이였다.

그러나 여왕의 등극을 반대하는 세력도 있었을 것이다. 선덕여왕이 즉위하기 한 해 전인 진평왕 53년(631)에 이찬 칠숙柒宿과 아찬 석품石品이 반란을 일으켰다가 실패하고 모두 처형당한 사실을 보면 알 수 있다. 또 아들이 없는 진평왕에게 아우인 백반伯飯과 국반國飯, 두 갈문왕도 당연히 왕위 계승권을 주장할 만한 위치였다. 또한 백제의 무왕도 진평왕의 사위로서 신라 왕위 계승권을 강력히 주장했을 것이다. 그런 까닭에 선덕공주는 부왕 재위 때부터 자기 세력을 끌어모으기 시작했을 것이다.

외형적으로는 어디까지나 대왕의 뜻이지만 폐위된 임금 진지왕의 아들인 용수·용춘 형제를 번갈아 남편으로 삼은 것도 친위 세력 구

축을 위한 포석의 일종이라고 볼 수 있었다. 한편 《삼국유사》와 《화
랑세기》에 나오는 김춘추와 김문희의 야합사건도 선덕공주의 지지
세력 확보를 위한 포석의 하나로 해석할 수 있다.

　선덕여왕 재위 시 신라 국내외 정세는 어떻게 돌아가고 있었는지
《삼국사기》와 《삼국유사》의 기록을 중심으로 살펴보자.

　선덕여왕은 즉위 이후 자신이 신라사상 최초의 여왕이라는 신분적
한계를 더욱 절감했던 것으로 보인다. 즉위년 12월, 당에 사신을 보
내 즉위 사실을 알리고 조공했으며, 이듬해 7월에도 사신을 보내 조
공했다는 것은 그만큼 당과의 우호적 관계를 강화하고자 노력했다는
반증이다. 이 같은 외교활동이 고구려와 백제의 지속적인 군사적 압
력에서 비롯되었다는 점은 두말할 나위도 없다.

　그러나 당 태종 이세민李世民도 김부식만큼이나 여자를 우습게 보는
사람이었다. 그는 신라에 사람이 없어서 여자를 임금으로 내세웠느
냐고 노골적으로 깔보았으며, 신라에서 사신이 올 때마다 모욕적인
언사로 무안을 주었다. 그래도 강적 고구려와 상대하기 위해서는 신
라를 이용할 필요가 있다고 판단하여 마지못해 선덕여왕을 진평왕의
후계자로 인정하는 봉작을 내렸으니, 선덕여왕 즉위 3년 만이었다.
하지만 당 태종의 여왕을 무시하는 생각이 아주 사라진 것은 아니었
다. 선덕여왕 12년(643) 9월에 고구려와 백제의 거듭되는 침공을 하소
연하며 구원병을 청하러 보낸 신라의 사신에게 이런 기막힌 소리까
지 했다.

"너희 나라가 여자로 임금을 삼았으므로 이웃 나라가 이를 멸시하여 마치 주인을 잃고 도적을 불러들여 편안한 세월이 없는 것과 같으니, 어떠냐? 내가 나의 친척 한 명을 보내 너희 나라 임금을 삼고자 하노라. 그래도 혼자서 임금 노릇을 할 수는 없을 터이니 마땅히 군사를 딸려 보내야겠지?"

신라 사신은 아무 대답도 못하고 돌아올 수밖에 없었다.

선덕여왕은 이처럼 즉위 초부터 대외적으로는 당과의 외교 강화를 통해 국가안보를 기하는 한편, 대내적으로는 불법의 힘으로 민심을 통합하여 안정을 기하고자 대대적인 불사를 일으켰다. 그리하여 재위 3년 정월에 분황사의 낙성을 기해 연호를 인평仁平으로 고쳤으며, 이듬해에는 영묘사의 낙성을 보았다. 또한 재위 4년 3월에는 황룡사에서 백고좌百高座를 열어 〈인왕경〉을 설법도록 하고, 중 100명에게 도첩을 허락했다. 진골 출신 고승인 자장율사慈藏律師가 구법을 위해 당나라로 건너간 것도 그해였다. 자장이 귀국한 것은 8년 뒤인 선덕여왕 12년이었다. 자장은 선덕여왕을 뵙고 신라가 불법의 나라라는 사실을 천하에 널리 알리기 위해 황룡사 9층탑을 세우도록 청했고, 여왕은 흔쾌히 이를 받아들였다. 서라벌 어디에서도 보였다는 이 황룡사탑은 2년 뒤인 선덕왕 14년 3월에 완공되었다.

북쪽에서 고구려가, 서쪽에서 백제가 쉴 새 없이 침범하여 하루도 국경이 조용한 날이 없는데 도성에서는 숱한 재물과 인력을 기울여 불법 진흥이라는 명목으로 거창한 토목공사를 계속하니 자연히 불평 불만과 반대의 목소리가 나오지 않을 수 없었다. 자장율사라는 걸출한 고승의 설법을 듣고 불법에 빠진 나머지 여왕은 자신이 관세음보살의 현신이라고 착각한 것은 아니었을까.

여기에는 근거가 있다. 그것은 아버지 진평대왕의 이름이 백정이요, 모후의 이름은 마야부인으로서 모두 석가모니의 부모 이름이었으니, 진평대왕 부부는 선덕여왕이 태어나기 전에 아마도 석가모니 같은 전륜성왕轉輪聖王을 아들로 낳기를 간절히 바랐을지도 모르기 때문이다. 그럼에도 잇달아 딸만 태어나자 실망이 이만저만 아니었을 것이다. 그런 아쉬움을 달래고자 선덕공주의 이름도 불경에 나오는 대로 덕만이라고 지었는지 모른다.

또 어쩌면 전쟁이 끊이지 않는데도 대규모 불사를 강행해 백성의 원성을 사고, 일부 야심만만한 귀족들로 하여금 반란을 일으킬 빌미를 주었으니, 이는 여왕이 이미 노령으로 접어들어 젊은 시절의 총기를 잃고 판단력이 흐려졌기 때문은 아니었을까.

선덕여왕 16년, 재위 마지막 해인 647년 정월에 일어난 비담毗曇과 염종廉宗의 반란이 대표적이었다. 특히 비담은 지난해 11월에 이찬에서 국무총리격인 상대등으로 승진한 인물인데, 이들은 "여왕이 정치를 잘못하고, 나라를 잘 다스릴 수 없다."라는 명분을 내걸고 군사를 일으켰다. 명활산성을 근거지로 하여 일으킨 비담과 염종의 반란은 한때 기세가 높았지만 알천과 김유신 등의 활약으로 결국 진압되었다.

하지만 즉위 직전에 칠석과 석품의 반란을 겪었던 선덕여왕은 또다시 터진 귀족들의 반란에 큰 충격을 받았다. 이미 60고개를 넘긴 노령에 전부터 앓던 지병까지 겹친 여왕은 마침내 더는 견디지 못한 채 쓰러지고 말았다. 그리하여 반란이 채 진압되기도 전인 그해 정월

8일 세상을 떠났다. 만약 선덕여왕이 48세에 즉위했다면 그해에 64세였을 것이다.

이것은 《삼국유사》에만 나오는 이야기인데, 현재 경주시 인왕동의 반월성과 대릉원 사이에 우뚝 서 있으며 불국사·석굴암과 더불어 고도 경주의 상징인 국보 제31호 첨성대가 바로 선덕여왕 때에 만들어졌다는 사실이다. 첨성대의 용도가 당시의 천문 관측대였다는 주장이 그동안 정설처럼 굳어져 왔는데, 최근에는 이 첨성대야말로 다름 아닌 선덕여왕과 33천 도리천을 이어주는 하늘기둥이요, 지상의 통로였다는 새로운 해석이 나와 주목받고 있다.

신라에 여왕이 즉위한 사연

《삼국사기》와 《삼국유사》는 용춘과 용수를 동일인으로 보고 있지만, 《화랑세기》의 기록에 따르면 용수가 형이고 용춘이 아우로서 형제라는 사실을 알 수 있다. 이들 형제는 진평왕 즉위 전에 황음무도하다는 이유로 사도태후와 미실궁주를 핵심으로 한 이른바 국인들에 의해 폐위된 진지왕과 지도부인의 아들이다. 따라서 진평왕은 진지왕의 조카요, 용수·용춘 형제는 진지왕의 아들이니, 천명공주 자매들에게는 이들이 당숙이 되는 셈이다.

그리고 천명공주가 진평왕의 맏딸이며, 마음속으로는 용춘을 더 좋아했지만, 아들이 없는 부왕이 용수를 사위로 삼아 왕위를 물려주려고 했고, 모후 마야황후도 이를 잘못 알아듣는 바람에 처음에는 용수에게 시집가게 되었다는 것이다. 그런데 당시 용수는 총각이 아니라 이미 천화공주天花公主라는 여인의 남편으로 유부남이었다. 하지만 대왕과 황후의 영을 어길 수 없었다. 그래서 천명공주에게 새장가를 들면서 천화공주는 아우 용춘에게 주었다.

그럼에도 천명공주는 용춘을 잊을 수 없어 늘 그를 위해 애썼고 모후도 곁에서 거들어 마침내 그와 이루어질 수 있었다는 것이다. 또한 이런 사실을 안 남편 용수가 아우 용춘에게 공주를 양보했다는 것도 알 수 있다.

《화랑세기》에 따르면 진평왕은 천명공주가 용수와 용춘 형제에게 번갈아 시집갔지만 아들을 낳지 못해 실망했다. 그런데 둘째 딸 선덕공주가 점점 자라나는 것을 보니 매우 총명하여 왕위를 물려줄 만하다고 여기게 되었다. 그래서 이번에는 용춘으로 하여금 선덕공주를 받들게 하고 천명공주와 용수는 나가 살게 했다. 천명공주는 왕위 계승권을 포기하고

궁에서 나가 살았다. 따라서 성골의 신분도 진골로 바뀌었다. 유일한 성골 후계자가 된 선덕공주는 용춘으로 하여금 자신을 모시도록 했다. 용춘은 처음에는 사양했지만 왕명을 거역할 수 없어 천명공주 대신 이번에는 선덕공주를 모시게 되었다.

용수·용춘 형제가 이렇게까지 인간적 모멸을 감수할 수밖에 없었던 것은 오로지 진지왕의 자식이었기 때문이다. 아버지 진지왕이 황음무도하여 국인들에게 폐위당했기 때문에 목숨을 부지하기 위해 시키면 시키는 대로 하면서 죽어지내야만 했던 것이다. 그런 까닭에 본부인을 버리고 천명공주에게 장가를 가라면 갔고, 또 이번에는 선덕공주에게 장가를 가라면 갔던 것이다. 천명공주는 궁에서 나가 용수와 다시 함께 살았다. 그때 태어난 아들이 김춘추였다. 용춘은 처제였던 선덕공주의 남편이 되었는데, 또한 아들이 없어서 남편 자리에서 물러나게 되었다. 그러자 내왕은 이번에는 용수를 다시 불러 선덕공주를 모시게 했다. 하지만 두 사람 사이에서도 자식이 없었다.

《삼국유사》는 김춘추가 왕위에 오른 뒤 아버지 용수를 문흥대왕文興大王으로 추봉했다면서 '용수를 또는 용춘이라고 한다'라고 했는데, 이는 두 사람이 형제라는 사실과 용수가 죽기 전에 용춘에게 부인 천명공주와 아들 춘추를 맡긴 일을 몰랐기 때문에 빚어진 착오였을 것이다.

무왕과 선화공주

선화공주님은 남몰래 얼러두고 마동서방님을 밤에 몰래 품으러 가네.
《삼국유사》권 제2〈기이〉

백제 제30대 임금 무왕의 성명은 부여장夫餘璋이다. 그는 어린 시절에는 마를 캐어 팔아서 홀어머니와 함께 살았으므로 사람들이 마동이, 곧 서동薯童이라고 불렀다.

두 모자는 사비성 남쪽, 금마저의 마룡지란 연못가에서 살았다. 왕손인 서동이 도성에서 멀리 떨어진 시골에서 신분을 감추고 가난하게 살게 된 까닭은 피비린내 진동하는 왕위 쟁탈전 때문이었다. 그의 어머니가 서동을 데리고 가까스로 대궐을 탈출하여 금마저로 달아났던 것이다. 그리고 사람들이 물으면 '서동은 마룡지 연못의 용의 아들' 이라고 둘러댔다.

서동은 준수하게 생긴 데다 어려서부터 머리가 매우 영리했다. 철이 든 뒤 어머니의 이야기로 자신의 신분을 알게 된 서동은 꾸준히 학문과 무술을 연마하며 때를 기다렸다.

그러던 어느 날 서동은 신라 진평왕의 셋째 딸 선화공주善化公主가 그지없이 아름답다는 소문을 듣고 꼭 한 번 만나 봐야겠다고 생각했다. 궁리를 거듭하던 그는 머리를 깎고 승복을 입은 뒤 어머니와 작별하고 국경을 넘어 신라로 건너갔다. 서라벌로 들어간 서동은 매일같이 대궐 주변을 어슬렁거리며 돌아다니다가 마침내 먼발치에서 선화공주의 아리따운 모습을 볼 수 있었다.

한눈에 반한 서동은 그날부터 이 거리 저 거리로 돌아다니며 바랑에 가득 담아서 가지고 간 마를 아이들에게 나누어 주었다. 그렇게 아이들과 친해지자 이런 노래를 가르쳐 주고 부르게 했다. 아이들이 동네방네 다니며 그 노래를 신나게 불러대자 노래는 이내 서라벌에 널리 퍼졌다.

선화공주님은 善化公主主隱

남몰래 얼려두고 他密只嫁良置古

마동서방님을 薯童房之

밤에 몰래 품으러 가네. 夜矣卯乙抱遣去如

이 노래가 바로 《삼국유사》에 실려 전하는 향가 〈서동요〉로, 국문학사에 빛나는 걸작이며 귀중한 사료이다. 〈서동요〉는 당대 서라벌 최고의 인기 유행가였다. 〈서동요〉에는 지금으로부터 1,400년 전 창검과 화살이 난무하고 피가 피를 부르던 삼국 혈전의 난세에 풍류 한마당으로 아름답게 피어난 선화공주와 서동왕자의 극적인 연애사가 담겨 있다. 그렇게 해서 서라벌에서 〈서동요〉를 모르는 사람이 없게 되었고, 마침내 임금이 있는 대궐 안에까지 들어갔다. 근신들로부터 그런 보고를 받은 진평왕은 노발대발했다.

진평왕은 우선 그 서동인지 마동인지 하는 자부터 잡아들이라고 명령했다. 그런데 노래는 계속해서 퍼져 나가는데 서동은 어디에 숨었는지 오리무중이었다. 신하들을 시켜 비밀리에 조사시켰더니 '그 서동의 정체가 어쩌면 백제 왕실의 유혈정변 때 행방불명된 위덕왕의 서손, 아좌태자阿佐太子의 아들인지도 모르겠다'라는 특급정보도 올라왔다.

진평왕이 골치를 앓고 있는데, 중신들이 왕실을 욕되게 한 공주를 먼 곳으로 귀양 보내면 추문이 가라앉을 것이라고 강력히 주청했다. 진평왕이 할 수 없이 공주를 귀양 보냈는데, 떠날 때에 왕후 마야부인摩耶夫人이 황금 한 말을 노자로 주었다.

죄 없는 공주가 억울하게 귀양을 떠나려는데 기다렸다는 듯이 서동이 나타나서 자신이 모시고 가겠다고 했다. 공주는 그가 누군지, 어디서 왔는지 알지 못했으나 훤칠하게 잘 생긴데다가 말솜씨까지 빼어난 그를 보고 첫눈에 반했다. 그렇게 동행이 되어 가는 도중 두 청춘남녀는 눈이 맞고 마음이 맞아 마침내 한몸이 되었다. 선화공주는 그제야 자신의 신세를 망친 그 〈서동요〉가 결국은 사랑의 기쁨을 가져온 노래라는 사실을 알게 되었다.

함께 첫날밤을 보낸 서동은 비로소 자신이 궁중정변에서 쫓겨난 백제의 왕자라는 사실을 밝히고 백제로 가서 살자고 했다. 선화공주가 그렇게 서동을 따라 백제로 와서 모후가 준 금을 꺼내 놓고 앞으로 살아갈 계획을 의논하자 서동이 크게 웃고 물었다.

"이것이 무엇이요?"

공주가 대답했다.

"이것이 바로 황금이 아니고 뭡니까? 이 금덩이만 가지고 있으면 우리가 앞으로 100년을 살아도 편히 살 수 있답니다."

"허허허, 나는 어릴 때부터 마를 캐던 곳에 이 황금이란 걸 흙더미 처럼 쌓아 두지 않았겠소?"

공주는 서동의 말을 듣고 크게 놀라면서 말했다.

"그 황금이 바로 천하의 큰 보배이니 그 금을 우리 부모님이 계신 대궐로 보내는 것이 어떻겠는지요?"

"좋소이다. 그렇게 하지요."

이에 금을 모아 산더미처럼 쌓아 놓고, 용화산龍華山 사자사師子寺의 지명법사知命法師에게 이것을 실어 보낼 방법을 물으니 법사가 말했다.

"내가 신통력으로 보내 줄 터이니 그 금덩이들을 이리로 가져 오시오."

그리하여 서동과 공주가 서라벌에 보내는 편지와 함께 금을 사자 사 앞에 갖다 놓았다. 법사는 신통한 힘으로 하룻밤 동안에 금을 신라 궁중으로 보냈다. 금과 편지를 받은 진평왕은 그 신비스러운 변화를 이상히 여겨 더욱 서동을 존경하게 되었고, 항상 편지를 보내어 안부를 물었다. 그리고 서동은 이로부터 인심을 얻어서 드디어 왕위에 올랐다고 하는 것이《삼국유사》의 기록이다.

이어서《삼국유사》는 미륵사 창건 설화를 이렇게 전한다.

어느 날 무왕이 부인 선화공주와 더불어 사자사에 가려고 용화산 밑 큰 못가에 이르니 미륵삼존이 못 가운데서 나타나므로 수레를 멈추고 절을 했다. 선화부인이 왕에게 말했다.

"여기에 큰 절을 지어 주세요. 그것이 신첩의 큰 소원입니다!"

무왕은 그것을 허락했다. 곧 지명법사에게 가서 못을 메울 일을 물으니 또다시 신비스러운 신통력으로 하룻밤 사이에 산을 헐어 못을 메워 평지를 만들었다. 여기에 미륵삼존상을 만들고 전각과 탑과 행랑채를 각각 세 곳에 세우고 절 이름을 미륵사(《국사國史》에서는 왕흥사王興寺라고 했다)라 했다. 진평왕이 여러 공인工人들을 보내서 그 역사役事를 도왔는데 그 절은 지금도 보존되어 있다(《삼국사三國史》에서는 이분을 법왕法王의 아들이라고 했는데, 여기에서는 과부의 아들이라고 했으니 자세히 알 수 없다).

현재 전북 익산시 금마면에는 오금산성이 있고, 그 산성 아래에 마룡지라는 연못이 있으며, 그 근처 숲 속에는 서동이 홀어머니를 모시고 살았다는 전설이 서린 집터가 있다.

사적 제150호로 지정된 금마면 기양리의 미륵사는 오랜 세월의 흐름과 그 사이의 숱한 전화에 따라 이제는 폐허로 변해 석탑 하나(국보 제11호)와 당간지주 한 쌍(보물 제236호)만이 남아 있다.

미륵사터 남쪽 왕뫼마을에는 무왕과 선화공주의 능묘라고 전해 오는 대왕뫼와 소왕뫼, 합해서 쌍릉(사적 제87호)이라고 불리는 고분도 있다. 쌍릉 중 규모가 작은 것이 선화공주의 능, 규모가 더 크며 '동국여지승람'에 '말통대왕릉'으로 기록된 것이 무왕의 능이라고 한다. 말통대왕은 마동인 서동왕자, 곧 무왕을 가리킨다.

미륵사는 누가 세웠나

익산 미륵사를 세운 주인공이 《삼국유사》의 기록과는 달리 선화공주善化公主가 아닐 수도 있다는 사료가 나왔다. 2009년 1월 19일 국립문화재연구소가 익산 미륵사지 현장에서 공개한 미륵사석탑 금제사리장엄구 봉안기에는 무왕 40년(639)에 미륵사를 창건한 사람이 무왕의 왕후가 맞지만, 그녀는 선화부인이 아니라 좌평인 사택적덕沙宅積德의 딸이라고 나온다. 사택은 백제 8대 성씨의 하나이다. 그렇다면 신라 진평왕의 셋째 딸 선화공주 김씨의 자리에 사택씨가 대신 들어앉게 된 셈이다.

이렇게 되면 《삼국유사》가 전해 주는 무왕과 선화공주의 로맨틱한 사연은 지금까지 누려오던 역사적 위치를 크게 위협받는다. 사실 당시 백제와 신라는 혈전이 그치지 않던 앙숙 관계였다. 《삼국사기》에 따르면 무왕은 서기 600년에 즉위하여 641년까지 재위 42년간 쉴 새 없이 신라와 치열한 전쟁을 벌였다.

또 선화공주란 이름은 《삼국유사》에만 나오고 《삼국사기》에는 나오지 않는다. 최근 햇빛을 본 《화랑세기》 발췌본에도 보이지 않는다. 선화공주와 서동왕자의 국제결혼이 사실이라면 백제 관련 기사가 많은 《일본서기》에 나올 법한데 단 한마디도 없다.

양국이 불구대천의 원수가 되어 싸우는 판에, 산 같은 황금을 보내고 장인匠人을 보내 미륵사 건축을 도와주었다는 기록도 믿기 힘들기는 하다. 미륵사는 무왕과 그의 왕후 사택부인이 창건한 백제 왕실의 원찰願刹이었던 것이다.

그리고 이번 봉안기 공개로 또 다른 사실도 밝혀졌다. 백제 사람들이 자신의 임금을 황제와 동격인 '대왕 폐하', 그의 부인은 왕비가 아니라

'왕후'라고 불렀다는 사실이다.

그렇다면 일연선사는 이 설화를 어떻게 취재했으며, 또한 〈서동요〉는 어떻게 만들어졌을까. 그리고 졸지에 역사의 미아가 된 선화공주는 어디로 가야 하나.

계율을 정한 자장율사

선덕여왕은 자장을 대국통, 즉 신라 불교 최고의 승직을 주었다.
자장은 대국통을 맡아 불법 진흥에 더욱 힘쓰니 불자들이 물이 불 듯 늘어났다.
《삼국유사》 권 제4 〈의해〉 제5

자장율사慈藏律師도 앞서 소개한 원광법사와 마찬가지로 화랑 중의 화랑 풍월주의 아들이다. 《삼국유사》는 '자장이 계율을 정하다' 편의 첫머리를 이렇게 시작했다.

중 자장은 김씨로서 본래 진한(신라)의 진골 소판蘇判 무림茂林의 아들이다.

그런데 김대문의 《화랑세기》를 보면 자장율사의 아버지 김무림이란 사람이 제14세 풍월주를 역임한 호림공虎林公으로 나온다. 먼저 그 대목부터 소개한다.

(……) 공은 처음에 문노공(文弩公, 제8세 풍월주)의 딸 현강낭주玄剛娘主를 아

213

내로 맞았으나 일찍 죽었다. 하종공(夏宗公, 제11세 풍월주)의 딸 유모낭주柔
毛娘主를 다시 아내로 맞았다. 그때 미실궁주美室宮主가 이미 나이가 많았
는데 낭주를 매우 사랑하여 귀한 아들을 보기를 원했다. 공에게 명해
천부관음千部觀音을 만들어 아들을 기원하게 했다. 이에 선종랑善宗郎을
낳았는데 자라서 율가律家의 대성인이 되었다. 공은 부처를 숭상함이
더욱 깊어졌다. 이에 유신공庾信公에게 (풍월주의 지위를) 양위하고 스스로
무림거사라 불렀다.

김호림은 진평왕 1년(579)에 태어나 진평왕 25년(603)에 진지왕의 아
들 김용춘의 뒤를 이어 풍월주를 지냈고, 김유신에게 그 위를 물려
준 뒤 무림거사를 칭하며 불도에 전념한 인물이다. 무림거사 호림의
가계를 보면 비처마립간의 증손이며, 법흥왕의 이부동모제異父同母弟
인 산종공山宗公과 지소태후와 그녀의 계부繼父인 각간 영실英失의 딸
송화공주松花公主 소생이다. 따라서 지소태후의 외손이기도 하며 당연
히 진골이었다.

김호림의 두 번째 부인, 즉 자장율사의 어머니 유모낭주는 하종공
의 딸이고, 하종공은 당대의 요화 미실궁주와 첫 번째 남편 김세종(金
世宗, 제6세 풍월주)의 아들이다.

다음은《삼국유사》〈의해〉'자장' 편의 기록이다.

무림 부부는 자식이 없어서 천부관음상을 조성하고 자식을 점지해
주십사 빌었다. 그러면서 "만일 아들을 낳게 된다면 부처님께 바쳐

불교계를 대표할 인물을 만들겠다."라고 서약했다.

그러자 어머니가 별이 떨어져 품속으로 들어오는 범상치 않은 태몽을 꾸고 태기가 있어 달이 차자 아들을 낳았는데, 공교롭게도 그날이 바로 부처님 오신 날과 같은 사월 초파일이었다. 아이 이름을 선종이라고 지었는데, 어려서부터 총명이 뛰어났으며 세속의 취미에 물들지 않았다.

선종은 일찍이 양친을 잃자 시끄럽고 번잡한 세상을 싫어하여 처자를 버리고 출가했다. 그리하여 전토田土를 희사하여 원녕사元寧寺란 절을 지은 뒤, 깊고 험한 산중으로 들어가서 사나운 산짐승들을 두려워하지 않고 홀로 고골관枯骨觀을 수행하는 데 조금도 게으름이 없었다. 고골관이란 백골관이라고도 하며 해골을 곁에 두고 하는 수행법이라고 하니, 이 또한 고행의 일종이라고 할 수 있다. 뿐만 아니라 작은 방을 만들어 주위를 가시로 둘러치고 그 안에 맨몸으로 들어앉아 조금만 움직여도 가시에 찔리는 고통을 참았고, 또 심지어는 대들보에 몸을 매달아 혼미한 정신을 바로잡으며 용맹 정진했다.

그 무렵 재상 자리가 비었는데 마땅한 인재가 없었다. 후보자를 물색하던 끝에 가문이 좋고 인품과 자질이 빼어난 김선종을 고르게 되었다. 임금이 사람을 보내 여러 차례 불렀지만 김선종, 자장은 이에 사양하며 응하지 않았다. 결국 화가 난 임금이 최후통첩을 보냈다.

"끝끝내 나오지 않으면 목을 베어 죽이겠다!"

그러자 자장이 말했다.

"내가 차라리 하루를 계율을 지키다 죽을지언정 100년을 살더라도 계율을 어기고 살지는 못하겠다!"

그러자 임금도 더 이상 강요하지 않고 자장의 출가를 허락했다.

자장은 깊은 산골짜기 바위틈에 살면서 끼니도 제대로 챙겨 먹지 않고 수행에 전념했다. 그러던 어느 날이었다. 처음 보는 새 한 마리가 이상하게 생긴 과일 한 알을 물고 와서 공양했다. 자장이 손으로 받아먹으니 이내 잠이 쏟아졌다. 꿈을 꾸었는데 천인天人이 내려와서 계를 주었다. 이렇게 득도한 자장은 비로소 하산하니 어느새 소식을 듣고 마중 나온 사람들이 다투어 자장으로부터 계를 받았다.

자장은 그래도 자신의 공부가 부족하다고 느껴 중국으로 건너가 더 배우고 싶었다. 그래서 선덕여왕 5년(638, 당나라 인평 3년)에 왕명을 받아 제자 실實을 비롯한 중 열 명을 거느리고 당나라로 건너갔다. 당으로 건너간 자장은 청량산으로 찾아갔다. 이 산에는 문수보살의 소상塑像이 있었는데, 전해오는 말에 따르면 제석천왕이 하늘에서 장인을 데려다가 만든 것이라고 했다. 자장이 소상 앞에서 열심히 기도하고 명상하니 꿈에 소상이 그의 이마를 어루만지면서 범어로 된 계를 주었다. 자장이 꿈에서 깨어나 곰곰이 생각해 보았으나 그 의미를 알 수 없었다. 그때 이상한 중이 한 명 나타나더니 대신 해석해 주면서 이렇게 말했다.

"비록 만 가지 가르침을 배운다 해도 이보다 더 좋은 것은 없다."

그러더니 가사와 사리 등을 주고는 사라졌다.

자장은 부처님의 가르침을 받은 줄 알고 그 길로 청량산에서 나와 당나라 서울 장안으로 향했다. 신라의 큰 스님 자장이 왔다는 보고를 받은 당나라 임금 태종이 칙사를 보내 그를 위문하고 승광별원勝光別院에 머물게 하며 매우 총애했다. 또 많은 하사품을 내렸으니 자장은 번거로운 게 싫어 종남산 운제사 동쪽 절벽에 들어가 바위에 의지해 작은 집을 짓고 3년간 정진하여 불법의 진리를 많이 깨우쳤다. 그러고 나서 다시 장안으로 가니 태종이 비단 200필을 내려 옷을 지어 입으라고 했다.

선덕여왕 12년(643, 당나라 정관 17년)에 선덕여왕이 태종에게 표문을 보내 자장을 돌려보내 주기를 청했다. 이에 태종이 이를 허락하고 비단 가사 한 벌과 좋은 비단 500필을 주었다. 이세민의 태자도 비단 200필과 많은 예물을 주었다. 그러나 자장은 신라에 불경과 불상이 부족한 것을 알고 대장경을 비롯하여 불교 포교에 필요한 여러 가지 물건을 태종에게 청해 모두 싣고 돌아왔다.

자장이 귀국하자 임금에서 백성까지 온 나라가 환영하고, 여왕은 그에게 분황사에 머물게 했다. 분황사에 주석하면서 자장은 자주 입궐하여 여왕과 대신들을 위해 강론 설법했다. 그러자 단비가 내리고 구름과 안개가 자욱하게 강단을 덮어 보는 사람마다 그 신기함에 감탄했다.

선덕여왕은 자장을 대국통大國統, 즉 신라 불교 최고의 승직을 주었다. 자장은 대국통을 맡아 불법 진흥에 더욱 힘쓰니 불자들이 물이 불 듯 늘어나고, 출가하려는 사람들도 날이면 날마다 길게 줄을 이었다. 이에 자장은 통도사를 세우고 계를 주는 단을 쌓아 사람들을 받아들였다.

또 자신이 태어난 집터에 지은 절 원녕사를 개축하고 낙성회를 열어 화엄경을 강의하고, 제자들의 수대로 나무를 심게 하여 이를 '지식수知識樹'라고 불렀다.

자장은 신라 의복이 중국과 다른 점을 조정에 건의하여 진덕여왕 3년(649)에 처음으로 중국의 의관을 입고 쓰게 하고, 이듬해에 처음으로 영휘永徽라는 연호를 썼다. 그 뒤부터 중국은 신라를 주변의 다른 나라보다 극진히 대우했으니 이는 모두 자장의 공이었다.

그런데 《삼국사기》 〈신라본기〉 진덕왕 3년 조를 보면 이런 대목이 나온다.

봄 정월에 처음으로 중국의 복식과 의관을 착용했다.

이보다 한 해 앞인 진덕여왕 2년 조에는 이런 기록이 있다. 이찬 김춘추가 아들 김문왕金文王 등을 데리고 당나라에 사신으로 가서 당 태종에게 백제를 칠 군사를 청했다. 그리고 또한 신라 관리들의 복색을 고쳐 중국의 제도를 따르겠다고 청하니 태종이 좋아하면서 허락했다고 한다.

따라서 이 기록은 김춘추가 귀국한 다음에 이런 사실을 진덕여왕에게 보고하자 먼저 당나라에 다녀온 친당파 고승 자장율사가 강력하게 권했다는 것으로 추측된다. 이어서 《삼국유사》는 그다음 일을 이렇게 전한다.

자장은 만년에 서라벌을 떠나 강릉군에 수다사水多寺를 짓고 그곳에 머물렀다. 그러던 어느 날 꿈에 북대北臺에서 본 이상한 중이 나타나더니 이렇게 일렀다.

"내일 대송정大松汀에서 그대를 만나겠노라."

깜짝 놀라 깨어난 자장이 이튿날 새벽 일찍 대송정에 가 보니 과연 문수보살이 감응하여 와 있었다. 자장이 불법의 요지를 물었더니 보살이 이렇게 일렀다.

"태백산 갈반지葛蟠地에서 다시 만나자."

하고는 사라졌다. 대송정은 지금의 강릉 경포대 남쪽 해변인데, 지금까지 가시나무가 나지 않고, 또 매와 같은 날짐승들도 깃들지 않는 곳이다. 또 갈반지란 글자대로 해석하면 칡덩굴이 많이 우거진 곳이다. 자장이 태백산에 가서 갈반지를 찾아보니 큰 구렁이 한 마리가 똬리를 틀고 앉아 있었다.

"여기가 바로 갈반지니라!"

자장이 수행한 제자에게 이르고 그곳에 석남원石南院을 세우니 곧 오늘날의 태백산 정암사이다. 자장이 석남원을 세우고 문수보살을 기다렸는데, 어떤 늙은 거사가 남루를 걸친 차림으로 칡삼태기에 죽은 강아지를 담아서 지고 오더니 자장의 제자에게 말했다.

"자장을 만나러 왔노라."

"내가 이제껏 우리 스승님의 함자를 함부로 부르는 자를 본 적이 없는데, 너는 누구기에 감히 스승님 함자를 함부로 부르는 거냐?"

"어리석은 녀석, 잔말 말고 네 스승에게 그렇게 일러라."

마지못해 제자가 그렇게 아뢰자 자장도 일이 어떻게 돌아가는지 알지 못한 채 말했다.

"아마 미친 자인가 보구나. 그냥 쫓아 버려라."

제자가 나가서 시킨 대로 늙은 거사를 쫓았다. 그러자 거사가 말했다.

"돌아가자, 돌아가! 아직도 제 형상에 집착하는 어리석은 자가 어찌 내 모습을 볼 수 있으랴. 에이, 오늘도 헛걸음만 했구나."

그러고는 삼태기를 들어 거꾸로 털자 그 속에 있던 죽은 강아지가 사자 모양의 의자로 변하는 것이 아닌가! 늙은 거사, 아니 문수보살의 화신은 그 의자를 타고 오색찬란한 빛을 내뿜으며 먼 하늘로 날아가고 말았다.

자장이 그 말을 듣자 무릎을 치며 탄식하며 급히 나갔으나 문수보살은 이미 사라지고 난 뒤였다.

"아, 멀었구나, 멀었어. 내 수행이 이렇게 부족한 줄 어찌 알았으랴. 헛된 이름만 얻었을 뿐, 내 무엇을 깨달았단 말인고."

자장은 자신의 어리석음을 한탄하다가 애통이 지나쳐 그만 그 자리에 쓰러져 죽었다. 그러자 사람들이 그의 시신을 화장하고 뼈를 굴속에 모셨다.

자장이 세운 절과 탑이 10곳이 넘는데, 세울 때마다 반드시 신기한 일이 있어서 공양하려는 사람이 끊이지 않고, 얼마 가지 않아서 완공되었다.

자장이 쓰던 도구와 옷감, 버선과 태화지의 용이 바친 오리 모양의 목침과 석가세존의 가사 등은 통도사에 보존되어 있다. 또 오늘의 언양인 헌양현에 압유사鴨遊寺가 있는데, 목침오리가 일찍이 이곳에서 이상한 일을 나타냈으므로 그렇게 이름 지은 것이다.

일연선사는 자장율사 전기의 끝에 이런 찬시를 덧붙였다.

일찍이 청량산에 갔다가 꿈을 깨고 돌아오니
여러 가지 불법의 이치 단박에 깨쳤네.
승속의 의복을 부끄럽게 여겨
신라의 의관을 중국에 본떠 만들었네.

호국불교에 앞장선 진골 출신 고승들

자장율사는 앞서 소개한 원광법사와 마찬가지로 귀족 집안 출신이며 화랑 중의 화랑인 풍월주의 아들로 태어났다. 그러므로 출가를 하고 고승이 되어서도 신라의 불교를 서민의 불교로 만드는 데는 어떤 한계가 있었던 것으로 보인다. 필자의 짧은 식견으로는 그것이 이 두 사람의 고승이 신라 불교를 호국불교, 왕실불교로 만들고자 한 계기가 아니었을까 하고 생각한다.

그러니까 원광과 자장 같은 진골 출신 고승들은 뒷날의 원효나 대안, 혜공·혜숙·사복 같은 불교대중화를 도모한 서민들의 고승과는 달리 왕실과 깊은 관계를 맺고 호국불교를 위해 앞장선 일종의 권승勸僧이었던 것이다.

신라의 명장 김유신

삼한통일의 위업을 이룬 김유신은
문무왕 13년(673) 음력 7월 1일에 노환으로 죽으니 그때 나이 79세였다.
《삼국유사》 권 제1 〈기이〉 제2

김유신金庚信은 신라가 당나라와 합세해 백제와 고구려를 멸망시키고 이른바 삼국통일을 이룩하는 데 가장 공이 큰 인물로서 신라 천년사의 대표적 명장으로 손꼽힌다. 그에 관한 기록은 《삼국사기》에 가장 많이 나오고, 《삼국유사》에도 나오며, 《화랑세기》에도 제8세 풍월주를 역임한 것으로 나온다.

《화랑세기》에는 김유신의 가계가 비교적 상세히 나온다. 가야의 마지막 임금 구충왕仇衝王은 가야 여인 계화桂花에게서 무력武力과 무득武得을 낳았고, 신라에 항복한 뒤 '무력은 진흥제眞興帝의 딸 아양阿陽을 아내로 맞아 서현舒玄을 낳았고, 서현은 만호태후萬呼太后의 딸 만명萬明을 아내로 맞아 유신을 낳았다'라고 전한다.

김유신의 어머니인 만명부인은 진평왕의 모후인 만호태후의 딸이다. 만호태후는 남편인 동륜태자銅輪太子가 먼저 죽자 갈문왕 김입종金立宗의 아들이며 진흥왕의 동생인 숙흘종肅訖宗과 사통하여 만명을 낳았다. 근친혼은 물론 근친상간까지 흔하던 신라 왕족·귀족 사회에서 이렇게 정식 혼인에 의하지 않고 사통하여 낳은 아들딸을 사자私子·사녀私女라고 불렀다. 만호태후의 사녀인 김만명이 김서현과 눈이 맞아 야합한 끝에 김유신을 낳았던 것이다.

한편《삼국유사》'가락국기'는 신라 제30대 법민왕法敏王, 즉 문무왕이 수로왕의 제사에 관한 조서를 내린 사실을 전하는데 그 내용은 이렇다.

> 가야국 시조의 9세손 구형왕九衡王이 우리나라에 항복할 때 거느리고 온 아들 세종世宗의 아들이 솔우공率友公이요, 그 아들 서운庶云 잡간의 딸 문명왕후文明王后께서 나를 낳으셨다. 때문에 시조 수로왕은 나에게는 15대조가 된다. 그 나라는 이미 없어졌지만 그 묘는 아직 남아 있으니 종묘에 합사하여 제사를 계속하도록 하라.

문무왕 김법민은 태종무열왕 김춘추의 아들로서 경주 김씨이다. 그런데 그가 김해 김씨 시조인 수로왕이 자신의 15대조라고 한 것은 가야의 마지막 임금 구형왕의 증손 서운의 딸이 자신의 어머니이기 때문이라고 했다. 서운은《삼국사기》에 나오는 김서현으로 김유신의 아버지이며, 김유신의 비문에는 소연逍衍으로 나오는 사람이다. 솔우공은 졸지공卒支公이라고도 하고, 구형왕과 세종은《삼국사기》에는 각각 구해왕과 노종으로 기록되어 있다. 또 구형왕을《화랑세기》에서는 구충왕이라고 했다. 문무왕의 어머니 문명왕후는 김서현과 만명 부인의 둘째 딸이며 김유신의 누이동생이다. 그런데 《삼국사기》 〈열전〉과 《화랑세기》에는 김유신의 할아버지가 세종도 노종도 아닌 무력이라고 나온다. 《삼국사기》 〈열전〉은 김유신의 출생에 대해 이렇게 전하고 있다.

처음에 서현이 길에서 갈문왕 입종의 아들인 숙흘종의 딸 만명을 보고 마음에 들어 그에게 눈짓해 중매도 없이 야합하게 되었다. 서현이 만노 군 태수가 되어 만명을 데리고 함께 가려 하니 숙흘종이 그제야 자기 딸이 서현과 야합한 줄 알고 그를 미워하여 딴 집에 가두고 사람을 시 켜 지키게 했다. 그러자 갑자기 그 집 대문에 벼락이 쳐서 지키던 자가 놀라 정신을 차리지 못할 때 만명이 구멍으로 빠져나와 곧 서현과 함께 만노군으로 달아났다.

갑자기 대문에 벼락이 쳤다는 것은 아마도 서현이 만명을 구출하기 위해 대문을 때려 부수었거나, 숙흘종이 하늘의 조화를 핑계 삼아 신라 귀족들의 비난을 사지 않고 두 사람을 도망치게 하려고 꾸민 행위일 것이다. 그렇게 해서 오늘의 충북 진천인 만노군에 가서 만명은 김유신을 낳았다. 김유신이 태어나기 전에 두 부부는 이상한 꿈을 꾸었다. 서현은 화성과 토성이 자신에게 내려오는 꿈을 꾸었고, 만명은 황금 갑옷을 입은 동자가 구름을 타고 방 안으로 들어오는 꿈을 꾸고 임신하여 스무 달 만에 김유신을 낳으니, 때는 진평왕 17년(595)이었다.

만명이 서현을 따라 만노군으로 도망친 뒤 만호태후는 오래도록 서현을 사위로 인정하지 않다가 둘 사이에 아들이 태어났다는 소문을 들었다. 또 그 아이가 잘 생겼다는 말도 들었다. 외손자가 보고 싶은 만호태후는 아이를 데려오라고 하여 안아 보니 과연 생김새가 영특한지라 "참으로 너는 나의 외손자로다!" 하고 좋아했다. 그리고 비로소 서현을 사위로 인정했다. 김유신은 자라면서 자신이 만호태후의 핏줄을 이어받은 것을 매우 자랑스럽게 생각했다. 자신의 출신 성분이 신라 중앙 정계에서 아직도 정치적 세력이 약한 가야계였으므로 신라 왕실의 피를 받아 태어났다는 사실에 커다란 자부심을 가졌던 것이다.

김유신이 화랑이 된 것은 15세 때였다. 당시 사람들이 그를 따르는 낭도를 가리켜 용화향도龍華香徒라고 불렀다. 《화랑세기》는 김유신이 그해에 만호태후의 명에 따라 제11세 풍월주 하종夏宗의 딸 영모令毛를 아내로 맞았다고 한다.

이인로李仁老의 《파한집》에는 김유신이 한때 천관天官이란 여인에게 빠졌다가 어머니의 엄한 훈계로 애마의 목을 치면서 매정하게 천관과의 인연을 끊었다는 이야기를 전해 준다. 천관은 오랫동안 기생이라고 알려졌지만, 최근의 연구 결과 신당의 여제관이라는 설이 설득력을 얻고 있다.

김유신이 화랑 중의 화랑인 풍월주가 된 것은 입산수도를 마치고 하산한 18세 때였다. 비록 외할머니 만호태후의 후광으로 풍월주가 되기는 했지만 가야 출신이라는 성분 때문에 신분 상승에 많은 제약이 있었던 것으로 보인다. 이를테면 할아버지 김무력의 벼슬이 신라

16관등 가운데 으뜸인 각간이었으나 아버지 김서현은 제3위인 소판에 그친 것만 보아도 그의 가문이 쇠락하고 있었다고 볼 수 있다. 따라서 그런 한계를 극복하기 위해 세운 계획이 누이동생을 김춘추에게 시집보내는 일이었다. 이 이야기는 다음 '태종무열왕' 편에서 자세히 이야기한다.

김유신이 무인으로서 두각을 드러낸 것은 역시 전쟁터였다. 때는 진평왕 51년(629), 김유신이 34세 때였다. 그해 8월에 이찬 임영리任永里, 파진찬 김용춘金龍春과 김백룡金白龍, 소판 김대인金大因과 김서현 등이 왕명에 따라 고구려의 낭비성을 쳤다. 낭비성은 오늘의 충북 청주. 이때 고구려군의 맹렬한 반격으로 신라군의 사상자가 많았다. 그러자 중당당주로 출전했던 김유신이 적진으로 돌격하여 적장의 목을 베어 돌아오니 신라군의 사기가 충천, 단숨에 전세를 역전시켜 5,000여 명의 적군을 죽이고 1,000여 명을 사로잡아 마침내 성을 점령할 수 있었다.

선덕여왕 11년(642)에 백제가 대야성을 함락하고 김춘추의 사위인 성주 김품석과 딸 고타소를 죽였다. 김춘추가 이에 한을 품고 고구려에 군사를 빌리러 떠나기 전에 김유신에게 이렇게 말했다.

"나와 공은 한몸과 같이 나라의 팔다리가 되었소. 이번에 내가 고구려에 가서 만일 해를 당한다면 공은 어떻게 하겠소?"

김유신이 대답했다.

"그런 일이 생긴다면 나의 말발굽이 반드시 고구려와 백제왕의 대궐마당을 짓밟을 것이오."

"내가 만일 60일이 지나도 돌아오지 않으면 우리는 다시는 만날 수 없을 것이오."

그렇게 떠난 김춘추는 보장왕과 연개소문(淵蓋蘇文)에게 억류당해 60일이 지나도 돌아올 수 없었다. 군사를 빌려 주는 대신 전에 진흥왕 때 신라가 탈취해 간 죽령 서북쪽 고구려 고토를 반환하라는 요구를 김춘추가 거부하자 감금한 것이었다. 약속기일이 넘어도 김춘추가 돌아오지 않자 김유신은 정병 3,000명을 이끌고 고구려와의 국경에 다다랐다. 그 사이에 김춘추는 임금에게 말씀드려 땅을 돌려주겠다는 거짓 맹세를 하고 풀려나 가까스로 돌아왔다. 물론 보장왕이나 연개소문이 그 말을 믿어서 풀어 준 것은 아니었다. 그렇다고 해서 고구려가 김유신을 두려워한 것도 아니고, 또 김춘추를 죽여야 별 득이 없다고 생각했을 것이다. 게다가 당나라와의 결전을 앞두고 굳이 신라를 자극해서 유사시 협공을 당할 필요는 없다는 전략적 판단을 했던 것으로 추측된다.

김유신은 그동안 오늘의 경북 경산 지방인 압량주 군주가 되었다가 선덕여왕 13년(644)에는 소판으로 승진했다. 그해 9월에는 상장군이 되어 군사를 거느리고 백제의 가혜성·성열성·동화성 등 7개 성을 쳐서 크게 이겼다. 이듬해 1월에 서라벌로 개선했으나 백제가 매리포성을 침공한다는 급보가 들어왔다. 김유신은 가족을 만나지도 못하고 다시 출전해 백제군 2,000여 명을 죽이고 승리했다.

그리고 3월에 서라벌로 돌아왔는데 또다시 백제군이 공격한다는 보고가 들어왔다. 김유신은 이번에도 집에 들르지 않고 군사를 훈련

시키고 병기를 수리하여 서부 전선으로 출전했다. 신라군이 국경에 이르자 백제군이 그 기세를 보고 그대로 물러가 김유신은 싸우지 않고도 이기고 돌아왔다.

그런데 선덕여왕 16년(647) 정월에 상대등 비담과 염종이 반란을 일으켰다. 명목은 여왕이 정치를 잘하지 못한다는 것이었다. 선덕여왕이 백성들의 곤궁함은 돌보지 않은 채 자신의 원찰인 분황사를 짓고, 첨성대를 만들고, 황룡사 구층탑을 세운 것 등을 구실로 삼은 것이지만, 사실 그들의 목적은 김춘추와 김유신을 제거하고 왕위를 차지하려는 데 있었다.

김춘추가 비록 폐위당한 진지왕의 손자로 진골로 몰락했지만, 선덕여왕의 총애를 받고 있는데다가 김유신의 강력한 무력 지원까지 업고 있으니 이들을 제거해야만 자신들이 대권을 장악할 수 있다고 여긴 것이다. 비담의 군사는 명활성, 김유신이 이끈 여왕군은 월성에 진을 치고 열흘간 치열한 공방전을 벌였으나 쉽사리 승부가 나지 않았다. 아무리 김유신이 명장이라도 반란군의 군세가 훨씬 우세했기 때문이었을 것이다.

그런데 어느 날 밤 유성이 월성에 떨어졌다. 비담이 이를 보고 말했다.

"큰 별이 떨어지면 반드시 귀인이 죽는다 했으니 이는 여왕이 패하고 우리가 이길 징조다!"

그 말을 들은 반란군의 함성이 천지를 울렸다. 선덕여왕이 이 소문을 듣고 매우 두려워하자 김유신이 이런 말로 위로했다.

"길흉이란 고정된 것이 아니라 사람 하기에 달린 것이니 폐하께서는 심려를 놓으소서."

그리고 그날 밤 불붙인 허수아비를 연에 달아 띄워 올리니 마치 별이 하늘로 올라가는 것처럼 보였다. 이튿날 아침 김유신이 군사들에게 "어젯밤에 떨어졌던 별이 도로 하늘로 올라갔다!" 하고 소문을 퍼뜨리게 했다. 그리고 다시 사기가 오른 군사들을 휘몰아 마침내 비담의 반란군을 진압하는 데 성공했다.

김유신은 비담의 난을 평정한 공로로 명성이 더욱 높아졌고 군부에서도 최고의 실력자가 되었다. 그런데 그해에 선덕여왕이 재위 16년 만에 죽고 신라 왕실에서 남녀를 통틀어 마지막 성골이며 선덕여왕의 사촌동생인 진덕여왕이 뒤를 이었다. 진덕여왕은 이찬 김알천金閼川을 수상인 상대등에 임명했지만, 실권은 이미 이찬 김춘추와 대장군 김유신이 장악하고 있었다.

진덕여왕 3년(649) 8월에 백제 장군 은상殷相이 석토성 등 신라의 7개 성을 치므로 여왕이 김유신을 비롯하여 죽지竹旨 · 진춘陳春 · 천존天存 장군 등에게 군사를 거느리고 나가 막게 했다. 유신이 군사를 이끌고 출전했지만 열흘이 지나도 승부가 나지 않았다. 김유신이 오늘의 천안인 도살성 아래 군사를 주둔시킨 뒤 다음 전투를 대비하는데 물새 한 마리가 동쪽에서 날아와 김유신의 막사를 지나 백제 진영으로 날아갔다. 신라 군사들이 모두 불길한 징조라고 불안해하자 김유신이 이렇게 말했다.

"쓸데없는 소리! 절대 불길한 일이 아니다. 오늘 밤 적의 첩자가 와서 염탐할 것이니 혹시 보더라도 모두 다 모른 척하라."

그날 저녁 김유신은 장수들을 불러 "구원군이 올 때까지 절대로 나가 싸우지 말고 각자의 진영만 굳게 지키라." 하고 명령했다. 백제의 첩자가 그 말을 듣고 그대로 돌아가 보고했다. 이튿날 김유신은 군사를 몰아 질풍처럼 백제군을 공격했다. 첩자의 보고를 받은 백제군 수뇌부는 과연 신라의 구원군이 온 줄 알고 우왕좌왕하다가 대패했다. 이 싸움에서 김유신은 백제의 최고사령관인 좌평 은상을 비롯하여 달솔 자견自堅 등 장수 10명과 군사 8,980명을 죽이고, 달솔 정중正仲과 군사 100명을 생포했으며, 말 1,000필과 갑옷 1,800벌을 노획하는 대승을 거뒀다.

그런데 《삼국사기》〈열전〉은 이 대목에서 또 '돌아오는 길에 백제의 좌평 정복正福이 군사 1,000명을 이끌고 항복했지만 모두 놓아 주어 마음대로 돌아가게 했다'라고 말했다. 좌평은 백제에서 으뜸가는 관직으로 장관급이다. 그런 그가 1,000명이나 되는 군사를 거느리고 항복했지만 모두 놓아 주어 돌아가게 했다니 상식적으로 납득이 가지 않는다.

그렇게 빛나는 승리를 거두고 개선한 김유신은 진덕여왕이 몸소 도성 밖까지 나와 맞이하고 위로연을 베푸는 극진한 대접을 받았다고 한다.

진덕여왕이 재위 8년 만인 654년 3월에 죽었는데, 성골의 대가 끊어졌으므로 진골인 이찬 김춘추가 뒤를 이어 태종무열왕으로 즉위했

다. 김춘추의 즉위에도 석연치 않은 구석이 있다. 당시 화백회의에서
는 수상인 상대등 김알천을 추대했으나 그가 "나는 나이가 많고 덕이
없으므로 나라를 다스릴 수가 없다. 지금 춘추공만큼 덕망이 높은 이
가 없으니 그야말로 세상을 다스릴 만한 영웅이다."라면서 왕위를 양
보했다는 것이다. 그런데 〈열전〉에는 김유신이 알천과 상의하여 김
춘추를 추대했다고 했으니, 이는 무엇을 뜻하는가. 결국 무력을 앞세
워 김춘추를 왕위에 앉혔다는 뜻이다.

무열왕은 51세 되던 즉위 이듬해에 60세의 김유신을 대각간에 임
명하고 오래 전부터 꿈꾸어오던 삼한통일에 본격적으로 나섰다. 그
런데 그해 정월에 고구려가 백제·말갈과 연합하여 신라의 성 33개를
빼앗아가는 일이 벌어졌다. 9월에 김유신은 백제에 쳐들어가 도비천
성을 빼앗았다. 김유신은 군사를 훈련시키고 전쟁을 하는 한편 끊임
없이 백제와 고구려에 첩자를 보내 정보를 수집했다.

그해 10월에 무열왕은 자신의 셋째 딸 지소智炤를 김유신의 아내로
주었다. 《삼국사기》〈열전〉에 따르면 김유신은 지소부인에게서 5남 4
녀를 낳았다고 한다. 당시 지소부인이 몇 살이었는지는 알 수 없지
만, 김유신은 이미 나이가 환갑이었다. 그런데 이 지소부인의 어머니
는 바로 김유신의 누이동생인 문희이니, 지소는 외삼촌에게 시집간
셈이다.

무열왕 7년(660)에 김유신은 문무백관의 으뜸인 상대등에 올랐다.
몰락한 가야의 왕족이 마침내 신라 최고의 관직에 오른 것이다. 상대
등이 된 김유신은 무열왕을 보필하여 어린 시절부터 키워 온 삼한통
일의 꿈을 실현시키기 시작했다.

꾸준히 첩보전을 펼쳐 백제의 내부 사정을 손바닥 들여다보듯 환하게 알게 된 김유신은 마침내 때가 무르익었다고 판단하여 무열왕에게 이렇게 건의했다.

　"의자왕이 극악무도하여 그 죄가 걸桀·주紂보다도 더하니 이는 실로 하늘의 뜻에 순응하여 그를 처벌하여 백성들을 구할 때입니다."

　그해 6월에 무열왕은 마침내 백제 정벌군을 일으켜 태자 김법민과 함께 오늘의 경기도 이천인 남천정으로 올라가 진을 쳤다. 이는 고구려를 치려는 듯이 보여 백제를 기만하려는 양동작전이었다. 한편 당나라에 구원병을 청하기 위해 갔던 무열왕의 둘째 아들 파진찬 김인문金仁問이 당나라 대장군 소정방蘇定方·유백영劉伯英과 함께 13만 대군을 안내하여 덕물도(덕적도)에 이르러 수행원 문천文泉을 시켜 이를 보고하게 했다. 신라와 당군은 7월 10일 사비성에서 만나 함께 백제의 도성을 공격하기로 약조했다.

　김유신은 장군 김품일金品日·김흠순金欽純 등과 함께 5만 정병을 이끌고 백제로 진격했다. 그런데 백제의 도성으로 통하는 마지막 요충인 황산벌에는 백제의 달솔 계백階伯 장군이 5천 결사대를 거느리고 지키고 있었다. 이 싸움에서 김유신은 초전에 4전 4패하는 망신을 당한 끝에 자신의 친동생인 김흠순의 아들이며 친조카인 반굴盤屈과 김품일의 아들 관창官昌 등 두 어린 화랑을 제물 삼아 가까스로 백제군을 물리치고 사비성으로 진격했다. 그리고 당군과 합세하여 백제 의자왕의 항복을 받아냄으로써 삼한통일의 절반의 성공을 거두었다.

　김유신은 백제를 정복한 공로로 대각간에 올랐다. 당시까지 신라 16관등 중 최고의 벼슬은 각간이었는데, 각간으로도 모자라 대각간 벼슬을 만들어 김유신에게 내린 것이다. 그런데 무열왕이 이듬해인 661년 6월에 재위 8년 만에 59세로 죽었다. 그 뒤를 이어 태자 법민이 즉위하니 제30대 문무왕이다.

문무왕 2년(662) 정월에 김유신은 김인문·김양도 등 아홉 장군과 함께 평양의 소정방에게 군량을 수송하게 되었다. 그는 이미 68세의 고령이었지만 자청하여 이 일을 맡았다. 그러나 소정방이 군량을 받고 그대로 철수하는 바람에 김유신의 신라군도 회군할 수밖에 없었다. 문무왕 4년(664) 정월. 70세가 된 김유신은 벼슬에서 물러나기를 청했으나 문무왕은 궤장과 안석을 내려 주고 계속 조정에 출사하게 했다.

신라가 또다시 당과 합세해 고구려를 멸망시킨 것은 그로부터 4년 뒤인 문무왕 8년(668) 때였다. 지난해에 고구려는 일세의 영걸 연개소문이 죽은 뒤 그의 아들 삼형제가 권력투쟁을 벌이는 바람에 나라가 사분오열되었고, 당 태종의 패전 이후 설욕의 기회만 노리고 있던 당나라가 이적(李勣)을 총사령관으로 삼아 고구려 정벌군을 일으킨 것이었다. 신라도 그해 8월에 문무왕이 친히 대각간 김유신을 비롯하여 30명의 장군과 군사를 거느리고 고구려를 향해 북진했다. 하지만 당군이 철군하는 바람에 신라군도 회군했다가, 이듬해인 문무왕 8년 6월에 당군의 공격 재개에 맞춰 고구려로 다시 출병했던 것이다.

당시 김유신은 대당 대총관에 임명되었지만 74세의 고령에 풍질까지 앓고 있었기에 문무왕이 서라벌에 머물도록 하여 출전하지는 못했다. 그해 9월 21일 평양성이 함락되고 고구려는 마침내 망하고 말았다.

고구려를 정복한 뒤 문무왕은 그해 10월에 논공행상을 통해 일등 공신인 김유신에게 태대각간 벼슬을 내렸다. 대각간이라는 신라 최초·최고의 벼슬에 태太자 한 자를 더 보태 주었던 것이다. 삼한통일의 위업을 이룬 김유신은 문무왕 13년(673) 음력 7월 1일에 노환으로 죽으니 그때 나이 79세였다. 그 뒤 흥덕왕 10년(835)에는 김유신을 흥무대왕興武大王으로 추봉했으니, 왕족이 아닌 신하로서 왕으로 추봉된 사람은 신라는 물론 우리나라 역사에서 김유신이 유일한 경우였다.

태종무열왕과 문명황후

김춘추는 진평왕 23년(604)에 태어났다.
처남 김유신보다 9세 연하였고, 폐위당한 진지왕의 손자이다.
《삼국유사》권 제1〈기이〉제2

문명황후文明皇后 김문희金文姬는 김유신의 작은 누이동생이다. 문희는 고대의 여성으로서는 매우 활달하고 진취적인 성격의 주인공이었다. 문희가 언니 보희寶姬의 꿈을 사서 김춘추에게 시집간 이야기는 《삼국유사》와 《삼국사기》에도 나오고, 《화랑세기》에도 전해질 만큼 유명하다.

《삼국유사》〈기이〉편 태종춘추공 조의 그 기록부터 소개한다.

처음에 문희의 언니 보희가 꿈에 서악에 올라가 오줌을 누었더니 오줌이 서라벌에 가득 찼다. 아침에 동생을 데리고 꿈 이야기를 했더니 문희가 듣고 말하기를, "내가 그 꿈을 사겠어요." 하여 언니가 말하기를, "무슨 물건을 주겠니?" 하였다. 문희가 "비단치마면 어떻겠어요?" 하니 언니가 좋다고 하여 동생은 옷섶을 헤치고 받아들이는데 언니가 말하기를, "간밤의 꿈을 네게 물려준다."라고 하니 동생은 비단치마로 값을 치렀다.

한 열흘 뒤에 유신이 춘추공과 함께 정월 오기일에 유신의 집 앞에서 공을 차다가 일부러 춘추공의 옷자락을 밟아 옷끈을 떼었다. 유신이 청하기를, "우리 집에 들어가 꿰맵시다." 하니 춘추공이 그 말에 좇았다. 유신이 아해(阿海, 보희의 아명)를 시켜 꿰매드리라고 하니 아해가 말하기를, "어떻게 그런 하찮은 일로 함부로 귀공자를 가까이 하겠습니까?" 하고 사양했다. 그래서 아지(阿之, 문희의 아명)에게 명했더니 춘추공이 유신의 뜻을 알고 드디어 그와 관계하여 이로부터는 자주 내왕하게 되었다. 유신이 그의 누이가 아이를 밴 것을 알고 그를 나무라며, "네가 부모에게 말도 없이 아이를 뱄으니 웬일이냐?" 하고는 곧 서울 안에 소문을 퍼뜨리고 그 누이를 태워 죽이려고 했다.

하루는 선덕여왕이 남산에 놀러나가는 틈을 타서 장작을 마당 한가운데 쌓고 불을 질러 연기를 올렸다. 왕이 바라보고 무슨 연기냐고 물었다. 근신이 아뢰기를, "아마도 유신이 그 누이를 태워 죽이는 모양입니다"라고 했다. 왕이 그 까닭을 물었더니, "그 누이가 남편도 없이 아이를 뱄기 때문이라고 합니다." 하였다.

왕이 "이것이 누구의 소행이냐?" 하고 물으니 이때 마침 춘추공이 측근에서 모시고 있다가 안색이 사뭇 달라졌다. 왕이 말하기를, "이것이 네 소행이구나! 빨리 가서 구해 주어라!"라고 했다. 춘추공이 명령을 받고 말을 달려 왕명을 전해 이를 말렸으니 이로부터 버젓이 혼례를 치렀다.

그런데 《화랑세기》를 보면 이 《삼국유사》의 기록에서 잘못된 사실이 있다는 점을 알 수 있다. 이 대목은 제18세 풍월주 춘추공 조에 나오는데, 앞의 이야기는 거의 같고, 다른 점은 그다음이다.

(……) 그때 (춘추)공의 정궁부인인 보량궁주寶良宮主는 보종공寶宗公의 딸이었다. 아름다웠으며 공과 몹시 잘 어울렸는데, 딸 고타소古陀炤를 낳아 공이 매우 사랑했다. 감히 문희를 받아들이지 못하고 비밀로 했다. 유신은 이에 장작을 마당에 쌓아놓고 막 누이를 태워 죽이려고 하며 임신한 아이의 아비가 누군지 물었다. 연기가 하늘로 올라갔다. 그때 공은 선덕공주를 따라 남산에서 놀고 있었다. 공주가 연기에 대해 물으니 좌우에서 사실대로 고했다. 공이 듣고 안색이 변했다. 공주가 "네가 한 일인데 어찌 가서 구하지 않느냐?" 했다. 공은 이에 (일부 결락) 하여 구했다.

포사(鮑祠, 포석사)에서 길례를 행했다. 얼마 뒤 보량궁주가 아이를 낳다가 죽자 문희가 뒤를 이어 정궁이 되었다. 이에 이르러 화군(花君, 풍월주의 부인)이 되어 아들(법민)을 낳았다. 보희는 꿈을 바꾼 것을 후회해 다른 사람에게 시집가지 않았다. 공은 이에 첩으로 삼았는데……

이 대목에서 중요한 점은 이 사건 당시 선덕여왕의 신분이 《삼국유사》의 기록과 달리 여왕이 아니라 공주였다는 사실이다. 이는 선덕여왕이 즉위한 해가 632년인 반면, 김춘추와 김문희가 혼인한 것은 그 이전인 626년께의 일이기 때문이다. 이런 점을 두고 보더라도 《화랑세기》 필사본이 위서가 아니라 진본이라는 사실이 증명되는 것이다.

김춘추의 본처 보량궁주가 낳은 딸 고타소는 뒷날 화랑 김품석金品釋에게 시집갔는데, 품석이 대야성 도독으로 부임할 때 따라갔다가 선덕여왕 11년(642) 백제군의 공격으로 성이 함락당할 때 남편과 함께 죽었다.

　가야 왕족의 후손으로 새로 신라의 진골로 편입된 김유신 계통의 김씨들을 가리켜 이른바 '신김씨新金氏'라고 불렀다. 신김씨는 그렇게 하여 선덕공주의 튼튼한 방패가 됨으로써 그녀의 여왕 즉위에 큰 힘이 되어 주었고, 또한 뒷날 몰락한 왕손 김춘추로 하여금 대위에 오를 수 있도록 했던 것이다.

　김춘추는 진평왕 23년(604)에 태어났다. 처남 김유신보다 9세 연하였고, 폐위당한 진지왕의 손자이다. 《화랑세기》에 따르면 그는 김용수金龍樹와 진평왕의 딸 천명공주의 맏아들이다. 용수와 용춘 형세는 진지왕과 각간 기오起烏의 딸 지도부인知刀夫人의 소생이다.

　문희의 화형 미수사건이 벌어졌을 때 당시 24세였던 김춘추는 김유신과 더불어 화랑의 신분이었다. 김유신은 제15세 풍월주, 김춘추는 제18세 풍월주를 지냈다. 이보다 앞서 김용춘이 제13세 풍월주를 지냈는데, 김유신을 사신私臣으로 발탁했고, 그의 형 용수 또한 아들 춘추를 부탁했다.

　《화랑세기》 김유신 조에 따르면 김유신은 김춘추에게 "바야흐로 지금은 비록 왕자나 전군殿君의 신분이라도 낭도가 없으면 위엄을 세울 수 없습니다."라고 하여 화랑의 우두머리가 되도록 권했으며, 김춘추도 이런 제의를 받아들여 김유신의 누이 문희를 첩으로 받아들이고, 또 그의 부제副弟가 되었다고 한다. 부제란 풍월주 다음 가는 화랑의 제2인자를 가리킨다.

김춘추는 신라에서는 당대 으뜸가는 귀공자였다. 《화랑세기》는 그의 '얼굴이 백옥과 같고, 온화한 말씨로 말을 잘 했으나 큰 뜻을 품었기에 말이 적었으며, 행동에는 법도가 있었다'라고 썼다. 그는 또 용기도 있었다. 목숨을 걸고 적국인 고구려와 바다 건너 왜국과 당나라에도 다녀왔기에 젊은 나이에 이미 한반도는 물론 당과 왜국에까지 이름을 널리 떨쳤던 것이다. 진덕여왕 1년(647) 왜국에 사신으로 갔을 때의 그의 모습에 대해서 《일본서기》〈효덕천왕기〉는 '춘추는 용모가 아름답고 담소를 잘했다'라고 매우 우호적으로 표현했다. 또 이듬해에 당나라에 사신으로 갔을 때에는 그를 만나본 당 태종이 그의 풍채가 늠름하고 아름답기에 칭찬해 마지 않으며 '신성한 사람'이라고 극찬할 정도였다. 그러니 남들보다 설득력도 훨씬 뛰어났을 것이다.

선덕여왕 16년(647) 정월에 상대등 비담과 염종이 반란을 일으켰다. 명목은 여왕이 정치를 잘하지 못한다는 것이었지만, 그들의 목적은 김춘추와 김유신을 제거하고 왕위를 차지하려는데 있었다. 김춘추가 비록 폐위당한 진지왕의 손자로서 진골로 몰락했지만 선덕여왕의 총애를 받고 있는데다, 김유신의 강력한 무력 지원까지 업고 있으니 이들을 제거해야만 자신들이 대권을 장악할 수 있다고 여긴 것이다. 김유신은 이 비담의 난을 평정한 공로로 명성이 더욱 높아지고 군부에서도 최고의 실력자가 되었다.

그런데 그해에 선덕여왕이 재위 16년 만에 죽고 신라 왕실에서 남녀를 통틀어 마지막 성골이며 선덕여왕의 사촌동생인 진덕여왕이 뒤를 이었다. 진덕여왕은 이찬 김알천金閼川을 수상인 상대등에 임명했지만, 실권은 이미 이찬 김춘추와 대장군 김유신이 장악하고 있었다. 진덕여왕이 재위 8년 만인 654년 3월에 죽었는데, 성골의 대가 끊어졌으므로 진골인 이찬 김춘추가 뒤를 이어 신라 제29대 임금인 태종무열왕으로 즉위했다.

하지만 김춘추의 즉위에도 석연치 않은 구석이 있다. 즉 당시 화백회의에서는 수상인 상대등 김알천을 추대했으나 그가 "나는 나이가 많고 덕이 없으므로 나라를 다스릴 수가 없다. 지금 춘추공만큼 덕망이 높은 이가 없으니 그야말로 세상을 다스릴 만한 영웅이다."라면서 왕위를 양보했다는 것이다.

그런데 〈열전〉에는 김유신이 알천과 상의하여 김춘추를 추대했다고 했으니, 이는 무엇을 뜻하는가. 결국 무력을 앞세워 김춘추를 왕위에 앉혔다는 뜻이니 당시 신라는 김유신과 김춘추의 수중에 있다고 해도 지나친 말이 아니리라.

660년 백제를 멸망시킨 이듬해에 무열왕이 삼한통일 대업의 완수를 보지 못한 채 재위 8년 만에 59세를 일기로 죽었다. 그 뒤를 이어 문명황후 김문희의 소생인 태자 법민이 즉위하니 제30대 문무왕이다. 《삼국유사》에 따르면 김문희는 김춘추에게 시집가서 태자 법민을 비롯하여 각간 벼슬에 오른 인문仁問·문왕文王·노차老且·지경智鏡·개원愷元 등 여섯 아들을 낳았다고 한다.

진골로서 처음으로 신라 왕위에 오른 김춘추와 그의 후손들인 무

열왕계는 이후 제36대 혜공왕(재위 765~780)이 상대등 김양상(나중의 선덕왕)의 쿠데타로 피살될 때까지 127년 동안 신라의 왕권을 차지했다. 무열왕계가 지배한 이 시기의 신라야말로 이른바 삼국통일을 이루고 불교문화를 꽃피운 신라의 황금시대라고 할 수 있다.

서민 불교의 선구자 혜숙과 혜공

혜공은 일찍이 《조론》을 보고 말하기를, "이것은 내가 옛날에 지은 글이다." 라고 했으니
이것으로써 혜공이 승조의 후신임을 알겠다.
《삼국유사》 권 제4 〈의해〉 제5

혜숙惠宿과 혜공惠空은 원효元曉에 앞서 신라에서 서민불교의 터
전을 닦은 선배들이다.

혜숙은 한때 화랑인 호세랑好世郎의 무리에 속해 있었다. 어느 날 혜
숙이 모임에서 홀연 자취를 감추자 호세랑은 낭도의 명단인 황권黃卷
에서 그의 이름을 지워버렸다. 그 뒤 혜숙은 중이 되어 지금의 경북
경주시 안강읍인 적선촌에 숨어 지내며 20년이 넘도록 수행을 했다.

그때 화랑의 우두머리인 국선國仙 구참공瞿旵公이 언젠가 그가 사는
적선촌 들판에 나가서 온종일 사냥을 하는데 혜숙이 갑자기 길가에
서 뛰어나가 구참의 말고삐를 잡고 이렇게 청했다.

"소승도 따라가고 싶은데 괜찮겠습니까?"

구참이 허락하자 혜숙은 웃통을 벗어부치고 이리저리 뛰면서 짐승

243

들을 몰아주니 구참이 그 모습을 보고 기뻐했다. 그러다가 피곤해서 앉아 쉬는 동안 고기를 굽고 삶아서 서로 먹기를 권하는데, 혜숙도 같이 먹으면서 중이면서도 조금도 꺼리는 빛이 없었다.

이윽고 혜숙이 구참에게 다가가서 말했다.

"지금 이보다 더 맛있고 싱싱한 고기가 있는데 한 번 드셔 보는 것이 어떻겠는지요?"

구참이 좋다고 하자, 혜숙이 사람들을 물리치고 자신의 넓적다리 살을 베어서 소반에 놓아 바치니 옷에 붉은 피가 뚝뚝 떨어졌다. 구참이 깜짝 놀라 말했다.

"아니, 이게 무슨 짓인가?"

그러자 혜숙이 말했다.

"처음에 내가 생각하기에 공은 어진 사람이어서 자기 몸을 아끼는 것처럼 다른 짐승들에게도 그런 마음이 미치리라 하여 따라왔던 것입니다. 그런데 이제 공이 좋아하는 것을 살펴보니, 오직 죽이는 것만을 즐겨하여 짐승을 마구 죽여 자기 몸만 살찌울 뿐이니 이를 보고 어찌 어진 사람이라 할 수 있겠소? 이것이 과연 살생을 가려서 해야 마땅한 화랑의 할 짓이오?"

그렇게 말하더니 옷을 털며 가버렸다. 구참이 몹시 무안하여 혜숙이 먹던 것을 자세히 보니 소반 위의 고기가 그대로 있었다.

구참이 매우 이상하게 여겨 서라벌로 돌아와 조정에 아뢰니 진평왕이 듣고 사자를 보내서 혜숙을 찾아오라 시켰다. 그런데 사자가 찾아가 보니 혜숙이 여자의 침상에 누워서 자고 있는 것이 아닌가. 사자가 그 꼴을 보고 더럽게 여겨 그대로 발길을 돌렸다.

사자가 한 7, 8리쯤 갔을까. 저 앞쪽에서 오고 있는 사람은 바로 조금 전에 자는 것을 보고 온 혜숙이 아닌가. 사자가 괴이하게 여겨 지금 어디서 오는 길이냐고 물으니 혜숙이 이렇게 대답했다.

"성 안에 있는 시주 집에 가서 칠일재를 마치고 오는 길이오."

사신이 궁에 돌아가 진평왕에게 보고 들은 대로 아뢰자 왕이 또 사람을 보내 그 시주의 집을 조사해 보니 사실이었다. 그러고 얼마 안 되어 혜숙이 갑자기 죽자 마을 사람들이 이현耳峴 동쪽에 장사 지냈는데, 그때 이현 서쪽에서 마을로 돌아오는 사람이 있었다. 그는 도중에 혜숙을 만나 어디로 가느냐고 물으니 혜숙이 이렇게 대답했다.

"내가 이곳에서 너무 오래 살았다. 그래서 이젠 다른 지방으로 갈까 한다."

그렇게 헤어졌는데 혜숙은 반 리半里쯤 가더니 구름을 타고 사라졌다. 그 사람이 고개 동쪽에 이르러 보니 장사 지내던 사람들이 아직도 흩어지지 않았기에 방금 자신이 본 사실을 이야기하고 혜숙의 무덤을 파헤쳐보니 짚신 한 짝만 남아 있을 뿐이었다.

지금도 안강현 북쪽에 혜숙사라는 절이 있으니 곧 그가 살던 곳이라 하며, 또한 그의 부도浮圖도 있다.

이번에는 혜공惠空의 이야기이다. 혜공은 본래 천진공天眞公의 집에서 품팔이하던 노파의 아들로서 어릴 때의 이름은 우조憂助였다. 천진공이 일찍이 종기를 앓아서 거의 죽게 되니 문병객들이 거리를 메웠다. 이때 우조의 나이 7세였는데 어머니에게 말했다.

"집에 무슨 일이 있기에 이렇게 손님이 많지요?"

그의 어머니가 대답했다.

"주인어른이 나쁜 병이 있어서 장차 죽게 되었는데 너는 어찌하여 그것도 몰랐느냐?"

그러자 우조가 말했다.

"걱정하지 마세요. 제가 그 병을 고쳐 주지요."

어머니가 그 말을 이상히 여겨 공에게 알리니 공은 그를 불러오게 했다. 우조가 들어와서 침상 밑에 앉아 있으니 말 한마디도 하지 않았는데 그의 종기가 저절로 터졌다. 공은 우연의 일치라 여기고 별로 이상하게 생각하지 않았다.

우조가 자라자 공의 매를 기르는 일을 맡았는데 그것이 공의 마음에 매우 들었다. 공의 아우로서 처음으로 벼슬을 얻어 지방으로 부임하는 이가 있었는데 공이 골라 준 좋은 매를 얻어 임지로 떠났다. 어느 날 밤 공이 갑자기 그 매 생각이 나서 다음 날 새벽에 우조를 보내어 그 매를 가져오게 하리라 작정했다.

그런데 우조는 미리 이것을 알고 잠깐 사이에 그 매를 찾아서 새벽녘에 공에게 바쳤다. 공이 크게 놀라서 그제야 전일에 종기를 고치던 일이 모두 자신의 능력으로는 헤아리기 어려운 일임을 깨닫고 이렇게 말했다.

"제가 미련하여 성인聖人께서 제 집에 와 계신 것을 모르고 허튼 말과 무례한 짓으로 욕을 보였으니 그 죄를 어찌 씻을 수 있겠습니까? 이제부터는 부디 저를 지도하는 스승님이 되어 저를 인도해 주시기 바랍니다."

그러고는 아랫자리로 내려가 넙죽이 절을 올렸다.

이처럼 신령스러운 이적이 이미 나타났으므로 우조는 드디어 출가하여 법명을 혜공이라고 했다.

그는 늘 조그만 절에 살면서 노상 미친 듯이 크게 술에 취해서 삼태기를 지고 거리를 돌아다니면서 노래하고 춤추니 사람들이 부궤화상負簣和尙, 즉 '삼태기중'이라고 불렀다. 그리고 그가 있는 절을 부개사夫蓋寺라고 했는데, 이 말도 우리말로 삼태기이다.

혜공은 매양 절의 우물 속에 들어가면 몇 달씩 나오지 않으므로 그의 이름을 따서 우물 이름을 지었다. 또 우물 속에서 나올 때면 푸른 옷을 입은 동자가 먼저 솟아나왔기 때문에 절의 중들은 그것을 보고 혜공이 곧 나올 것을 알았다. 그렇게 나온 혜공을 보면 조금도 옷이 젖지 않았다.

그는 만년을 현재의 경북 포항시 오천읍 항사동 34번지 오어사吾魚寺에서 보냈는데, 당시의 절 이름은 항사사恒沙寺였다. 이때 원효가 자주 찾아가 저술에 관한 의논도 하고 함께 놀기도 했다. 어느 날 원효와 혜공이 시내를 따라가면서 물고기와 새우를 잡아먹다가 돌 위에 대변을 보았다. 혜공이 원효의 대변을 가리키면서 농담했다.

"자네가 눈 똥은 내가 조금 전에 잡은 물고기가 아닐까? 으하하하!"

그의 후배 원효도 일세의 고승이며 풍류남아라 비슷한 대거리를 하며 희희낙락했을 것이다. 그래서 절 이름이 나중에 '내가 잡은 물고기'란 뜻에서 오어사가 된 것이다.

어느 날 구참공이 산에 놀러 갔다가 혜공이 산길에 죽어 쓰러져 그

시체가 썩어 구더기가 난 것을 보고 오랫동안 슬피 탄식하고는 말고
삐를 돌려 성으로 돌아왔다. 그런데 혜공은 술에 몹시 취해서 시장
안에서 노래하고 춤추고 있는 것이 아닌가.

또 어느 날은 풀로 새끼를 꼬아 영묘사靈廟寺에 들어가서 금당과 좌
우에 있는 경루經樓와 남문의 행랑채를 묶어 놓고 주지에게 말했다.

"이 새끼줄을 사흘 뒤에 풀도록 하라."

주지가 이상히 여기면서 그 말에 좇으니, 과연 3일 만에 선덕여왕
이 절에 행차했는데, 지귀志鬼의 심화心火가 나와서 그 탑을 불태웠지
만 오직 새끼줄로 맨 곳만은 화재를 면할 수 있었다.

또 신인종神印宗의 조사 명랑明朗이 새로 금강사金剛寺를 세우고 낙성
회를 열었는데, 당대의 고승이 거의 다 모였으나 오직 혜공만은 오지
않았다. 이에 명랑이 향을 피우고 정성껏 기도했더니 조금 뒤에 혜공
이 왔다. 그때 큰 비가 내리고 있었는데도 혜공의 옷은 젖지 않았고
발에 진흙도 묻지 않았다. 혜공이 명랑에게 말했다.

"그대가 친절하게도 초청하기에 내 이렇게 오지 않았는가?"

이처럼 혜공에게는 신령스러운 이적이 매우 많았다. 그가 죽을 때
는 허공에 뜬 채 세상을 마쳤는데, 다비를 하자 사리舍利가 셀 수 없이
많이 나왔다.

혜공은 일찍이 〈조론肇論〉을 보고 말하기를, "이것은 내가 옛날에
지은 글이다."라고 했으니 이것으로써 혜공이 승조僧肇의 후신後身임
을 알겠다.

일연선사는 이 대목 끝에 이런 찬시를 덧붙였다.

벌판에서 사냥하고 침상에 누웠으며,

술집에서 노래하고 우물 속에서 잠을 잤네.

척리隻履와 부공浮空은 어디로 갔는가,

불길 속의 한 쌍의 보배로운 연꽃일세.

이 시에서 척리는 혜숙의 무덤 속에서 나온 한 짝의 짚신을, 부공
은 혜공이 공중에 떠서 사라진 것을 가리킨다.

선덕여왕과 지귀

나이 쉰 살이 다 되어 등극한 선덕여왕을 먼발치에서 한 번 보고 짝사랑을 하다가 그 연정이 마침내 병이 되어 스스로 가슴속에 불이 타올라 죽은 젊은이가 있었다. 이 이야기는 《삼국유사》에는 잠깐 나오지만, 훨씬 뒷날인 조선 시대에 권문해權文海란 사람이 지은 《대동운부군옥》이라는 책에 비교적 자세히 나온다.

서라벌 활리역에 지귀志鬼라는 평민 청년이 살고 있었는데, 하루는 거리에서 절에 불공을 올리러가는 선덕여왕을 보았다. 비록 먼발치에서 보았지만 지귀는 여왕의 미모에 반해 그만 상사병을 앓게 되었다.

그렇게 딱 한번 보고 여왕에게 반한 지귀는 그날부터 먹지도 않고 자지도 않고 오로지 여왕만 그리워하다가 딱하게도 그만 정신이 나갔다.

"여왕님, 사랑해요!"

지귀는 하루 종일 그렇게 외치면서 온 서라벌 거리거리를 미친 사람처럼 정신없이 돌아다녔다. 그러던 어느 날 여왕이 영묘사로 행차를 할 때, 지귀가 갑자기 골목길에서 뛰쳐나왔다. 지귀는 곧 경호무사들에게 붙잡히고 말았다. 여왕이 근시에게 물었다.

"무슨 일이냐?"

"어떤 미친 자가 여왕폐하께 달려들다가 군사들에게 붙잡혔사옵니다."

"그자가 내게 무슨 볼일이 있다더냐?"

"아뢰옵기 황송하오나 정신이 나가서 여왕폐하를 사모한다고 하옵니다."

그 소리를 들은 여왕이 웃음을 지으며 이렇게 지시했다.

"큰 죄가 아니니 그냥 행차를 뒤따르라고 하라."

지귀는 사모하는 여왕이 행차를 따라와도 좋다고 하자 너무나 기뻐서

덩실덩실 춤을 추며 행렬의 뒤를 따랐다. 영묘사에 도착하여 안으로 들어간 여왕은 열심히 불공을 올렸고, 그 사이에 지귀는 절 앞의 탑 밑에 쪼그리고 앉아서 기다리다가 그만 깜빡 잠이 들고 말았다. 불공을 드리고 나오던 여왕은 지귀의 그런 모습을 보고 깨우지 말라고 명했다. 그리고 차고 있던 금팔찌를 풀어서 지귀의 가슴에 얹어 주고 그대로 궁궐로 돌아갔다.

시간이 꽤나 많이 흐른 뒤에 지귀는 잠에서 깨어나 금팔찌를 보고 깜짝 놀랐다. 사정은 주위에 둘러서서 구경하던 사람들로부터 여왕이 잠을 깨우지 않고 팔찌를 선물로 주고 갔다는 이야기를 듣고 알았다.

그다음 순간, 지귀의 가슴은 자신도 모르는 사이에 사랑의 열정으로 활활 불타오르기 시작했다. 심화心火의 기세가 얼마나 맹렬했던지 지귀의 가슴에서 시작해 그의 온몸을 활활 불태우고도 모자라서 영묘사 석탑까지 뜨거운 불길에 휩싸이게 했다.

지귀는 그렇게 심화로 불타 죽었는데, 그 뒤 불귀신으로 변해 나라 안을 떠돌게 되었다. 사람들은 화귀火鬼로 변한 지귀를 두려워하였다. 그 말을 들은 선덕여왕은 이런 주문을 지어 백성들에게 알리도록 했다.

지귀는 마음에 불이 일어
몸을 태우고 화신火神이 되었네.
푸른 바다 밖 멀리 흘러갔으니
보지도 말고 친하지도 말지어다.

백성들은 너도나도 여왕이 지어 준 이 주문을 대문 앞에 써 붙였다. 이것이 그때부터 화마를 물리치는 민간의 부적이 되었다고 한다.

신라 불교의 새벽을 밝힌 원효성사

원효는 자신이 태어난 밤골을 따서 울목을 아호로 삼았고,
밝은 새벽을 뜻하는 원효를 법명으로 삼았다.
《삼국유사》 권 제4 〈의해〉 제5

원효성사元曉聖師의 일대기는 《삼국유사》 〈의해義解〉 편에 나온다. 이차돈이 고귀한 순교로 신라 불교의 새벽을 열었다면, 원효는 중생의 바다에 기꺼이 몸을 던져 상구보리上求菩提 하화중생下化衆生의 보살행으로 서민 불교의 새 길을 닦은 선구자였다. 원효는 삼보三寶에 귀의했다고 해서 대중을 멀리 하지 않았고, 삼장三藏에 통달했다고 하여 자만하거나 오만에 빠지지도 않았다.

원효가 태어난 때는 난세였다. 북쪽에는 고구려, 서쪽에는 백제, 동쪽에는 신라가 정립하여 수시로 혈전을 벌이며 패권을 다투던 때였다. 원효는 진평왕 39년(617) 현재의 경북 경산시 자인면인 압량군 불지촌佛地村에서 태어났다. 속성은 설씨薛氏로 원래 화랑의 집안이었다. 그의 증조부 설원薛原이 화랑도의 우두머리로서 화랑 중의 화랑인

제7세 풍월주를 지냈으나 그 뒤 가세가 기울었다. 부친 담날談捺은 신라 17관등 중 제11위의 하급 관리인 내마였고, 조부는 잉피공仍皮公 또는 적대공赤大公이란 사람이었다.

원효의 본명은 불분명하다. 어떤 기록에는 어릴 때 이름이 서당誓幢, 커서는 신당新幢이라고 했다는데, 《삼국유사》에 '당幢은 우리말로 모毛라 한다' 라는 주석이 붙어 있다. 또한 그의 조부 잉피공을 적대공이라고 부른 것은 키가 크고 머리카락이 붉었기 때문이라고 한다.

원효의 본명이야 분명하지 않지만, 그는 자신이 태어난 밤골을 따서 율곡栗谷을 아호로 삼았고, 밝은 새벽을 뜻하는 원효를 법명으로 삼았다. 또 서당화상비에 따르면 고선대사高仙大師, 만선화상萬善和尙이란 별칭과 구룡九龍, 백부론주百部論主라는 존칭이 바쳐졌으며, 고려 때에 대각국사大覺國師 의천義天은 그를 추앙하여 '원효보살' 또는 '원효성사' 라고 부르고 왕에게 청해 화쟁국사和諍國師라는 존호를 바쳤다.

《삼국유사》는 그의 모친이 유성이 품속으로 들어오는 꿈을 꾼 다음 태기가 있었으며, 해산할 때는 오색구름이 주위를 덮었다고 전한다. 그때 그의 모친은 남편을 따라 어딘가에 다녀오는 길이었다. 부부가 밤골에 접어들었을 때 갑자기 산기産氣가 일어나 더 이상 걸을 수 없었다. 남편은 황급히 웃옷을 벗어 나무에 걸고 주위를 가린 뒤 자리를 잡아 주었다.

뒷날 출가한 원효는 자신의 본가를 절로 삼아 초개사初開寺라 불렀고, 자신이 태어나고 모친이 돌아간 밤나무 사라수娑羅樹 곁에 사라사라는 절을 세웠다. 사라수란 석가모니가 열반에 들던 곳에 있던 나무 이름 사라쌍수에서 따온 것이다.

원효가 불문에 들기 전 유년기에서 청년기까지를 어떻게 보냈는지는 정확한 사료가 없다. 단지 '나면서부터 남달리 뛰어나게 총명해서 스승을 따라 배우지 않았다'라는 기록에서 그의 자질이 천부적으로 출중했으며 매사에 탐구적이었음을 짐작할 수 있다. 출생하면서 모친을 여읜 원효는 12세에는 부친까지 잃었다. 그해 629년 8월 진평왕의 명령으로 김춘추의 부친 김용춘과 김유신의 부친 김서현이 고구려의 낭비성을 칠 때 전사했던 것이다. 그래서 원효는 조부와 함께 살아야만 했다.

그 조부도 5년 뒤인 17세 때에는 돌아가 원효는 완전히 홀몸이 되었다. 《송고승전》〈원효전〉머리에는 '총각 나이에 불문에 들어와 스승을 떠나 학문을 닦았으며 노니는 곳이 일정하지 않았다. 교학자教學者의 진영을 쳐부수니 그 앞을 대항할 자가 없었다. 이미 삼학三學을 남김없이 통달하였다'라고 했다. 20세 전에 삼학에 통달하고 교학자들을 제압할 정도면 그의 학문의 깊이가 어떠했는가를 짐작할 수 있겠다. 삼학이란 탐貪·진瞋·치癡, 즉 탐욕·성냄·어리석음이라는 삼독三毒의 번뇌를 여의기 위해 닦아야 하는 불교의 가르침인 계戒·정定·혜慧를 가리킨다.

원효의 출가 시기는 조부가 돌아간 직후인 17세 때로 추측된다. 원효가 17세에 출가했다면 선덕여왕 2년(633)이다. 그해는 뒷날 원효가 주석하던 분황사가 창건되기 전 해이고, 영묘사가 창건되기 2년 전이며, 자장율사가 당에서 귀국하기 3년 전이었다. 당시 신라 불교는 '화랑 세속 5계'를 만든 원광圓光이 대국통大國統으로 이끌어 가고 있었다.

또한 밖으로는 고구려·백제 두 선진국에 맞서기 위해 당과의 외교 관계를 굳게 다지고 있을 때였다. 이런 난국에 귀국한 자장은 호국불교의 위세를 과시하고 백성의 사기를 높이기 위한 서원誓願의 상징으로서 황룡사 구층탑을 건립하기 시작했다. 백제인 아비지阿非知가 황룡사에 구층탑을 세울 무렵 원효는 무슨 생각을 하고 있었을까.

출가한 원효는 황룡사에서 일정한 스승을 정하지 않고 당에서 전래된 수많은 불교 문헌과 사상서를 섭렵하고 줄기차게 파헤쳐 독자적으로 불교사상 이론의 체계를 세워나갔다. 원효는 어느 종파 어떤 이론에도 치우치지 않고 무엇이든 끈기 있게 깊숙이 파고들어 심오하고 오묘한 부처의 가르침을 깨우치기에 애썼다.

선덕여왕의 뒤를 이어 진덕여왕이 즉위한 지 4년째 되던 650년에 원효는 34세였다. 그는 보다 넓고 새로운 지식의 바다에서 불법을 연구하기 위해 당나라 유학을 결심했다. 자신보다 8세 연하인 의상義湘과 함께 육로를 통해 고구려를 거쳐 요동으로 들어갔는데, 고구려의 국경수비대에 그만 붙잡혔다. 첩자로 몰려 수십 일간 갇혀 조사를 받다가 가까스로 풀려난 두 사람은 신라로 돌아오고 말았다.

원효는 오늘날 우리가 겪는 국토 분단의 쓰라림을 이미 1,300년 전에 절실히 맛보았을 것이다. 그는 뒷날 〈법화경〉의 진리를 설법하면서 "고구려나 백제, 신라는 모두 일시적인 것에 불과하다."라고 갈파했으니 그는 참으로 먼 앞날까지 내다본 선지자요, 선각자였다.

서라벌로 돌아온 원효는 다시 독학으로 불도를 닦는 한편, 구법을 위한 행각에 나섰다. 양산 영취산으로 낭지대사朗智大師에게 찾아가 〈법화경〉을 전수받고 〈초심관장〉과 〈안신사심론〉을 지었으며, 고대

산 경복사로 찾아가서는 보덕화상普德和尙에게서 대승불교인 〈열반경〉과 〈유마경〉을 깨우쳐 익혔다. 원효의 구법 수행에서 낭지와 보덕의 영향력은 매우 커서 그로 하여금 진골 출신으로 불법에 의한 통치를 꾀한 자장이나, '화랑 세속 5계'를 통해 사회 교화를 도모한 원광과는 달리 왕실과 귀족 중심인 불교를 서민을 위한 대중의 불교로 승화시키는 데에 정신적 밑바탕을 이루었다고 할 수 있다.

세월은 쉴 새 없이 흘렀다. 원효가 44세 때 백제가 멸망하고, 그 이듬해에는 무열왕이 죽고 문무왕이 즉위했다. 문무왕은 계속된 전쟁으로 백성이 지칠 대로 지쳐 있고 국상 중임에도 당군과 협력해 고구려 정복에 나섰다.

이때 원효는 다시 의상과 함께 두 번째 당나라 유학길을 떠났다. 이번에는 망국 백제 땅을 가로질러 서해안에서 배를 타고 황해를 건너갈 계획이었다. 그들이 지금의 경기도 화성군 남양만 어느 포구에 이르러 배가 뜰 때만 기다리던 어느 날 밤이었다. 다 쓰러져가는 움막 안에서 밤을 보내던 그는 잠결에 갈증을 느껴 어둠 속을 더듬다가 바가지가 손에 잡히자 거기에 담긴 물을 단숨에 들이켜고 다시 잠에 빠져들었다. 그리고 이튿날 새벽 눈을 떴는데 이게 웬일인가.

간밤에 그렇게 맛있게 들이킨 물바가지가 실은 사람의 해골이었던 것이다. 보통 사람 같으면 오장육부가 뒤집힐 정도로 구역질이 났을 법도 한데 그는 다음 순간 이렇게 노래하며 춤추고 돌아갔다.

"한 생각이 일어나면 갖가지 법이 일어나고, 한 생각이 사라지면 온갖 법이 사라지도다!"

원효는 놀란 눈으로 쳐다보는 의상에게 이렇게 말했다.

"마음 밖에 법이 없거늘 어찌 따로 구할 것이 있으랴. 나는 당에 가
지 않으리라."

이 순간이 바로 원효가 대각오도, 크게 깨우침을 이룬 순간이었다.
원효는 의상과 헤어져 다시 서라벌로 돌아왔다.

서라벌로 돌아온 원효는 알천閼川 상류 암곡리에 있는 고선사에 머
물렀다.《삼국유사》가 전하는 뱀복이蛇福와의 설화도 이곳에 있을 때
의 일이다.

서라벌 만선북리에 사는 과부가 태기가 있어 아이를 낳았는데 열두 살
이 되도록 말도 못하고 일어나지도 못하므로 뱀복이라고 불렀다. 어느
날 그 과부가 죽었다. 고선사로 원효를 찾아온 뱀복이가 말했다.

"옛날에 그대와 내가 경經을 싣고 다니던 암소가 죽었으니 함께 장사
지냄이 어떻겠는가?"

원효가 좋다 하고, 둘이 뱀복이의 집으로 가서 장사를 지냈다. 원효가
말했다.

"세상에 나지 말지어다. 죽는 것이 괴로우니라. 죽지 말지어다. 태어남
이 또한 괴로우니라."

그러고 빌자 뱀복이 너무 번거롭다면서 고쳐 말했다.

"죽는 것도 나는 것도 모두 괴로우니라."

둘이 시체를 메고 활산리 동쪽 기슭으로 갔다. 이때 뱀복이 "옛날 석가
모니 부처님이 사라수 사이에서 열반하셨네. 지금 또한 그 같은 이가

있어 연화장蓮花藏 세계로 들어가려 하네." 하고 띠풀의 줄기를 뽑으니 그 밑에 밝고 청허淸虛한 세계가 나타나는데 칠보로 장식한 난간에 누각이 장엄하여 인간 세상은 아닌 듯했다. 뱀복이가 시체를 업고 그 속으로 들어가니 갑자기 땅이 본래처럼 합쳐졌다.

원효가 신라 십현十賢의 한 사람인 설총의 부친이요, 설총의 모친이 무열왕의 과부 딸 요석공주瑤石公主라는 사실은 유명하다. 《삼국유사》에 이렇게 나온다.

원효가 어느 날 상례를 벗어난 짓을 하며 거리에서 노래를 부르고 다녔다.
"그 누가 자루 없는 도끼를 빌려 주려나. 내가 하늘을 떠받칠 기둥을 박으리라."
자루 없는 도끼란 여자의 옥문玉門을 가리킴이요, 기둥이란 자신의 '물건'을 가리킴인데 아무도 무슨 뜻인지 새겨듣지 못했다. 무열왕이 그 노래를 전해 듣고 말했다.
"이 스님은 필시 귀한 아들을 낳고자 하는구나. 나라에 큰 현인이 있으면 이보다 더 좋은 일도 없을 것이다."
그리고 요석궁에 있는 과부 공주와 원효를 짝지어 주었다. 그래서 태기가 있어 설총을 낳았다고 한다.

파계한 원효는 그때부터 속인의 옷으로 바꾸어 입고 스스로를 '소성거사小姓居士' 또는 '복성거사卜姓居士'라 일컬으며 산수와 저자 간을 정처 없이 떠돌기 시작했다. 복ㅏ이란 '아래 하ㅏ' 자의 아래에 있는 것이니 자신을 한껏 낮게 여겨 세상을 살겠다는 표시였을 것이다. 그러나 원효의 파계는 민중의 거대한 물결 속에서 보다 참된 수행의 길을 걷고 불법을 널리 펴고자 하는 방편에 지나지 않았다.

때로는 가야금을 뜯고 때로는 술집에 들어가고 때로는 저자에서 자는가 하면, 때로는 산수간에서 좌선을 하는 등 일정한 행적이 없었다. 그러면서도 사람들이 모이면 설법 강론도 하고,《화엄경》의 내용을 소재로 노래를 만들어 가르치기도 했으니 그것이 곧 원효의 중생제도를 위한 새로운 포교 교화 방식이었다.

모든 것에 거리낌 없는 사람만이 ─切無㝵人
한길로 세상의 번뇌를 벗어나리. ─道出生死

그래서 스스로를 무애無㝵라고 부르기도 했다.

당시 원효가 교유한 선구적 고승으로는 혜숙과 혜공, 대안大安 등이 있었다. 그들은 모두 원효와 마찬가지로 왕권에 빌붙어 안주하며 헛된 이름이나 날리려던 귀족적 승려들과는 달리 불교의 서민화·대중화로 중생제도에 힘쓴 참된 진리의 도사導師였다.

혜숙과 혜공은 앞서 소개했고, 대안 역시 원효의 선배였는데 용모가 괴이했고 언제나 장터를 떠돌아다니며 "대안, 대안이오! 대안!" 하고 동발을 두드리며 소리치고 다녔으므로 대안이 곧 법명이 되었다.

대안과 원효는 이른바 '각승角乘의 인연'으로 얽힌 사이이다. 당시 임금이 당에서 새로 간행된 〈금강삼매경〉을 얻었는데 무슨 뜻인지 알 수 없어 황룡사에서 대규모 법회를 열고 이 경전의 설법을 듣기로 했다. 왕을 보좌하는 귀족 승려는 많았지만, 강론을 맡을 정도의 실력이 없었다. 그래서 괴이한 용모에 괴상한 행동을 하고 다니지만 박식하다고 알려진 대안법사에게 부탁했다. 〈금강삼매경〉을 뒤적거리다가 대안이 이렇게 말했다.

"이 경을 강론할 수 있는 사람은 오로지 원효뿐이다."

그때 원효는 고향의 초개사에서 논論과 소疏를 찬술하고 있었다. 왕의 부름을 받은 원효가 사자에게 일렀다.

"이 경은 본각本覺과 시각始覺으로 대종을 이룬 것이니 우차를 마련하여 책상을 두 뿔 사이에 얹고 그 위에 붓과 벼루를 놓아라."

그렇게 하여 우차에 올라앉아 서라벌로 가면서 경의 요지를 간추려 지은 것이 〈금강삼매경론〉 5권과 약소略疏 3권이니 사람들이 이를 가리켜 '각승'이라고 일컬었다.

서라벌에 다다라 황룡사 경내에 들어선 원효는 왕과 대신을 비롯한 수천 승속이 운집한 가운데 법상에 올라 〈금강삼매경〉을 강론하기 시작했다. 원효의 〈금강삼매경론〉은 〈금강삼매경〉에 대한 주석서로써 그의 대승적 불교관을 명확 간결하게 요약한 걸작이다.

원효는 방방곡곡을 누비고 다니며 왕생극락의 정토 사상을 민중의 마음속에 심어 줌으로써 신라의 왕실 불교, 귀족 불교를 서민대중을 위한 불교로 승화시켰다.

원효는 학파나 종파 같은 것들이 결국은 부처님의 가르침을 올바로 이해하려는 것 외에 아무 의미도 없다고 하여 그 모두를 한 그릇에 담으려고 했다. 그렇게 함으로써 후세의 길잡이를 마련하려고 했던 것이다. 그리고 이 원리를 서민 사회에 옮겨 화합과 통일이 깃들도록 몸소 실천하니, 이렇게 이론과 실천을 일원화시킨 것이 바로 그의 유명한 화쟁사상和諍思想이다.

고려 때 대각국사 의천이 원효대사의 지혜와 학문과 생애를 존경하여 성사聖師라고 부르는 한편, 임금 숙종에게 진언해 원효성사를 화쟁국사로 추존하게 만든 까닭도 거기에 있었다.

뿐만 아니라 원효성사의 명성과 〈대승기신론소〉, 〈화엄경론〉 같은 불후의 저술은 우리나라는 물론 중국과 일본 및 서역까지 전해져 불교 발전에 크나큰 영향을 미쳤다.

성자이자 보살이었던 원효대사는 신문왕 6년(686) 3월 30일 서라벌 남산 기슭에 있는 혈사穴寺에서 법랍 41, 세수 70을 일기로 삶의 막을 내렸다.

그가 세상을 뜨자 아들 설총이 유해를 부수어 소상塑像으로 진용眞容을 만들어 분황사에 모시고 공경과 사모의 정을 표했다고 하는데, 이제는 그 진용은 물론 분황사도 모두 사라지고 없다.

일연선사는 원효성사의 전기 끝에 그를 찬미하여 이런 시를 바쳤다.

각승을 지어 처음으로 삼매경의 요점을 짚었고
호로병 들고 춤추며 거리마다 돌아다녔네.
달 밝은 요석궁에서 봄잠이 옛일인데
문 닫힌 분황사 걸어온 길 허망하여라.

화엄종의 종조 의상조사

의봉 원년(676)에 의상은 태백산으로 돌아가 조정의 명령을 받들어
부석사를 짓고 대승의 교법을 포교했더니 영감이 많이 나타났다.
《삼국유사》 권 제4 〈의해〉 제5

의상조사義湘祖師는 원효성사와 더불어 신라 불교의 커다란 두 기둥이었다. 원효가 파계를 감행하며 서민의 바다 속으로 들어가 왕실과 귀족 중심의 불교를 서민대중의 종교로 바꾸어 놓았던 반면, 의상은 화엄학을 체계적으로 정리하여 신라 화엄종의 문호를 개설하였으며 교단 중심의 미타정토신앙을 전개하여 불교대중화에 큰 발자취를 남겼다. 의상조사가 열반한 지 이미 1,300년이라는 오랜 세월이 흘렀건만, 그는 이 땅 곳곳에 장엄하고 위대했던 한 삶의 자취를 남겨 놓았다.

그러나 의상조사의 속성은 김씨인지 박씨인지 분명하지 않다. 찬영贊寧의 《송고승전》에서는 조사가 서라벌 출신이며 박씨라고 했지만, 일연의 《삼국유사》에는 김씨요, 부친의 이름은 한신韓信이라고 하

여 서로 다르기 때문이다. 또 속명에 관한 기록도 전혀 없다.

의상은 진평왕 47년(625)에 태어났으며, 경주시 구황동에 있던 황복사皇福寺에서 출가하여 스님이 되었다.

그의 출가시기에 대해서도 19세설과 29세설 등이 있는데, 전후 사정에 비추어 보건대 19세설이 보다 더 정확한 듯하다. 왜냐하면 의상이 원효를 따라 처음으로 당나라 유학을 시도한 것이 650년, 그의 나이 25세 때였으므로 29세에 출가했다는 설은 사리에 맞지 않기 때문이다. 일연의 제자 무극無極은《삼국유사》〈탑상〉편에 덧붙여 다음과 같이 최치원의〈부석본비浮石本碑〉내용을 소개했다.

> 의상은 625년에 태어나 소년 시절에 출가했으며, 650년에 원효와 함께 당나라에 들어가려고 고구려까지 이르렀다. 그러나 장애가 있어 돌아왔다. 그 뒤 661년에 당나라에 가서 지엄법사智儼法師에게서 배웠다. 668년 지엄법사가 세상을 떠나자 671년에 신라로 돌아와 702년에 세상을 떠났다. 일흔여덟 살이었다.

한편《삼국유사》는 의상의 일대기에 대해 이렇게 기록했다.

> 의상법사는 아버지가 한신이며 성은 김씨다. 나이 29세에 황복사에서 중이 되었다. 얼마 뒤 중국으로 가서 부처의 교화를 보려 하여 마침내 원효와 함께 요동으로 갔다가 변경을 지키는 병사들이 첩자로 잡아 가둔 지 수십 일 만에 간신히 빠져 나와 돌아왔다(이 사실이 최치원이 지은 《의상본전》과《원효행장》에 있다).

영휘永徽 초년에 마침 본국으로 돌아가는 당나라 사신이 있었으므로 그 배를 타고 중국으로 건너갔다. 처음에 양주揚州에 머물렀는데 주장州將 유지인劉至仁이 청하여 관아에 머무르게 하고 융숭히 접대했다. 얼마 뒤 종남산終南山 지상사至相寺를 찾아가 지엄을 뵈었다.

지엄은 지난밤에 꿈을 꾸었다. 조선에서 큰 나무 한 그루가 나서 가지와 잎이 넓게 우거져 중국까지 와서 덮었고, 그 나무 위에 봉황의 보금자리가 있었으므로 올라가 보니 한 개의 여의주가 있었는데 빛이 멀리 비치는 것이었다. 꿈을 깬 뒤 놀랍고 이상해 주변을 깨끗이 하고 기다렸더니 의상이 왔다. 지엄은 특별히 예를 갖춰 맞아들이고 조용히 말했다.

"내가 어젯밤 꿈을 꾼 것은 그대가 나에게 올 징조였구나."

그리하여 제자가 됨을 허락하니 의상은 《화엄경》의 미묘한 뜻을 깊은 부분까지 깨달았다. 지엄은 학문을 서로 질의할 만한 사람을 반가이 맞아 새로운 이치까지 알아낼 수 있었으니 그 심오하고 은밀한 바를 찾아낸 바는 곧 제자가 스승을 능가했다고 할 수 있겠다.

얼마 뒤 신라의 승상 김흠순金欽純, 혹은 인문仁問과 양도良圖 등이 당나라에 와 갇혀 있는데 고종이 장차 군사를 일으켜 신라를 치려 하니 흠순 등이 몰래 의상에게 먼저 돌아가도록 권하므로 함형 원년 경오(670)에 신라로 귀국했다. 신라 조정에 이 사실을 알리자 조정에서는 신인종神印宗의 고승 명랑明朗에게 명해 밀단密壇을 가설하고 비법으로 기도하니 국난을 벗어날 수 있었다.

의봉 원년(676)에 의상은 태백산으로 돌아가 조정의 명령을 받들어 부석사를 짓고 대승大乘의 교법을 포교했더니 영감靈感이 많이 나왔다. (중략) 의상은 이에 열 곳의 사찰에서 교리를 전하니 태백산 부석사, 원주 비마라사, 가야산 해인사, 비슬산 옥천사, 금정산 범어사, 지리산 화엄사 등이 그곳이다. 또《법계도서인法界圖書印》과《약소》를 지어 일승一乘의 요긴함과 중요함을 포괄했으니 천년의 본보기가 될 만하므로 여러 사람이 다투어 소중히 지녔다.

《법계도》는 총장 원년 무진(668)에 이루어졌는데, 이 해에 지엄도 세상을 떠났다. 공자孔子가 '기린을 잡았다'라는 구절에서 붓을 꺾음과 같다. 세상에서 전하기를 의상은 불타의 화신이라 한다. 그의 제자에는 오진悟眞·지통智通·표훈表訓·진정眞定·진장眞藏·도융道融·양원良圓·상원相源·능인能仁·의적義寂 등 열 명의 고승이 영수가 되었는데 모두 아성亞聖이며 각각 전기가 있다. 오진은 일찍이 하가산 골암사에 살면서 밤마다 팔을 뻗쳐 부석사 석등의 불을 켰다. 지통은《추동기》를 지었는데 친히 의상의 가르침을 받았으므로 문사가 정묘한 경지에 이르렀다. 표훈은 일찍이 불국사에 살았는데 항시 천궁을 왕래했다.

의상은 황복사에 있을 때 무리와 더불어 탑을 돌았는데 언제나 층계는 밟지 않고 허공을 밟고 올라갔으므로 그 탑에는 사다리를 놓지 않았다. 그 무리도 층계에서 석 자나 떠서 허공을 밟고 돌았으므로 의상은 이렇게 말했다.

"세상 사람들이 이것을 보면 괴이하다고 할 터이니 교훈이 되지 못하리라."

이 나머지는 최치원의《의상본전》과 같다. (하략)

의상의 유일한 저술인《화엄일승십계도》는《해인도海印圖》라고도 한다. 모두 7언言 30구句 210자字로 이루어졌으며, 화엄 사상을 집약한 결정結晶으로 한국은 물론 전 세계 불교사에 길이 빛나는 걸작으로 평가된다. 의상이 7년간의 중국 유학을 마무리하던 44세 때 지은 것으로 알려진 《화엄일승십계도》는 스승인 지엄의 화엄 사상을 수용하면서 그 이전의 교학에도 바탕을 둔 것이다.

이 《법계도》 저술에는 이런 설화가 전해온다고 한다. 당시 당나라 수도 장안 종남산 지상사의 지엄은 《화엄경》을 강론할 때 《해인도》 73엽葉을 지어 제자들을 가르쳤는데, 그의 입적 수개월 전 어느 날 의상이 1엽을 따로 지어 스승에게 바쳤다. 지엄이 이것을 보고 크게 놀라며 "그대야말로 화엄의 법계를 궁증窮證했도다. 나의 73개 해인이 별상해인別相海印이라면 그대의 1개 해인은 총상해인總相海印이라고 할 수 있도다!"라고 격찬했다는 것이다. 이는 그때 의상이 이미 스승이 경지를 넘어섰다는 뜻이니 《삼국유사》에서 '제자가 스승을 넘어섰다'라는 표현은 이를 가리킴일 것이다. 참고로 '해인海印'이란 말뜻은 바다가 삼라만상을 비추는 것과 같이 일체를 깨달아 아는 부처님의 지혜를 이름이다. 또한 '해인삼매海印三昧'란 석가모니가 화엄경을 설법하기 위해 선정禪定에 든 것을 가리킨다.

다음은 《송고승전》에 나오는 의상과 선묘녀善妙女의 설화다.

의상이 바다를 건너 등주에 도착하여 한 신도의 집에 머물게 되었는데 그 집에는 선묘라는 착하고 아리따운 아가씨가 있었다. 선묘는 신라에서 온 의상의 준수한 모습을 보자 이내 반해 마음을 빼앗기고 말았다. 하지만 이미 부처님에게 몸과 마음을 모두 바친 의상의 뜻을 되돌릴 수는 없었다. 선묘가 마침내 할 수 없이 의상과 마주앉아 이렇게 맹세했다.

"생생세세生生世世로 화상께 신명을 바쳐 대사大事를 성취하시도록 하겠나이다."

그 뒤 의상은 선묘와 작별하고 길을 떠나 장안으로 향했다. 장안 종남산 지상사에서 지엄대사에게 7년간 화엄학을 배우고 깨우침을 얻은 의상은 귀국길에 올랐다. 돌아오는 길에 선묘의 집에 들러 그동안의 보시에 감사의 뜻을 전하고 귀국선에 올랐다. 그런데 그때 마침 선묘는 집에 없어서 의상을 만나지 못했다.

소식을 들은 선묘는 의상과 다시 만날 날을 기다려 정성껏 지어두었던 법복이니 집기를 챙겨 들고 급히 나루터로 달려갔다. 하지만 이 일을 어쩌랴. 그토록 사모하던 의상법사를 태운 배는 이미 포구를 떠나 저 먼 바다로 멀어지고 있지 않은가. 선묘는 법복 등을 담은 상자를 바다에 던지며 이렇게 간절히 기도했다.

"제발 저기 가는 저 배에 가서 닿기를……."

그러자 그녀의 정성에 천지신명도 감동했는지 갑자기 난데없는 질풍이 일어 상자를 점점 멀어지는 배를 향해 밀어 보내는 것이었다. 마침내 상자가 배에 닿는 모습이 아련히 보였다. 선묘는 다시 빌었다.

"이 몸이 용이 되도록 해 주소서. 그리하여 저 배를 따라가 지키고, 저 나라에 가서 의상 스님의 불법이 이루어지도록 돕게 해 주소서."

그리고는 몸을 날려 바다에 뛰어들었다. 선묘의 영혼은 갸륵한 기원대로 용이 되어 황해의 험한 뱃길에서 의상을 지켜 주었다.

의상은 좋은 절터를 경북 영주 태백산 기슭에서 찾았으나 수많은 이단 잡배가 그의 불사를 훼방했다. 이때 여기까지 따라와 있던 선묘녀의 혼백인 선묘룡이 신변神變을 일으켰으니, 몸소 큰 반석으로 변해 허공으로 떠올라 이단 잡배의 머리 위로 떨어질 듯 말 듯하며 겁을 주었던 것이다. 잡배들이 놀라 도망친 뒤에 의상이 이곳에 절을 세우니 곧 오늘의 부석사이다.

절 이름이 유래된 부석浮石, 즉 '뜬 돌'이라는 거대한 바위가 지금도 부석사 무량수전無量壽殿 서쪽 암벽 밑에 있다. 또한 선묘룡은 절의 수호신으로 지금도 남아 있으니, 무량수전 주불인 아미타불 바로 밑에서 머리 부분이 시작하여 앞뜰 석등 아래까지 꼬리 부분이 뻗쳐 있다는 석룡石龍이다.

경북 영주시 부석면 북지리의 부석사는 의상조사가 동해변 양양에서 관세음보살을 친견하고 관음도량인 낙산사를 창건, 수행을 마친 뒤에 자신이 깨달은 화엄 사상을 펼치고자 세운 화엄십찰의 하나다.

귀국하여 서라벌에 잠시 머물다 발길을 옮겨 낙산사를 창건한 뒤 다시 전국을 돌던 의상조사가 태백산과 소백산 사이의 봉황산 자락에 부석사를 세운 것은 문무왕 16년(676)이었다.

의상조사는 이 부석사를 종찰宗刹로 삼아 화엄 사상을 펼친 결과 신라 화엄종은 그의 생시에 이미 10명의 고승대덕과 문도 3,000명을 헤아릴 정도로 번성했다.

예부터 '해 돋는 광경은 양양 낙산사가 으뜸이요, 해 지는 모습은 부안 변산 앞바다가 제일'이라는 말이 있듯이 관동팔경 가운데서도 절경으로 이름난 낙산사 의상대에서 바라보는 동해 해돋이는 장엄미와 더불어 황홀경의 극치를 이룬다. 강원도 양양군 강현면 전진리 55번지의 낙산사는 빼어난 경치로도 유명하지만, 멀리 삼국 시대부터 관세음보살이 거처하는 불가의 성지로 널리 알려져 불자들의 발길이 끊임없이 이어지는 유서 깊은 명찰이다. 《삼국유사》는 낙산사 창건 설화에 대하여 이렇게 전한다.

옛날 의상법사가 당에서 돌아와 관음보살의 진신眞身이 이 해변의 굴 안에 산다는 말을 듣고 그로 인하여 낙산洛山이라 했다. 이는 서역에 보타락가산補陀洛伽山이 있는 까닭이다. 이를 소백화小白華라 했는데, 백의보살白衣菩薩의 진신이 머물러 있는 곳이므로 이를 빌려 이름 한 것이다. 의상이 재계齋戒한 지 이레 만에 좌구座具를 새벽 물 위에 띄웠더니 용중龍衆과 천중天衆 등 팔부八部 시종侍從이 굴속으로 그를 인도했다. 공중을 향해 참례하니 수정 염주 한 꾸러미를 내어 주므로 의상법사는 받아서 물러 나왔다.

동해의 용이 또한 여의보주 한 알을 바치자 의상법사는 받아서 나와 다시 이레 동안 재계하니 관음의 용모를 보았다. 관음보살이 말했다.

"좌상座上의 산꼭대기에 한 쌍의 대나무가 솟아날 것이니 그곳에 불전佛殿을 짓는 것이 마땅하리라."

법사가 그 말을 듣고 굴에서 나오니 과연 대나무가 땅에서 솟아나왔다. 이에 금당을 짓고 관음상을 만들어 모시니 그 원만한 얼굴과 고운 자질이 마치 천연적으로 나온 것 같았다. 그리고 그 대나무는 없어졌으므로 그제야 관음의 진신이 거주함을 알았다. 이로 인하여 그 절 이름을 낙산사라 하고 법사는 그가 받은 두 구슬을 성전聖殿에 모셔두고 떠나갔다.

사서의 기록에 따르면 의상이 양양 오봉산에 낙산사를 창건한 것은 671년(또는 672), 영주 소백산에 화엄종찰 부석사를 창건한 것이 676년이라고 한다. 또 이듬해에는 지리산에 화엄사를 창건했다고 한다.

일연선사는 《삼국유사》〈탑상〉편 '낙산의 두 성인 관음, 정취와 조신' 조에 이런 이야기를 실었다.

어느 날 원효가 후배 의상이 당에서 돌아와 관음도량 낙산사를 세웠다는 소식을 듣고 만나고자 찾아왔다. 오는 길에 논에서 흰옷 입은 여인이 벼를 베고 있기에 웬만한 세간 잡사에 구애받지 않는 원효가 입이 심심했던지 좀 나누어 달라고 농담을 했다. 그러자 여인은 벼가 영글지 않았다고 농담으로 응수하며 주지 않았다.

그곳을 지나 개울가에 이르렀는데 또 다른 여인이 빨래를 하고 있었다. 원효가 물을 좀 떠 달라고 하자 서답(개짐)을 빨아 더러운 물을 떠 주었다. 관음보살을 친견하러 가는 길에 이 무슨 망측한 꼴인가! 원효는 냇가로 내려가 손수 맑은 물을 떠 마셨다.

그러자 소나무 위에서 파랑새 한 마리가 사람처럼 이렇게 말했다. "제호醍醐 스님, 가지 말아요."

그리고 갑자기 어디론가 날아가 버렸다. 그런데 소나무 아래 신 한

짝이 떨어져 있었다. 원효가 절에 이르니 관음보살상 밑에 아까 본 신 한 짝이 떨어져 있기에 그제야 앞서 만났던 여인들이 관음보살의 진신임을 깨달았다. 그래서 사람들이 그 소나무를 관음송이라고 불렀다. 원효가 성굴聖窟에 들어가서 관음보살의 진신을 다시 보고자 했으나 풍랑이 크게 일어나 그대로 떠났다.

제호란 불성佛性 또는 정법正法을 비유하는 뜻이라고 한다. 또 어떤 기록에는 청주淸酒를 가리킨다고도 하니 관음보살은 원효를 가리켜 '훌륭한 화상아'라고 한 것인지, '술 마시는 화상아'라고 부른 것인지 알 수가 없다.

낙산사는 헌안왕 2년(858) 범일국사梵日國師가 중창했으나 고려 때 몽골 군의 침범으로 소실되었다. 그 뒤 조선조로 내려와 세조 13년(1467) 왕명으로 재건한 데에 이어 여러 차례의 보수 중창이 거듭되었다.

의상조사가 관음보살을 처음으로 친견한 곳에 법당을 세웠다는 그 자리에는 원통보전圓通寶殿이 있었다. 원통보전이란 관음보살의 신통한 법력이 모든 곳에 두루 미친다는 것을 뜻한다고 하며, 낙산사의 중심 법당인 이 원통보전 안에는 동양에서 가장 아름답다는 종이로 만든 관음보살상이 모셔져 있고, 그 뒷면에는 아미타불을 묘사한 탱화가 있다. 의상조사의 조상彫像도 원통보전에 모셔져 있었다.

낙산사는 1953년에 재건되고 그 뒤 여러 차례 보수했지만, 지난 2005년 4월 5일에 일어난 큰 산불로 전소되고 말았다. 원통보전과 세조 때 조성된 낙산사의 관문 홍예문도 화마가 삼켜 버렸다. 보물 제479호였던 낙산사 동종도 불 속에서 녹았고, 보물 제499호 칠층석탑도 손상되었다. 다만 불행 중 다행으로 원통전의 관음보살상은 스님들이 대피시켜 무사했다.

낙산사 홍련암은 의상조사가 이곳을 참배할 때 파랑새가 보타굴(補陀窟, 관음굴) 속으로 자취를 감춰 굴 앞 반석에 앉아 7일 밤낮을 예불하자 바다 위에 홍련이 떠오르고, 그 가운데 관음보살이 현신했다는 바로 그곳이다. 이에 의상조사가 법열(法悅)을 얻어 바위 위에 암자를 지으니 곧 홍련암이다.

우리나라 화엄종의 종사 의상조사는 성덕왕 원년(702) 세수 78세를 일기로 입적하여 관세음보살의 품에 영원히 안겼다.

일연선사는 의상법사의 전기 끝에 그를 찬미하는 시를 남겼다.

덤불 헤치고 바다 건너와 연기와 먼지를 무릅쓰니
지상사 문 열리고 서광을 보았도다.
화엄을 캐어다가 고국에 심으니
종남산도 태백산도 똑같은 봄이로다.

세계 8대 관음성지

낙산의 본래 이름은 오봉산이었는데, 의상대사가 관음보살을 친견한 뒤 낙산으로 바뀌었다. 낙산은 낙가산洛伽山 또는 보타락가산補陀洛伽山이라고도 하니 이는 '대자대비한 관음보살이 항상 계신 곳'을 이르는 산스크리트 어 포탈라카(Potalaka)에서 비롯되었다. 관세음보살은 불가에서 아미타불을 도와 사바세계의 중생을 자비로 구제하는 현세불의 한 분이다. 때와 장소에 따라 다른 모습으로 나타나 현세의 고통을 해결해 주는 관세음보살, 그 이름을 부르며 기원하면 소원을 들어준다는 관세음보살이 상주하는 곳이 이 세상에 여덟 군데밖에 없다고 한다. 그곳은 인도 남해안의 보타락가, 스리랑카의 포타란, 중국 절강성 영파寧波의 보타산補陀山, 티베트의 랏사, 만주의 보타락사補陀洛寺, 일본 기이紀伊의 보타락과 시모츠게下野의 닛코日光, 그리고 양양 낙산이다. 따라서 낙산사는 세계 8대 관음성지觀音聖地의 한 군데로 꼽힌다.

광덕과 엄장과 〈원왕생가〉

엄장이 원효의 가르침에 따라 정관법을 통해 열심히 수행한 끝에 도를 깨닫고
마침내 죽어서 광덕의 뒤를 따라 극락세계로 갈 수 있었다.

《삼국유사》 권 제5 〈감통〉 제7

광덕廣德과 엄장嚴莊과 이들에게 얽힌 유명한 향가 〈원왕생가願
往生歌〉는 《삼국유사》 〈감통感通〉 편에 실려 있다. 광덕과 엄
장은 문무왕 때의 스님이다.

광덕은 분황사 서쪽 마을에 살았고, 엄장은 남악 기슭에서 살았다.
광덕은 분황사에서 계집종 노릇을 하던 아내를 데리고 신 삼는 일을
생업으로 삼으며 살았고, 엄장은 독신이었다. 이 이야기를 보면 신라
시대에도 대처승이 있었던 모양이다. 하긴 원효성사도 비록 환속까
지는 하지 않았지만 파계하여 요석궁의 공주와 살면서 아들 설총을
낳은 적도 있지 않은가.

어쨌거나 광덕과 엄장 두 사람은 매우 절친한 도반道伴이어서 만날
때마다 굳게 약속했다.

"누구든지 먼저 서방극락으로 가는 사람은 반드시 서로에게 알리기로 하는 것이 안 좋겠는가?"

"좋지! 그렇게 하기로 하세."

그러던 어느 해 어느 날, 지는 해 그림자에 따라서 붉은 저녁놀이 비끼고 소나무 그늘이 고요히 저무는데 엄장의 집 창 밖에서 광덕의 말소리가 들리는 것이었다.

"이 사람 광덕이, 나 먼저 극락으로 가네. 자네도 나하고 같이 서방 정토에서 살고 싶다면 빨리 나를 따라오게나."

엄장이 깜짝 놀라 문을 열고 밖으로 나가 보니 광덕의 모습은 이미 보이지 않고 구름 위에서 천상의 음악소리가 들려오는데, 그곳에서 영롱한 빛줄기가 뻗어 내려 땅에까지 닿았다.

엄장이 광덕의 집으로 찾아가 보니 광덕이 정말로 죽어 있었다. 그래서 광덕의 아내와 함께 시신을 수습하여 산기슭에 장사를 지냈다. 그렇게 장사를 치르고 엄장이 광덕의 아내에게 말했다.

"남편이 죽었으니 당신은 홀몸이 됐구려. 이제부터는 나와 함께 사는 것이 어떻겠소?"

광덕의 아내가 대답했다.

"그렇게 하지요."

그렇게 해서 엄장은 그날부터 광덕의 집에서 그의 아내와 함께 살기 시작했다. 이윽고 밤이 깊었다. 이젠 어엿한 부부가 됐다고 생각한 엄장이 광덕의 전 부인, 이제는 자기 부인이 된 여인을 끌어안고 부부관계를 가지려고 했다. 그런데 부인이 정색을 하면서 벌떡 일어나 앉더니 핀잔을 주는 것이었다.

"도대체 무슨 짓을 하는 거요? 이런 짓을 하면서도 극락에 갈 생각을 한다면 그야말로 나무에 올라가 물고기를 잡으려는 짓과 다름이 없지 않겠소?"

엄장이 놀라고 무안했지만 뜻밖의 반응이 이상해서 물어보았다.

"광덕과도 밤마다 그렇게 살아왔을 게 아니오? 그런데 나하고는 그렇게 하면 안 된단 말이오?"

"그렇게 넘겨짚지 마오. 내 아직도 깨끗한 처녀의 몸이오. 그 사람과 십 년을 넘게 살았지만 단 한 번도 한 적이 없다오. 그러니 어찌 몸을 더럽혔겠소?"

"그럼 매일 밤 뭘 하면서 보냈단 말인고?"

"매일 밤 몸을 깨끗이 씻고 옷을 단정하게 입고 열심히 아미타불을 외면서 기도하고, 또 어떤 때는 16관법觀法을 행했지요. 그렇게 관이 절정에 이르면 밝은 달빛이 문틈으로 들어오고, 그 달빛 위에 가부좌를 틀고 앉기도 했소. 광덕이 그 사람이 그렇게 정성껏 수행을 했는데 지금 극락에 가지 않았으면 도대체 어디로 갔겠소? 그런데 지금 엄장 스님이 하는 짓을 보니 서방정토가 아니라 동방지옥으로 가려는 짓거리가 아니고 뭐요."

엄장은 부끄럽고 무안하여 그 밤을 꼬박 앉아서 새우다시피 했다. 그리고 날이 밝자 당대의 고승인 원효대사를 찾아갔다. 그리고 자초지종을 설명하고 올바른 수행법의 가르침을 청했다. 원효는 엄장에게 기특하다고 칭찬하면서 정관법靜觀法을 지어서 성심껏 지도해 주었다. 엄장이 원효의 가르침에 따라 정관법을 통해 열심히 수행한 끝에 도를 깨닫고 마침내 죽어서 광덕의 뒤를 따라 극락세계로 갈

수 있었다.

분황사의 계집종 출신이란 광덕의 아내는 열아홉 가지 설법에 따라 나타나는 관세음보살의 화신이라고 한다. 광덕이 지은 노래가 바로 《삼국유사》에 실려 전하는 14수의 향가 가운데 하나인 〈원왕생가〉이다.

달아, 이제 서쪽으로 가시렵니까.
무량수불 앞에 말씀을 전해주소서.
다짐 깊으신 부처님 우러러 두 손 모아
원왕생 원왕생!
염원하는 사람 있다고 전해 주소서.
아으, 이 몸을 제쳐두고
마흔여덟 큰 원을 이룰 수 있으리까.

동해용이 된 문무왕

짐은 죽어서 나라를 지키는 용이 되고 싶도다.
그래서 불법을 받들고 국가를 보위하고 싶도다.
《삼국유사》 권 제2 〈기이〉

문무왕 김법민金法敏은 태종무열왕 김춘추와 김유신의 작은 누이동생 김문희의 맏아들이다. 문무왕은 사후에 바쳐진 존호이고, 재위 시에는 이름에 따라 법민왕이라고 불렸다.

《삼국유사》 '문무왕 법민' 조는 백제 망국 이후 당과 합세하여 고구려를 멸망시켰으나, 당이 추악한 야욕을 드러내 백제와 고구려 옛 땅은 물론 신라까지 쳐서 속국으로 삼으려 들기에 이에 맞서 싸우는 이야기에서 시작된다.

신라가 이른바 삼국통일을 이룬 것은 문무왕 때였다. 태종무열왕과 김유신이 그 토대를 닦아 놓았지만, 백제 광복군이 마지막 거점인 주유성에서 전멸하여 완전히 망한 것은 문무왕 3년인 663년, 고구려가 망한 것은 문무왕 8년인 668년이기 때문이다.

그 이전에 문무왕은 650년부터 10년간 당의 수도 장안長安에 있었다. 김춘추가 당나라의 원조를 청하기 위해 당 태종에게 찾아갈 때 아들을 데리고 갔다가 인질 삼아 이세민에게 맡기고 왔던 것이다. 그 이야기는 생략하고,《삼국유사》의 기록을 살펴본다.

668년 고구려 정복이 끝난 뒤에도 당군은 회군할 생각을 하지 않고 신라를 칠 흉계를 꾸미고 있었다. 이를 눈치 챈 법민왕은 군사를 보내 당군을 무찔렀다. 그러자 이에 노발대발한 당 고종이 법민왕의 아우 김인문 등을 불러 따졌다.

"너희가 우리 군사를 청해 고구려를 칠 때는 언제고, 이제 와서 우리를 치는 것은 무슨 짓이냐? 이야말로 은혜를 원수로 갚는 배은망덕한 행위가 아니냐?"

그러면서 김인문을 옥에 가두고 장수 설방薛邦과 50만 대군을 보내 신라를 치려고 했다. 그때 당나라에는 의상법사가 유학 중이었다. 의상이 옥으로 면회를 가자 인문이 이런 사실을 알려 주고 본국에 전하라고 했다. 이에 의상이 급히 귀국하여 법민왕에게 보고했고, 왕은 여러 신하들과 이 문제를 논의했다. 각간 김천존金天存이 이렇게 아뢰었다.

"이 일은 용궁에 들어가 비법을 배웠다는 명랑법사明朗法師를 불러 하문하는 게 좋겠습니다."

명랑을 불러 대책을 물어보니 이렇게 대답했다.

"낭산 남쪽 신유림神遊林에 사천왕사를 지어 도량道場을 개설하면 될 것입니다."

그때 정주(경기도 개풍)에서 급보가 올라왔다.

"숱하게 많은 당군이 바다를 건너와 상륙하려고 기회를 엿보고 있습니다."

왕이 놀라 명랑을 다시 불러들여 물었다.

"일이 급하게 됐다! 어떻게 하면 좋겠는가?"

"기둥을 세우고 채색비단을 둘러 임시로 절을 만들면 됩니다."

그렇게 임시방편으로 절을 꾸민 뒤에 밀교密教 승려 12명을 불러 문두루文豆婁의 비법을 썼다. 그러자 갑자기 거센 풍랑이 일어 당군 함대가 모두 침몰했다. 이런 일은 3년 뒤인 671년에 당군 장수 조헌趙憲이 5만 군사로 쳐들어왔을 때도 또 한 번 일어났다. 잇달아 신라에게 패한 당 고종이 김인문과 함께 옥에 가둔 박문준朴文俊을 끌어내서 물었다.

"너희 나라에 무슨 신통한 비책이 있기에 짐이 두 차례나 군사를 보냈건만 모두 패하고 돌아왔는고?"

"저희가 여기에 온 지 벌써 십 년이 넘었으니 본국의 사정을 어찌 알 수 있겠습니까? 다만 듣기에 상국의 은혜를 입어 삼국을 통일했기에 그 은혜를 갚고자 낭산 남쪽에 천왕사를 세워 황제폐하의 만수무강을 빈다고 합니다."

고종이 그 말을 듣고 기분이 좋아져서 예부시랑 악붕귀樂鵬龜를 신라에 보내 사실을 확인하도록 명했다. 사신이 와서 사실을 조사한다는 보고를 들은 법민왕이 급히 서둘러 그 남쪽에 새 절을 지어 놓았다. 악붕귀가 서라벌에 나타나자 새 절로 안내하여 사천왕사라고 했더니 악붕귀가 이를 믿지 않고 말했다.

"이건 사천왕사도, 천왕사도 아니군. 꼭 사천왕사에 가서 황제폐하의 만수무강을 축원하는 향화를 올려야겠다."

신라 대신들이 그럴 줄 알고 미리 준비한 황금 1,000냥을 뇌물로 주니 악붕귀가 이를 받아서 돌아가 고종에게 이렇게 보고했다.

"폐하, 신라에 가 보니 과연 천왕사를 지어 놓고 폐하의 만수무강을 축원하고 있었습니다."

고종이 듣고 기뻐했음은 두 말 하면 잔소리다.

그러고 나서 얼마 뒤에 법민왕은 고종이 박문준을 풀어 줄 것이란 소식을 들었다. 이에 당대의 유학자이자 문장가인 강수強首를 시켜 김인문도 돌려보내 달라는 표문을 짓게 했다. 강수의 표문이 얼마나 훌륭했던지 감동한 고종은 김인문까지 석방했다. 그러나 김인문은 너무나 오랜 감옥살이에 지쳤던지 귀국하는 길에 죽고 말았다.

세월이 흘러 법민왕이 재위 21년 만인 681년에 죽으니 유언에 따라 동해 가운데 큰 바위에 장사를 지냈다. 그것이 지금 사적 제158호로 지정된 경북 경주시 양북면 봉길리의 문무왕수중릉, 일명 대왕암이다. 왕은 생전에 지의법사智義法師에게 이렇게 말했다.

"짐은 죽어서 나라를 지키는 용이 되고 싶도다. 그래서 불법을 받들고 국가를 보위하고 싶도다."

"폐하, 용은 짐승이 아닙니까? 폐하께서 어찌 짐승이 된단 말입니까?"

"내 이미 세상의 부귀영화를 싫어한 지 오래됐도다. 만일 내가 추한 인과응보로 짐승이 된다 해도 내 뜻에 들어맞는 것이니 그 또한 그대로 좋지 않겠는가?"

법민왕 재위 시에 서라벌에 성곽을 쌓으라고 벼슬아치에게 명했는데, 이 소식을 들은 의상법사가 왕에게 이런 글을 올려 말렸다.

왕의 정치와 교화가 밝으면 비록 풀 언덕에 금을 그어 성이라 해도 백성들은 감히 이를 넘지 않을 것이고, 재앙을 물리치고 복이 들어오도록 할 것이지만, 만일 정치와 교화가 밝지 못하면 비록 장성長城이 있어도 재화災禍를 막지 못할 것입니다.

이에 왕이 축성공사를 중지토록 했다.

단오거사 거득공과 안길

거득공이 이 일을 법민왕에게도 보고하자
왕은 안길을 위해 성부산 밑의 땅을 안길에게 버리니
이런 사실을 들은 사람들 모두가 안길을 부러워했다.

《삼국유사》 권 제2 〈기이〉

'문무왕 법민' 편의 뒷부분은 단오거사端午居士로 행세한 문무왕의 이복동생 거득車得과 그에게 '손님 접대'를 한답시고 아내를 잠자리에 들여보내 동침시킨 안길安吉의 이야기이다. 에스키모에게도 그런 풍습이 있었다고 하는데, 신라 시대에도 손님에게 아내를 '접대'한 풍습이 일부에는 있었던 모양이다.

법민왕이 하루는 서제庶弟 거득을 불러 이렇게 말했다.

"이제부터 네가 재상이 돼서 벼슬아치들을 감독하고, 이것저것 나랏일을 맡아보면 어떻겠느냐?"

"폐하께서 저같이 못난 놈을 재상으로 삼으신다면 소신이 먼저 국내를 숨어 다니면서 백성들이 사는 모양, 벼슬아치들이 청렴한지 아니면 썩었는지 하는 사정을 살펴본 뒤에 결정하는 게 좋겠습니다."

왕의 허락을 받은 거득은 겉에는 승복을 입고 손에는 비파를 든 거사 차림으로 서라벌을 떠나 암행을 시작했다. 그는 동해안을 따라 아슬라주(강릉)로 올라갔다가, 서쪽으로 우수주(춘천), 북원경(원주)을 거쳐 민정을 살피면서 다시 남쪽으로 발길을 돌려 무진주(광주)에 이르렀다.

마침 무진주의 관리로서 안길이란 사람이 있었다. 안길이 보기에 거득이 비록 거사 차림을 하고는 있어도 인물이 비범하게 보이기에 자기 집으로 청해 정성껏 대접했다.

이윽고 밤이 깊어지자 안길이 세 명의 처첩을 불러 이렇게 일렀다.

"오늘밤 귀중한 손님을 모셨는데 그대들 가운데서 누구든지 저 귀한 손님과 오늘 밤을 보내면 내가 평생 버리지 않고 살겠다."

그러자 두 아내가 놀란 목소리로 이렇게 대꾸했다.

"당신과 함께 살지 못하더라도 어떻게 외간남자의 품에 안겨 밤을 보낸답니까?"

그런데 정실부인인지 첩실인지는 알 수 없지만 한 여자가 이렇게 응낙하고 나섰다.

"당신이 만약 죽을 때까지 버리지 않는다면 시키는 대로 하리다."

그리고 나서 안길이 시키는 대로 거사의 방으로 들어가 낯선 손님에게 몸을 맡겼다.

이튿날 날이 밝자 거득이 객고客苦를 풀었음인지 만면에 만족한 미소를 지으면서 이렇게 말했다.

"나는 서울(서라벌) 사는 단오거사端午居士라고 하오. 사는 집은 황룡사와 황성사 두 절 사이에 있다오. 혹시 그대가 서울 오는 길이 있으면 한 번 찾아주면 고맙겠소."

그렇게 지방 순행을 마치고 서라벌로 돌아온 거득은 재상 자리에 올랐다.

당시 신라에서는 해마다 각 지방에서 관리 한 사람을 도성에 올려 보내 근무하게 하는 제도가 있었다. 그 뒤에 안길이 자기 차례가 되어 서라벌로 올라갔는데, 하루는 두 절 사이에 있다는 단오거사의 집을 찾아 나섰다. 그런데 아무리 찾아도 그런 집을 찾을 수 없었다. 그래서 길가에 우두커니 서서 궁리하다가 한 노인을 만나 길을 물었다.

"두 절 사이에 있는 집이라면 황궁인데……. 가만히 있어 보자. 그렇다면 단오거사란 사람은 어쩌면 거득공이 아닌가 싶네. 거득공이 전에 지방을 몰래 돈 적이 있는데 아마 그때 그대와 인연을 맺은 모양이군."

안길은 그제야 단오거사와 자신의 관계를 이야기했다. 노인이 듣고 나서 낄낄 웃더니 이렇게 말했다.

"참말로 재미있는 이야기로군. 부인을 들여보내 손님 대접을 했다고? 그렇다면 궁성 서쪽 귀정문 앞에 가서 출입하는 궁녀들을 붙잡고 사정을 말해 보는 것이 좋겠군."

안길이 노인이 가르쳐 준 대로 궁문 앞에 가서 궁녀를 만나 사정을 말했다. 그러자 전갈을 받은 단오거사, 아니 거득공이 쫓아 나와 반갑게 맞으며 안길의 손을 잡고 데리고 들어갔다. 그렇게 해서 잔치를 베풀어 대접을 하는데, 비록 안길이 한 것처럼 손님 대접으로 자기 부인을 빌려 주지는 않았지만, 산해진미로 상다리가 휘어지게 차린 음식의 가짓수가 50가지가 넘었다.

거득공이 이 일을 법민왕에게도 보고하자 성부산 밑의 땅을 안길에게 내리니 이런 사실을 들은 사람들 모두가 안길을 부러워했다.

거득공은 누구의 소생인가

민정 시찰을 나갔다가 지방 관리의 아내를 '대접' 받은 거득은 어떤 인물인가. 《삼국유사》에서 말한 대로 문무왕 김법민의 이복아우가 맞다. '태종춘추공' 조에 보면 김춘추의 부인 문희는 태자 법민 아래로 각간을 지낸 인문·문왕·노차·지경·개원 등 여섯 아들을 낳았다고 했다. 그리고 서자들로 급간을 지낸 개지문皆知文·거득령공車得令公, 아간을 지낸 마득馬得이 있었다고 했다. 여기서 말하는 거득령공이 바로 단오거사로 행세한 거득공이다. 그런데 《삼국사기》를 살펴보면 거득이 재상을 지냈다는 기록은 없다.

거득의 모친은 누구일까. 《화랑세기》를 보면 언니의 꿈을 산 문희는 춘추의 아내가 되어 뒷날 황후로 '성공' 했지만, 동생에게 꿈을 판 보희는 시집가지 않고 있다가 결국 춘추의 첩이 됐다고 전한다. 정실부인인 동생 밑의 첩실로 들어간 것이다. 김춘추의 서자 거득은 보희의 아들로 추정된다.

신문왕과 부례랑과 만파식적

피리를 불면 적군이 물러가고, 병을 치료했으며, 가뭄이 들면 비가 내리게 하고,
장마가 들면 비가 개게 하고, 태풍을 멎게 하고 파도도 잠재우게 했으므로
'큰 파도도 잠재우는 피리'란 뜻으로 만파식적이라고 이름 붙이고 국보로 삼았다.

《삼국유사》권 제2〈기이〉

　제31대 임금 신문왕의 이름은 정명政明이다. 문무왕과 자의황
후의 맏아들로 태어나 문무왕 5년(665)에 태자로 책봉되었다
가 부왕이 재위 21년 만에 죽자 681년 7월 7일에 즉위했다. 신문왕이
왕위에 올라 가장 먼저 한 일은 부왕의 능과 그 바닷가에 감은사感恩寺
를 세운 것이다.

　일연선사는 〈기이〉편 '만파식적萬波息笛'조에서 감은사에 관해 이
런 주석을 달아 놓았다.

절 기록에는 문무왕이 왜군을 진압하기 위해 이 절을 세우다가 끝내지
못하고 죽어서 바다의 용이 되었다. 그 아들 신문왕이 즉위하여 개요 2
년(682)에 끝마쳤다. 금당 섬돌 아래를 밀어 동쪽으로 구멍 하나를 뚫었

는데, 이는 용이 절 안으로 들어와 돌아다니게 하기 위해서였다. (문무왕의) 유언대로 뼈를 묻은 곳을 대왕암이라 하고, 절은 감은사라 했다. 또 뒤에 용이 나타난 것을 본 곳을 이견대利見臺라고 했다.

즉위 이듬해 5월 초하룻날이었다. 바다에 관한 일을 보는 파진찬 박숙청朴夙淸이 급히 대궐로 들어오더니 이렇게 보고했다.

"폐하, 동해 가운데 작은 산 하나가 바다에 뜨더니 파도를 타고 감은사로 와서 떠돌고 있습니다."

신문왕이 일관, 곧 황실의 점쟁이 김춘질金春質에게 이것이 무슨 연고인가 점을 쳐 보라고 명했다. 일관이 점을 쳐 보고 이렇게 아뢰었다.

"돌아가신 선왕께서 지금 바다의 용이 되어 삼한을 지키고 계시옵니다. 또한 김유신 공도 33천(도리천)의 한 분으로 인간 세상에 내려와 대신이 되었사옵니다. 이 두 성인은 덕행이 깊은지라 이 성城을 지키는 보물을 내려 주시려고 하시는 것이오니 폐하께서 해변으로 나가신다면 반드시 값을 따질 수 없는 큰 보물을 얻으실 것이옵니다."

신문왕이 매우 기뻐하여 그달 7일에 이견대로 나가 바다 위에 뜬 산을 보고는 사람을 보내 살펴보도록 했다. 산의 모습은 거북의 머리처럼 생겼는데, 그 위에 대나무 한 그루가 서 있었다. 명을 받고 다녀온 사람이 돌아와서 보고하기를 그 대나무가 낮에는 둘이었다가 밤에는 하나로 합쳐진다고 했다. 뿐만 아니라 산 자체도 낮에는 둘이었다가 밤에는 하나가 된다는 것이었다.

왕이 그날 밤을 감은사에서 묵었는데 이튿날 정오쯤 돼서 갈라졌던 대나무가 하나로 합쳐지는데 천지가 진동하고 비바람이 몰아치면서 7일 동안 캄캄하다가 그달 16일이 돼서야 바람이 자고 파도도 잠잠해졌다.

신문왕이 배를 타고 그 산으로 들어가니 용이 검정 옥대玉帶 하나를 바쳤다. 왕이 물었다.

"이 산과 대나무가 어떤 때는 갈라졌다가 어떤 때는 합쳐지는 것이 무슨 까닭인고?"

그러자 용이 대답했다.

"그것은 한 손으로 치면 소리가 나지 않지만 두 손으로 치면 소리가 나는 이치와 같습니다. 이 대나무는 합친 뒤에야 소리가 나는 것이니 거룩한 임금께서 소리로써 천하를 다스릴 좋은 징조라고 할 수 있습니다. 임금께서 이 대나무로 젓대(피리)를 만들어 부시면 온 천하가 화평해질 것입니다. 지금 선대 임금께서 바다 가운데 큰 용이 되시고, 유신 공도 다시 천신이 되어 이처럼 큰 보물을 주시고 저에게 바치도록 하신 것입니다."

신문왕은 그 말을 듣고 놀랍고 기뻐서 오색비단과 금은을 시주했다. 그리고 칙사를 시켜 대나무를 베게 하여 가지고 나왔는데, 산과 용은 홀연히 사라졌다.

그날을 감은사에서 묵고 이튿날인 17일에 서라벌로 돌아오는 길에 기림사祇林寺 서쪽 냇가에 수레를 멈추고 점심을 먹을 때였다. 그 소식을 들은 태자 김이공金理恭이 마중 나왔다가 옥대를 살펴보더니 이렇게 말했다.

"이 옥대에 달린 장식들은 모두가 진짜 용이네요!"

신문왕이 그 말을 듣고 이상하게 생각하여 물었다.

"이것이 용이란 말이 정말이냐? 네가 어찌 안단 말이냐?"

"폐하, 옥 장식 하나를 떼어서 물에 담가 볼 테니 한 번 보소서."

그러고는 옥대의 왼쪽 두 번째 장식을 떼어 개울물에 담그니 금세 용이 되어 하늘로 올라가고 그 내는 못이 되었다. 그래서 그 못을 용연龍淵이라고 불렀다.

신문왕이 행차에서 돌아와 그 대나무를 깎아 피리를 만들어 궁성의 천존고天尊庫, 즉 귀중한 국보를 간직하는 창고에 보관했다. 그런데 이 피리를 불면 적군이 물러가고, 병을 치료했으며, 가뭄이 들면 비가 내리게 하고, 장마가 들면 비가 개게 하고, 태풍을 멎게 하고 파도도 잠재우게 했으므로 '큰 파도도 잠재우는 피리'란 뜻으로 만파식적이라고 이름 붙이고 국보로 삼았다.

신문왕이 죽자 태자 이공이 뒤를 이으니 그가 효소왕인데, 효소왕 때인 천수 4년(693)에 화랑 부례랑夫禮郎이 적국에 포로가 됐다가 살아 돌아온 기적을 보인 뒤에는 이를 더욱 높여 '만만파파식적萬萬波波息笛'이라고 불렀다.

이번에는 부례랑과 만파식적에 얽힌 설화를 소개한다. 이 이야기는 《삼국유사》〈탑상〉편 '백률사' 조에 나온다.

부례는 효소왕 때에 사찬 벼슬을 하던 대현大玄의 아들로, 수많은 낭도를 거느린 화랑이었다. 그를 따르는 낭도가 1,000명에 이르렀다. 부례는 그중에서도 안상安常과 가장 친했다.

부례는 화랑이 된 이듬해인 효소왕 2년(693) 3월 초에 낭도들을 거느리고 금강산 유람을 떠났다가 금란(강원도 통천)을 거쳐 북명(함남 원산)에 이르렀을 때 갑자기 오랑캐의 습격을 당해 포로가 되고 말았다. 오랑캐의 정체는 아마도 고구려가 망한 뒤 그 지역을 점거하고 있던 말갈족으로 보인다. 갑자기 당한 일에 낭도들은 우왕좌왕하다가 모두 서라벌로 돌아왔으나 안상만은 그냥 돌아올 수 없어서 부례가 잡혀 간 뒤를 쫓아 적지로 들어갔다. 그로부터 부례와 안상의 소식이 끊겼다.

그 일이 일어난 날이 3월 11일이었는데 이 소식을 들은 효소왕이 크게 놀라고 슬퍼하며 말했다.

"선대왕이 만파식적과 현금玄琴을 얻어 이 몸에게 전하여 지금까지 천존고에 간직했는데, 어찌 국선國仙이 도적에게 잡혀가는 변을 당하는가? 이를 어쩌면 좋을꼬?"

국선은 곧 옛날 화랑의 우두머리 풍월주의 다른 이름이다. 화랑제도는 진흥왕 즉위 초에 설치했다고 이미 밝혔지만, 《화랑세기》에 따르면 이 풍월주 제도는 신문왕 1년(681)에 일어난 김흠돌金欽突의 난으로 폐지되고, 낭도들의 명부는 모두 병부兵部로 넘겨졌다. 그러나 화랑도 자체가 완전히 폐지된 것은 아니었다. 국선은 풍월주를 대신하여 만든 화랑의 대표를 일컬었다.

효소왕이 부례의 납치사건에 놀라 걱정하고 있는데, 난데없이 상서로운 구름이 나타나더니 천존고 위를 뒤덮었다. 왕이 신하를 보내 알아보게 했더니 고방 속에 보관했던 만파식적과 현금이 사라졌다는 것이었다.

"내가 얼마나 불행하기에 어제는 국선을 잃었는데 오늘은 또 보물 피리와 가야금을 잃는단 말인가."

그렇게 탄식하면서 천존고의 책임자 김정고金貞高 등 다섯 명을 하옥시켰다. 그리고 4월에는 가야금과 피리를 찾아오는 사람에게는 1년 치 조세를 상으로 내리겠노라고 선포했다.

그해 5월 5일이었다. 부례의 부모가 소금강산 백률사 관음보살상을 찾아 여러 날 기도를 올리고 있었는데, 느닷없이 향을 피우는 탁자 위에 가야금과 피리가 나타나는 것이었다. 그뿐만 아니었다. 불상 뒤에서 애타게 기다리던 아들 부례와 안상이 걸어 나오는 게 아닌가. 부례의 부모가 놀랍고 반갑고 기뻐하며 어찌 된 노릇인지 사연을 물었다. 부례가 이렇게 설명했다.

"저는 그때 붙잡혀서 그곳의 부자 대도구라의 노예가 되어 그 집에서 기르는 짐승들을 치는 일을 했습니다. 제가 대오라니라는 들에서 방목을 하는데 용모와 행동거지가 단정한 스님 한 분이 손에 가야금과 젓대를 들고 와서 말하기를, '너는 지금 고향 생각이 나지 않느냐?' 하고 묻기에, 저도 모르게 그 앞에 꿇어앉아서 '임금님과 부모님을 그리는 이 심정이야 어찌 다 말로 하리까?' 했더니, '그럼 나를 따라 오너라' 하여 스님을 따라 어느 해변에 이르렀습니다. 그 해변에서 안상을 만났습니다. 스님은 피리를 두 개로 쪼개서 저와 안상에게 타게 하고, 자신은 가야금을 타고 둥실 떠가더니 잠깐 사이에 이곳으로 오게 된 것입니다."

대현이 이 사실을 곧 효소왕에게 아뢰자 왕은 크게 기뻐하며 부례를 대궐로 불러들였다. 부례가 피리와 가야금을 왕에게 바치자 왕은 크게 만족하여 수많은 금은보화와 비단과 밭과 누비가사 등을 절에 시주했다. 또 모든 신하의 벼슬을 세 급씩 올려 주고, 백성들의 납세를 3년간 면제해 주었다. 또한 부례랑에게는 대각간을, 그의 부친 대현에게는 태대각간 벼슬을 내렸으며, 모친 용보부인에게는 사량부의 경정궁주를 삼았다. 천존고를 지키던 죄로 옥에 갇힌 김정고 등을 모두 풀어 주고 벼슬을 다섯 급씩 올려 주었다.

그런데 이게 어찌 된 일인가. 나라에 불길한 일이 있을 때나 나타나는 혜성(살별)이 그해 6월 12일에 동쪽 하늘에 나타났고, 17일에는 서쪽 하늘에도 나타났다. 천문을 맡은 일관이 왕에게 아뢰었다.

"이번 일에 가야금과 피리의 상서로움에는 성의를 보이지 않은 탓입니다."

이에 효소왕이 신령스러운 피리 만파식적에게 '만만파파식적'이라는 두 배나 높은(?) 칭호를 바쳤더니 그제야 혜성이 사라졌다는 것이다.

득오의 〈모죽지랑가〉

술종공은 거사를 만났던 고개 이름을 따서 아이의 이름을 죽지라고 지었다.
죽지는 자라서 화랑이 되었고, 김유신의 휘하에서 빛나는 전공을 세웠다.

《삼국유사》 권 제2 〈기이〉

효소왕 때에 화랑 죽지(竹旨, 또는 竹曼)의 낭도 가운데 득오(得烏, 또는 得烏谷)란 사람이 있었는데, 낭도의 명부인 풍류황권風流黃券에 이름을 올려놓고 매일 죽지랑을 모시다가 갑자기 열흘 가까이 보이지 않게 되었다. 죽지가 득오의 모친을 불러 그 까닭을 묻자 득오의 어미가 이렇게 대답했다.

"모량리의 아찬 익선益宣이란 분이 우리 아이를 부산성富山城의 창고지기로 임명했습니다. 그래서 급히 가는 바람에 미처 작별인사도 못드리고 떠났답니다."

죽지가 말했다.

"그런 사정이 있었구려. 득오가 제멋대로 모임에 나오지 않았다면 모르겠지만 공무 때문에 갔다니 내가 그냥 있을 수야 있겠소? 우리가 모두 찾아가서 위문을 하는 게 좋겠소."

그렇게 해서 죽지는 떡과 술을 마련하여 자신의 낭도 137명을 거느리고 부산성으로 찾아갔다. 부산성은 서라벌 서쪽 여근곡이 있는 산 정상부에 있었다. 죽지랑과 낭도들이 찾아갔을 때 득오는 익선의 밭에서 일하고 있었다. 죽지가 득오를 불러 떡과 술을 먹이고, 익선에게 말미(휴가)를 줄 것을 청했는데, 욕심은 많고 인정은 없는 익선이 그 청을 매정하게 물리쳤다.

그때 출장 중이던 조정의 관리 간진侃珍이 그 정경을 보고 자신이 운반하던 곡식 30석을 주며 말미를 주도록 청했으나 익선은 이마저도 거부했다. 이를 보다 못한 다른 관리 진절珍節이 또한 죽지랑의 인품에 감동하여 자신의 말안장을 주며 부탁하자 익선이 그제야 득오의 말미를 허락했다.

그 뒤 이 일이 서라벌에 알려져 조정의 화주花主, 즉 화랑의 통솔 책임자가 익선을 잡아들여 벌주려고 하자 익선은 금세 달아났다. 화주는 익선의 아들을 잡아다가 한겨울 성 안의 연못에 넣어 얼려 죽였다.

효소왕이 이 사건에 관한 보고를 듣고 괘씸하게 여겨 모량리 출신은 벼슬길을 막고, 중이 되는 것도 금했다. 이미 중이 된 자도 큰 절에는 출입하지 못하게 했다. 그래서 당대의 고승으로 이름난 원측법사圓測法師도 모량리 출신이기 때문에 승직에 오르지 못했다.

《삼국유사》는 이어서 죽지랑의 출생에 관한 설화를 전해 준다.

죽지랑의 부친은 술종공述宗公인데, 김알천·김유신 등과 더불어 삼한통일의 기틀을 닦은 장수였다. 그가 삭주(강원도 춘천 지역)의 도독으로 부임하는 길이었다. 당시는 전란 중이었으므로 기병 3,000명의 호위를 받으며 임지로 가는데 죽지령(죽령)에 이르렀을 때였다. 비범하게 생긴 거사居士 한 사람이 길을 닦고 있었다. 술종공이 거사의 비범한 모습에 속으로 찬탄했고, 거사 또한 술종공의 늠름한 자태를 보고 말없이 찬탄했다. 그렇게 서로 말없이 헤어져 술종공은 임지에 부임했다.

그러고 한 달쯤 지난 뒤 어느 날 밤 꿈에 그 거사가 방안으로 들어오는 모습을 보게 되었다. 이튿날 아침에 그 꿈 이야기를 하자 공교롭게도 부인도 똑같은 꿈을 꾸었다는 것이 아닌가. 괴이하게 여긴 술종공이 죽지령으로 사람을 보내어 알아봤더니 그 거사가 며칠 전에 죽었다고 했다. 그런데 그가 죽었다는 날이 자기 부부가 그 거사를 꿈에서 만난 바로 그날이었다.

술종공은 그 거사가 자신의 아들로 환생할 것으로 믿었다. 그래서 부하들을 죽지령으로 보내 죽은 거사를 고개 북쪽 기슭에 장사 지내게 하고 돌미륵을 하나 만들어 무덤 앞에 세우도록 했다.

공의 부인은 그 꿈을 꾼 뒤 과연 태기가 있어 달이 차서 사내아이를 낳았다. 술종공은 거사를 만났던 고개 이름을 따서 아이의 이름을 죽지라고 지었다. 죽지는 자라서 화랑이 되었고, 김유신의 휘하에서 빛나는 전공을 세웠다. 그리고 진덕여왕·태종무열왕·문무왕·신문왕 4대에 걸쳐 재상을 지내며 나라를 안정시켰다.

따라서 득오가 낭도로서 죽지를 화랑으로 섬겼다는 이 이야기의 시대적 배경이 되는 효소왕 때까지 죽지랑이 살아 있었다면 아마도 호호백발 노인이 아니었을까. 아니면 이미 죽은 다음인지도 모른다.

죽지랑과 득오의 이 설화는 유명한 향가인 〈모죽지랑가慕竹旨郎歌〉, 또는 〈죽지랑가〉로 끝맺는다. 여기서 '다북쑥 우거진 골짜기'는 무덤을 뜻한다고 보아 득오가 사모하던 죽지랑을 추억하여 지었다는 해석도 있다.

간 봄 그리워하니
모든 것이 서러워 우네.
아담한 얼굴에
주름살 지시려 하네.
잠시 사이나마
만나 뵙게 되었으면.
낭郎이여!
그리는 마음이 찾아가는 길
다북쑥 우거진 골짜기에서
잘 밤 있으리.

절세미인 수로부인과 〈헌화가〉

수로부인이 절세미인이었으므로 그 뒤에도 깊은 산이나 큰물을 지날 때마다
여러 차례 귀신이나 영물들에게 붙잡혀 갔다.
《삼국유사》 권 제2 〈기이〉

　　　수로부인水路夫人은 효소왕 다음 임금인 성덕왕 때 귀족 순정공
純貞公의 아내이다. 순정공이 아내를 데리고 강릉태수로 부
임하는 도중 동해 바닷가에서 잠깐 쉬며 점심을 먹었다. 바닷가에는
돌산이 병풍처럼 둘러싸고 있었는데, 때는 봄이라 까마득한 절벽 위
에는 진달래꽃이 만발하여 꽃밭을 이루고 있었다.

　수로부인이 꽃무리의 아름다운 모습을 쳐다보며 탄성을 연발했다.

　"저 꽃들 좀 보세요. 정말로 아름답지 않나요? 누가 저 꽃을 좀 꺾
어다 주면 얼마나 좋을까."

　그러나 남편을 비롯하여 일행 중 아무도 나서는 사람이 없었다.

　수로부인이 뾰로통한 표정을 짓자 시종들 가운데 한 명이 입을 열
었다.

"절벽이 너무 가파르고 위험해서 저희가 도저히 올라갈 수가 없군요."

그때였다. 일행의 곁으로 새끼 밴 암소를 몰고 가던 한 노인이 발길을 멈추고 가까이 다가오더니 이렇게 말했다.

"잠깐만 기다려 주오. 내가 한 번 올라가 보지요. 산에 올라가기 전에 태어나서 처음 보는 절세미인이신 부인을 위해 노래 한 곡부터 바치겠습니다."

그리고 나서 다음과 같은 노래 한 곡을 즉석에서 불렀는데, 명창은 아니지만 수로부인이 듣기에 매우 흥겨웠다.

자줏빛 바위 끝에
잡고 있는 어미 소 놓게 하시고
나를 아니 부끄러워하신다면
꽃을 꺾어 바치오리다.

이것이 《삼국유사》에 실려 전해 오는 14수의 향가 가운데 한 곡인 유명한 〈헌화가獻花歌〉이다.

노인의 노래를 들은 수로부인의 두 뺨이 발그레 물들었다. 남편한테서도 이렇게 멋진 구애의 노래를 들어 본 적이 없었기 때문이다. 능청스러운 시골 노인은 그리고 나서 수행원들에게 암소를 맡겨 놓고 절벽을 다람쥐처럼 능숙하게 기어 올라가더니 얼마 안 가 진달래 꽃 한 다발을 꺾어 가지고 내려와 수로부인에게 바쳤다.

순정공과 수로부인 일행은 다시 동해를 오른쪽으로 끼고 북녘으로 발길을 재촉했다. 그렇게 해서 다시 이틀을 더 올라간 다음이었다. 바닷가에 누가 지은 것인지 근사한 정자 한 채가 서 있었다. 또 점심 때가 되었으므로 그 정자에서 점심을 먹고 쉬어가기로 했다.

그런데 이게 웬일인가. 갑자기 해룡海龍이 나타나더니 수로부인을 솔개가 병아리 낚아채듯이 우악스럽게 잡아서는 바다 속으로 끌고 들어갔다. 삽시간에 절세미녀 아내를 빼앗긴 순정공이 망연자실하여 어쩔 줄을 몰랐다.

그렇게 당황하여 발만 구르고 있는데 난데없이 신선 같은 노인이 나타나더니 이런 계책을 일러 주는 것이었다.

"그렇게 걱정할 것 없소이다. 옛사람들 말에도 뭇사람의 입은 쇠라도 녹인다 했는데 그 따위 바다짐승이 어찌 뭇사람의 입을 두려워하지 않겠소이까? 이곳 백성들을 모아서 노래를 지어 소리쳐 부르고, 몽둥이로 언덕을 마구 두드리면 부인을 다시 볼 수 있지 않겠소?"

순정공은 그 말을 듣자 부하들을 이끌고 엎어지고 자빠지면서 인근 마을마다 돌아다니며 사람들을 불러 모았다. 그러고는 괴노인이 일러 준 대로 몽둥이로 언덕을 치며 〈바다노래海歌〉를 지어 불렀다. 그 노래의 내용은 이랬다.

거북아 거북아, 수로부인을 내놓아라.
남의 아내 훔쳐간 그 죄 얼마나 큰지 아느냐?
네가 만일 듣지 않고 내놓지 않는다면

그물로 너를 잡아 구워 먹고 말겠다.

이거 어디서 많이 듣던 노래 같지 않은가. 그렇다! 까마득한 옛날 옛적 김해 구지봉에 가락국 시조 김수로대왕이 탄강할 때 아홉 칸과 수백 명의 원주민이 대왕을 마중하며 불렀던 바로 그 노래와 판박이인 것이다.

어쨌든 그렇게 한바탕 난리법석을 피우자 수로부인을 잡아갔던 그 용이 수로부인을 데리고 바다에서 나와 순정공에게 돌려주었다.

순정공이 바다 속으로 끌려갔던 일을 물으니 부인이 대답했다.

"바다 속으로 들어갔더니 일곱 가지 보물로 장식한 용궁에 용왕이 대접하는 음식들이 모두 달고 연하고 좋은 향기가 풍기는데, 참으로 인간세상의 음식은 아닌 듯싶었답니다."

수로부인의 옷에서는 아직도 이상한 향기가 풍겼는데, 세간에서는 맡아 보지 못한 향내였다. 일연선사는 이 대목에서 이렇게 의미심장한 말을 덧붙였다. '수로부인이 절세미인이었으므로 그 뒤에도 깊은 산이나 큰물을 지날 때마다 여러 차례 귀신이나 영물靈物들에게 붙잡혀 갔다' 라고.

의문의 열쇠는 수로부인의 그지없이 빼어난 미모에 있었다. 그토록 아리따웠으므로 소 몰고 가던 다 늙은 시골노인도 그녀의 남편이 보고 듣는 앞에서 사랑의 노래를 읊으며 목숨을 걸고 절벽 위에 기어올라가 꽃을 꺾어 바쳤고, 바닷가를 지날 때에는 해적 두목이, 험한 산마루를 넘을 때에는 산적 두목이 잡아다가 재미를 보고는 풀어 주었던 것이다.

또 한 가지 짚고 넘어가야 할 사실이 있다. 신라 시대에 '부인'이란 칭호는 아무 여자에게나 붙이는 흔한 칭호가 아니었다. 왕비나 후궁, 왕의 친인척 가운데서 지체 높은 여인, 또는 박제상처럼 나라에 큰 공을 세운 충신의 아내에게나 내린 존칭이었다. 박제상의 아내 치술부인도 사실은 공주가 아니었던가. 따라서 수로부인의 출신은 최소한 남편 순정공도 함부로 할 수 없는 진골 출신 이상으로 추정된다.

강원도 삼척시에서는 《삼국유사》에 나오는 이 수로부인 설화의 역사적 현장이 삼척해수욕장 북쪽 와우산으로 추정했다. 그러나 그곳은 군사보호시설지구로서 개발이 불가능하므로 인근의 경관이 수려한 증산동 해변에 임해정臨海亭과 해가사비海歌詞碑를 세우는 등 수로부인공원을 조성하고 관광색들의 발길을 끌고 있다.

견우노인의 정체

일연선사는 이렇게 〈헌화가〉의 사연을 전해 주고 나서, '그 노인이 어떤 사람인지 알 수 없었다'라고 했다. 수로부인 부부도 모르고 수행원들도 모르는 이 견우노옹牽牛老翁의 정체는 무엇이었을까.

어떤 학자는 도력 높은 선승禪僧이라고 풀이하기도 했지만, 불교의 선종禪宗이 신라에 들어온 것은 이보다 훨씬 뒤인 제41대 임금 헌덕왕 때였으니 중은 아니었다. 일연선사도 노인의 정체가 중이 아니라 그냥 암소를 몰고 가던 노인이라고 하지 않았는가. 그러니까 서라벌 같은 도시 출신 사람들은 도저히 기어오를 수 없는 까마득한 절벽을 타고 오르는 실력으로 볼 때 그곳 지형지세를 자신의 손금 보듯 훤하게 알고 있는 그 부근 시골 농부였을 것이다.

그렇다면 시골 촌로가 어떻게 향찰鄕札을 배워 그처럼 격조 높은 노래를 즉석에서 지어 부를 수 있었을까. 그것도 그렇게 골치 아프게 생각할 건 없다. 이런 사연이 그 마을에 오래도록 전해지다가 어느 유식한 사람이 그 이야기를 듣고 향가를 만들었다고 해석하면 될 게 아닌가.

노힐부득과 달달박박의 득도

부득과 박박, 두 부처는 사람들에게 설법을 한 뒤 구름을 타고
서방극락으로 관음보살을 따라 갔다.
《삼국유사》 권 제3 〈탑상〉 제4

제33대 임금 성덕왕 때였다. 신라 구사군(창원) 북쪽에 백월산
白月山이 있었는데 산봉우리들이 기이하게 빼어나고 넓이는
수백 리에 걸쳐 뻗은 산이었다. 이 백월산에 이런 전설이 서려 있다.

옛날 당나라 황제가 못을 하나 팠는데, 매월 보름 전에 달빛이 밝
으면 사자처럼 생긴 바위가 있는 산 그림자가 화초 사이로 은은히 비
쳤다. 황제가 화공을 시켜 그 모습을 그리게 하고 사신을 시켜 온 세
상을 찾아다니면서 그 바위를 찾아보게 했다.

사신이 신라에 이르러 백월산에서 마침내 사자 모양의 바위를 보
게 되었다. 이 산 서남쪽 2,000보쯤 되는 곳에 세 개의 봉우리가 우뚝

솟은 화산花山이 있었다. 사신이 볼 때 그 산이 그림 속의 바로 그 산인지 미심쩍어 신발 한 짝을 벗어 사자바위 꼭대기에 걸어두고 돌아가서 황제에게 보고했다. 황제가 보름 전에 물에 비친 산 그림자를 보니 과연 신발이 보였다. 황제가 이를 매우 이상하게 여겨 산 이름을 백월산이라고 지어 붙였더니 그다음부터는 못 가운데서 그림자가 사라졌다.

이 산 동남쪽으로 3,000보쯤 되는 곳에 선천촌이 있었는데, 그 마을에 두 젊은이가 살고 있었다. 한 명은 노힐부득努肹夫得이니 아버지의 이름은 월장月藏이요 어머니의 이름은 미승味勝이었다. 다른 한 명은 달달박박怛怛朴朴이니 아버지의 이름은 수범修梵이요, 어머니의 이름은 범마梵摩였다.

두 사람 모두 풍채가 비범하고 속세를 초월하는 원대한 뜻이 있어서 서로 마음이 잘 맞았기에 친밀한 사이로 지냈다. 두 젊은이는 나이 스무 살 무렵에 마을 동북쪽 고개 너머 법적방에서 머리를 깎고 중이 되었다. 그리고 얼마 뒤에는 서남쪽 치산촌 법종곡 승도촌에 있는 옛 절이 수도하기 좋다는 소리를 듣고는 그곳으로 함께 갔다.

그리고 노힐부득은 회진암(양사)에, 달달박박은 유리광사에 살았다. 그러나 이들은 독신으로 수행한 것이 아니라 각각 처자를 거느리고 농사를 짓고 살면서 수행했다. 하지만 속세를 떠날 생각을 하지 않은 날이 없었다. 이들은 자신의 육신과 세상살이가 덧없음을 보고 서로 이야기했다.

"기름진 밭에 해마다 풍년드는 것도 좋지만 옷과 밥이 마음대로 생겨 저절로 따스하고 배 부르는 것만 못하고, 여자와 가정을 꾸리는 것도 좋지만 덕행이 높은 여러 성자들과 더불어 부처님 계신 극락정토에서 즐겁게 지내는 것만 못하지 않은가? 더구나 불도를 닦으면 마땅히 성불하고, 참된 마음을 닦으면 반드시 득도해야 할 것이 옳지 않으랴! 우리가 이미 머리를 깎고 출가했으니 당연히 모든 구속과 장애를 벗어던지고 더없는 도를 성취해야 하거늘 이처럼 세속에 얽매여 속물과 다름없이 살아서야 되겠는가!"

그렇게 해서 그들은 속세를 아주 버리고 더욱 깊은 산중에 숨기로 했다. 그러던 어느 날 밤 꿈에 부처님이 서쪽에서 오더니 황금빛 팔을 내려 두 사람의 이마를 쓰다듬어 주었다. 두 사람이 놀라 깨어나 꿈 이야기를 하니 똑 같은 꿈을 꾼 것을 알았다. 이들은 한동안 감탄하다가 드디어 백월산 무등곡으로 들어갔다.

박박은 북쪽 고개 사지암에 판방이란 판잣집을 짓고 살았고, 부득은 동쪽 고개 돌무지 아래 물이 있는 곳에 뇌방을 짓고 살았다. 부득은 미륵불을 섬겼고, 박박은 미타불을 섬겼다.

그렇게 수행한 지 3년이 채 못 된 성덕왕 8년(709) 4월 초파일이었다. 해가 질 무렵에 나이가 스무 살쯤 되어 보이는 낭자가 박박을 찾아왔는데 자태가 그지없이 아름다웠고, 몸에서는 형언할 수 없이 좋은 향내가 났다. 낭자는 박박에게 하룻밤 묵어가기를 청하며 시 한 수를 지어 주었다.

갈 길은 아득한데 날은 저물고 산은 첩첩일세.
길은 막히고 인가는 멀어 사방이 적막하구나.
오늘은 이 암자에서 묵어가려니

자비로운 스님은 노여워 마오.

그 시를 듣고 박박이 말했다.

"절이란 본래 청정한 수행도량이니 나를 번거롭게 하지 말고 다른 곳으로 가 보소."

그리고는 매정하게 문을 닫았다. 일연선사는 이 대목에서 이런 주 ♦를 달아 놓았다.

《성도기成道記》에는 이르기를 (박박이) 말하기를 "내 이미 100가지 잡념 이 재처럼 식었으니 육욕으로 나를 시험하지 말라."라고 했다고 한다.

박박에게 퇴짜를 맞은 낭자는 이번에는 부득의 암자로 찾아가서 똑같이 하룻밤 묵어가기를 청했다. 그러자 부득이 말했다.

"낭자는 이 밤중에 어디서 오는 길이오?"

"그지없는 태허太虛와 한 몸이 되었으매 어찌 오고 감이 따로 있으 리까? 다만 그대의 덕행이 높고 심지가 굳세다 하니 장차 보리심菩提 心을 돕고자 하오이다."

그리고 나서 게偈 한 수를 지어 주었다.

해 저문 산길에 가도 가도 사방이 막혔네.
송죽 그늘은 그윽하고 개울물 소리 더욱 새롭구나.
묵어가기 청함은 길을 잃어서가 아니요,
그대를 인도하기 위함이려니,

원컨대 내 청을 들어만 주고
누구냐고 묻지는 말아주오.

부득이 게송을 듣고 깜짝 놀라 말했다.

"이곳은 여인이 더럽힐 곳은 아니지만 중생을 돕는 것도 보살행이
려니, 이 깊은 산중에 날도 저물었으니 어찌 그냥 보낼 수 있으리오.
누추하지만 부디 들어와서 묵어 가시오."

그렇게 해서 낭자는 부득의 암자 안으로 들어설 수 있었다. 밤이
깊어가자 부득은 마음을 맑게 가다듬고 희미한 등불 아래서 염불을
그치지 않았다. 적막한 산중에 밤은 더욱 깊어져 갔다.

그때였다. 낭자가 갑자기 소리쳤다.

"아이고 스님! 이 몸이 불행하게도 해산할 기미가 있으니 스님은
짚자리를 좀 깔아 주오!"

부득은 참으로 난처했으나 차마 거절할 수 없어서 부드러운 짚을
깔아 주고 촛불을 은은히 밝혀 주었다. 그러는 사이에 낭자는 해산을
마치고 이번에는 목욕을 시켜 달라고 부탁하는 것이었다.

부득은 부끄럽기도 하고 두렵기도 했지만, 그보다도 측은한 마음
이 앞섰기에 이번에도 낭자의 부탁대로 커다란 함지박을 준비하여
물을 데워서 그 안에 그녀를 앉히고 목욕을 시켜 주었다. 그러자 함
지박 안에서 갑자기 이상한 향내가 피어오르더니 물이 모두 황금빛
으로 변하는 것이었다. 부득이 깜짝 놀라자 낭자가 생긋 웃으며 말
했다.

"스님도 여기 들어와 함께 목욕하는 게 좋겠구려."

부득이 얼떨결에 그녀가 시키는 대로 했더니 그의 몸이 금빛으로 빛나면서 정신이 상쾌해졌다. 그리고 곁에는 어느새 부처님이 앉는 연화대가 한 자리 생겼다. 낭자가 부득에게 그 자리를 권하며 말했다.

"나는 사실은 관세음보살일세. 그대의 성불을 돕고자 온 거라네."

그 말을 남기고 낭자, 아니 관세음보살은 자취도 없이 사라졌다.

한편 박박은 이렇게 생각했다. 그 낭자가 분명히 부득을 찾아갔을 텐데 부득은 마음이 약해 그녀를 쫓아 버리지 못하고 유혹에 넘어가 파계를 했을 것이라고. 그래서 찾아가서 놀려 주리라 생각하고 부득의 암자로 찾아갔다.

그런데 이게 어찌 된 노릇인가. 부득이 미륵불로 화해 연화대 위에 앉아 있는데 온몸이 황금색으로 찬란하게 빛나고 있는 것이 아닌가! 박박은 그 장엄한 모습에 놀라고 감동하여 자신도 모르게 그 앞에 꿇어앉아 물었다.

"어찌하여 이렇게 되었단 말이오?"

부득이 자초지종을 일러주자 박박이 탄식하며 말했다.

"아아, 내가 관음보살을 뵙고도 눈이 어두워 제대로 대우하지 못했으니 이를 어쩌랴. 그대는 나보다 어질고 덕이 높아 먼저 성불했으니 부디 지난날의 연분을 잊지 말기 바라오."

그러자 부득이 빙그레 웃으며 말했다.

"통에 아직 물이 남았을 테니 그대도 목욕을 하는 것이 좋겠구려."

박박이 그 말을 듣자 옷을 훨훨 벗고 목욕을 했다. 그리하여 두 사람은 마침내 무량수無量壽를 이루어 서로 마주 대하게 되었다.

산 아래 마을 사람들이 이 소문을 듣고 다투어 찾아와서 두 사람,

아니 두 생불을 우러러보며 감탄했다.

"참으로 보기 드문 일일세!"

부득과 박박, 두 부처는 사람들에게 설법을 한 뒤 구름을 타고 서방극락으로 관음보살을 따라갔다.

노힐부득과 달달박박의 구도와 성불의 설화가 서린 백월산은 경남 창원시 북면 월백리 뒷산이다. 일연선사는 달달박박을 위해 이런 시를 지었다.

녹음 우거진 바위 앞에 들리는 발자국소리
누가 날 저문데 구름문을 두드리는가.
남쪽 암자 가까우니 그리로 가 보시고
내 뜰의 푸른 이끼는 밟아 더럽히지 마소.

또 노힐부득을 찬양하여 이런 시를 남겼다.

산길 어두운데 어디로 가랴.
남쪽 창에 자리 있으니 머물다 가오.
밤 깊도록 백팔염주 세다 보니
나그네 잠 깰까 못내 두려웠소.

또한 관음보살의 현신은 이렇게 찬미하여 읊었다.

십리 뻗은 솔 그늘 오솔길을 더듬어서

깊은 밤 절을 찾아 중의 마음 떠보았네.

세 번 목욕 마치자 동이 트려 하는데

두 아이 낳고는 서방극락으로 돌아가셨네.

충담사의 〈안민가〉와 〈찬기파랑가〉

왕은 입에 침이 마르도록 칭찬하고 즉석에서 충담을 왕사로 책봉했다.
그러나 세상 어느 것에도 억매이기 싫어한 충담은 두 번 세 번 절하며 사양했다.
《삼국유사》 권 제2 〈기이〉

신라 제35대 임금 경덕왕은 이름이 김헌영金憲英으로 효성왕의 동복아우였다. 효성왕이 아들이 없으므로 태자로 책봉됐다가 효성왕이 재위 6년 만인 741년에 죽자 그 뒤를 이어 즉위하여 764년까지 23년간 재위했다.

어느 해 3월 삼짇날, 왕이 귀정문 문루 위에 나와 앉아 신하들에게 말했다.

"누가 거리에 나가 훌륭하게 차려입은 중 한 명을 데려와 보라."

그때 마침 깨끗하게 잘 차려입은 중 한 명이 어슬렁거리며 걸어오고 있었다. 신하들이 내려가 그를 데리고 올라와 왕에게 알현시켰다.

왕이 고개를 저으며 말했다.

"내가 찾는 중이 아니다!"

잠시 뒤에 또 다른 중 한 명이 허름한 승복에 삼태기를 짊어지고 남쪽에서 걸어오고 있었다. 왕이 그를 보자 반가운 표정을 지으며 불러오라고 시켰다. 그러고는 그 중이 둘러맨 삼태기를 들여다보니 차를 달여 마시는 도구가 들어 있었다. 임금과 스님이 대화를 시작했다.

"그대는 누구인고?"

"소승은 충담忠談이라 합니다."

"지금 어디서 오는 길인고?"

"소승은 해마다 3월 삼짇날과 9월 9일 중구重九 날이면 남산 삼화령에 가서 미륵세존 님께 차를 달여서 올리는데, 오늘도 차를 공양하고 오는 길입니다."

"그럼 짐에게도 한 잔 나누어 줄 수 없는고?"

"분부대로 거행하겠습니다."

충담이 이내 차를 달여 올렸는데 그 맛과 향이 기막힐 정도로 좋았다. 차를 마신 경덕왕이 충담사에게 물었다.

"이제 그대의 이름을 들으니 기억이 나는구나. 그대가 전에 기파랑耆婆郎을 찬미하는 〈사뇌가詞腦歌〉를 지었는데, 그 뜻이 매우 고상하다던데. 그대도 그렇게 생각하는고?"

"그렇게 생각합니다."

"그렇다면 짐을 위해서 백성들이 편히 살도록 잘 다스리는 내용의 노래를 한 곡 지어 주었으면 좋겠구려."

충담사가 명을 받들어 그 자리에서 〈안민가安民歌〉를 지어 바쳤다. 경덕왕이 그 노래 가사를 받아 보니 감동이 파도처럼 밀려들었다. 왕은 입에 침이 마르도록 칭찬하고 즉석에서 충담을 왕사王師로 책봉했다. 그러나 세상 어느 것에도 억매이기 싫어한 충담은 두 번 세 번 절하며 사양했다. '평안감사도 하기 싫으면 그만'이라는 말이야 천 년이나 지난 조선 시대에 생긴 말이지만 충담사에게도 왕사니 국통이니 하는 중의 버슬은 전혀 마음에 없었던 것이다.

〈안민가〉의 내용은 이렇다.

임금은 아버지요
신하는 사랑하는 어머니라,
백성을 어리석은 아이로 여기시니
백성은 그 은혜를 알라.
꾸물거리며 살아가는 물생들을
먹여 살리고 다스리네.
이 땅을 버리고 어디로 가랴.
나라가 보전될 줄 알아야 한다.
임금은 임금답게,
신하는 신하답게,
백성은 백성다우면
나라는 태평하리라.

한편 충담사가 지은 〈찬기파랑가讚耆婆郎歌〉는 월명사月明師의 〈제망매가(祭亡妹歌)와 더불어 문학성이 매우 뛰어나며, 화랑을 기리는 향가로서는 득오의 〈모죽지랑가〉와 쌍벽을 이루는 작품으로 평가받고 있다. 그러나 기파랑이란 화랑에 관해서는 다른 기록이 전혀 없어 어떤 인물인지, 무슨 공적이 있는지 전혀 알 수가 없다. 그 내용도 소개한다.

흐느끼며 바라보니 이슬 밝힌 달이
흰 구름 쫓아 떠가는 것 아니런가.
새파란 물가에 기파랑의 모습 잠겼어라.
일오천 자갈밭에서
낭이 지니셨던 마음 좇으려 하노라.
아아, 잣나무 가지 드높아
서리 모를 그 씩씩한 모습이여.

미륵불의 현신 진표율사

진표는 명산을 두루 돌아다니다가 변산 불사의방장에 머물러 삼업을 수행했으며
망신참법으로써 마침내 계를 얻었다.
《삼국유사》 권 제4 〈의해〉 제5

진표율사眞表律師는 망국 백제 땅에서 태어났으며, 경덕왕(재위 742~765) 때에 불법을 펼치던 고승이다. 그는 피눈물 나는 수행 끝에 미륵불로부터 직접 수기授記, 즉 성불成佛의 예언을 받았으며, 입적할 때까지 소외된 민중을 위해 미륵 신앙을 포교하며 숱한 신비로운 이적을 보여 '미륵불의 현신'으로 찬양받던 민중의 성자였다.

우리나라에 미륵 신앙이 들어온 것은 불교가 전래된 삼국 시대 초기부터로 알려졌으며, 가장 성행했던 것도 이 삼국 시대였다. 이때 수많은 반가사유상半跏思惟像을 포함하여 전국 각지의 마애미륵상磨崖彌勒像 등 미륵불상이 조성된 사실이 이를 여실히 증명해 준다.

백제와 고구려가 멸망한 뒤에는 다른 불교의 교학적教學的 발전에 따라 《미륵경》에 관한 연구도 활기를 띠었으며, 특히 원효元曉는 불

교대중화를 위해 미륵 신앙의 요지를 알기 쉽게 요약한 〈미륵상생경종요〉를 찬술하기도 했다. 진표율사는 이 무렵의 대표적인 미륵 사상가요 미륵 신앙의 선지식先知識이었으며, 그가 중창한 전북 김제 모악산 금산사金山寺는 이후 미륵 신앙, 즉 법상종法相宗의 근본 도량이 되었다.

《삼국유사》에는 진표율사에 관한 기록이 잇달아 두 편이 나오니, 하나는 '진표가 패쪽을 전하다真表傳簡'요, 또 하나는 그다음에 나오는 '관동 풍악 발연수 돌에 새긴 기록關東楓岳鉢淵藪石記'이다. 여기에서 수藪란 큰 절과 거기에 딸린 암자를 통틀어 가리키는 말이다.

진표율사는 신라 성덕왕 32년(733)에 완산주 벽골군 두내산촌 대정리, 오늘의 전북 김제시 만경읍 대정리에서 태어났다. 《삼국유사》에 따르면, 진표율사의 속성은 정씨井氏로 아버지의 이름은 진내말真乃末, 어머니의 이름은 길보랑吉寶娘이다. 아버지가 백제 유민의 지도자, 또는 어부라는 설도 있고, 농부라는 설도 있으며, 사냥꾼이었다고도 하는데 모두 분명하지 않다. 다만 진표는 어렸을 적에 사냥을 좋아했고 특히 활을 잘 쏘았다고 한다.

진표가 11세 되던 해 어느 봄날이었다. 동무들과 더불어 마을 밖으로 놀러갔다가 개구리 열 마리를 잡아 끈에 꿰어 물속에 담가두었는데 그만 깜빡 잊은 채 집으로 돌아왔다. 이듬해 봄이 되어 불현듯 지난해의 개구리들이 생각나서 가 보니 개구리 열 마리가 그대로 줄줄이 꿰어진 채 죽지도 않고 살아서 개골개골 울어대고 있었다.

그 순간 진표의 어린 가슴속에 크나큰 충격이 몰아쳤다. 얼른 개구리들을 풀어서 놓아 준 소년 진표는 자신의 잘못된 행동을 크게 반성하고 깊은 고뇌에 빠졌다.

'애처롭구나! 한갓 미물인 개구리들도 저처럼 살고자 애쓰는데, 도대체 나는 무엇 때문에 사는가, 그리고 어떻게 사는 것이 바른 삶인가…….'

이런저런 생각 끝에 진표는 출가를 결심하고 집으로 달려가 부모님께 자신의 결심을 고했다. 그러자 아버지는 불심이 깊었던지라 어린 아들에게 이렇게 일렀다.

"네 결심이 정 그렇다면 말리지는 않겠다. 하지만 네 나이 아직 어리니 3년만 더 집에 있다가 스님이 되려무나."

소년 진표는 앞으로 출가하면 부모님께 효도도 할 수 없다는 생각에서 3년 동안 열심히 집안일을 거들며 정성껏 봉양을 했다.

그러던 어느 날이었다. 아버지가 큰 잉어를 잡아 가지고 왔는데, 진표가 잉어의 큰 눈을 보니 마치 살려 달라고 눈물을 흘리며 애원하는 것처럼 보였다. 그래서 아버지께 부탁하여 잉어를 자신이 기르겠다면서 팔지 못하게 했다. 그렇게 하여 매일 먹이를 주며 잉어를 돌보는 사이에 어느덧 3년의 세월이 흘렀다. 그가 집을 떠나기 전날 밤이었다. 마지막으로 먹이를 주자 느닷없이 잉어가 이렇게 사람처럼 말을 했다.

"도련님, 이제 저도 인연이 다 하여 이승을 떠나게 되었답니다. 부디 출가하시면 성불하셔서 크게 중생을 제도해 주시옵소서. 그리고 그동안의 은혜에 감사하는 뜻으로 제가 머물던 곳에 선물 하나를 두고 갈 터이니 그것을 팔면 도련님의 부모님께서 평생 걱정 없이 지내실 수 있을 것입니다."

그러더니 잉어는 죽었고, 잉어를 치우자 커다란 진주 한 알이 나타났다. 진표는 이런 사연을 부모님께 알리고 진주를 드린 뒤에 집을 떠나 전에 마음먹었던 대로 모악산 금산사로 달려갔다. 그렇게 하여 금산사로 찾아가 숭제법사崇濟法師의 문하에서 3년간 행자 수행을 거친 뒤에 진표라는 법명을 얻었다고 한다.

진표는 명산을 두루 돌아다니다가 변산 불사의방장不思議方丈에 머물러 삼업三業을 수행했으며 망신참법으로써 마침내 계를 얻었다.

(……) 진표는 스승의 말을 듣고 명산들을 두루 다니다가 선계산(변산) 불사의암不思議庵에 와서 행장을 풀고 삼업三業, 身業·口業·意業을 공부하는데 자신의 육신에 고통을 주는 수행인 망신참亡身懺으로써 계를 받았다. 그는 처음에 이레 밤을 기약하고 오륜五輪, 즉 사지와 머리 등 오체를 돌에 쳐서 무릎과 팔이 다 부서지고 피가 바위 언덕에 비 오듯 흘렀으나 영험이 없는 것 같아 몸을 희생하기로 결심하고 다시 이레를 연장하여 14일간에 고행을 더했더니 지장보살이 현신하여 계율을 받게 되었다. 이때가 효성왕 4년(740) 3월 15일, 그의 나이 23세였다.

《삼국유사》의 이 기록이 맞는다면 진표율사의 출생연도는 성덕왕 16년(717)이 되는 셈이다. 그러나 이어서 나오는 '관동 풍악 발연수 돌에 새긴 기록', 즉 금강산 발연사의 석각을 인용한 내용은 다소 차이가 난다. 여기에는 진표율사가 득도한 과정을 이렇게 전해 주고 있다.

(……) 명산을 두루 돌아다니다가 27세 되던 760년에 쌀 스무 말을 쪄서 이것을 말려 양식으로 삼고 보안현保安縣을 찾아 변산의 불사의방에 들어갔다. 쌀 다섯 홉으로 하루를 먹고 한 홉은 덜어서 쥐를 먹이면서 부지런히 미륵상 앞에서 계를 구했으나 3년이 되어도 수기를 받지 못했다. 그는 분발하여 바위 아래로 몸을 던졌더니 갑자기 푸른 옷을 입은 동자가 손으로 받아 돌 위에 놓았다. 율사는 다시 발원하여 21일간을 밤낮으로 부지런히 수행하고 돌을 두드려가면서 참회하니 사흘째 되던 날에 손과 팔이 꺾어져 떨어졌다. 이레째 되던 날 밤에 지장보살이 손으로 쇠 지팡이를 흔들면서 와서 쓰다듬으니 손과 팔이 전과 같아졌다. 보살은 이때야 가사와 바리때를 주었다. 율사가 그 영험에 감복하여 전보다 갑절이나 정진을 계속하니 21일 만에 마침내 천안天眼을 얻어 도솔천 무리들이 오는 광경을 보았다. 이때 지장보살이 미륵보살과 함께 나타나 율사의 머리를 어루만지며 말하기를 "착하다, 사내답구나. 이와 같이 계율을 구하기에 신명을 돌보지 않고 지성으로써 힘껏 참회를 하였다." 하면서 지장보살이 율책을 주고 미륵보살은 다시 패쪽 두 개를 주었다. 하나에는 '구자九者'라고 썼고 다른 하나에는 '팔자八者'라고 썼는데, 율사에게 말하기를 "이 두 패쪽은 바로 내 손가락뼈이니 이는 처음 되는 근본이 두 가지 깨달음二覺을 비유한 것이다. 또 9자는 바로 불법이요, 8자는 새로 부처가 되는 씨앗인 바 이로써 마땅히 과보를 알 것이다. 너는 지금 몸을 버리고 대국 왕의 몸을 받아 후생은 도솔천에

서 날지어다." 하고 말을 마치자 두 보살은 곧 사라지니 때는 경덕왕 21년(762) 3월이었다.

이 두 기록을 비교해 보면 진표율사가 지장과 미륵 두 보살을 친견했다는 연대가 차이가 난다. 즉 《삼국유사》는 740년이요, 비석의 기록은 이보다 무려 22년이나 차이가 나는 것이다. 진표율사가 733년에 태어난 것이 사실이라면 762년 29세 때에 득도했다는 설이 보다 신빙성이 있는 것으로 보인다. 《삼국유사》는 그다음 상황을 이렇게 전한다.

그러나 그는 뜻이 미륵보살에 있었으므로 여기에 멈추지 않고 영산사로 옮겨 처음과 같이 용맹 정진하니 과연 미륵보살이 나타나 《점찰경占察經》 2권과 수행의 결실인 증과證果의 간자簡子 189개를 주면서 이르기를 "그 가운데서 제8간자는 새로 얻은 묘계(보살의 대계)를 이름이요, 제9간자는 구족계具足戒를 더 얻은 것을 이름이니라. 이 두 간자는 내 손가락뼈이며 나머지는 침향과 전단향나무로 만든 것이므로 모든 번뇌를 이른 것이다. 너는 이것으로써 세상에 법을 전하여 중생을 구제하는 뗏목으로 삼으라."라고 했다.

한편 《송고승전》〈진표전〉은 율사가 득도하고 산에서 내려온 다음에 이런 일이 있었다고 전한다.

진표가 길을 따라 내려오자 골짜기의 높고 낮은 차별이 사라졌다. 또한 날짐승과 사나운 짐승들조차 진표의 발 앞에 부드럽고 순하게 엎드렸다. (중략) 이때 남녀 인민들이 그가 지나는 길에 머리를 풀어 진창을 덮고 옷을 벗어 길에 깔며 자리를 펴 지나가게 하니……, 진표는 인민들의 뜻에 따라 하나하나 정성스레 밟고 지나갔다.

이런 정경은 무엇을 뜻하는가. 다름 아닌 서민대중이 염원하는 미륵하생의 용화세계에 다름 아니다. 이는 또한 《미륵하생경》에 묘사된 미륵불의 출현을 연상시키는 대목이니, 망국 백제의 유민들이 미륵불의 구제를 열망하고 있다가 진표율사의 출현을 미륵불의 하생으로 받아들였다는 이야기가 된다. 그다음 진표율사의 행적은 〈장골탑비문〉이 전해 준다.

율사는 수기와 교법을 받고는 심신이 환희에 가득 차 예불을 올린 다음에 물러나 금산사를 중창하려고 불사의방에서 나와 산을 내려왔다. 도중에 큰 못가에 이르렀는데 홀연히 용왕이 나타나더니 옥발玉鉢과 가사를 바친 뒤에 8만 권속을 거느리고 율사를 모신 채 금산사를 향해 모악산에 다다랐다. 이로부터 인근 고을에 사는 수많은 사람이 권하지도 않았는데 소문을 듣고 찾아와 힘을 모아 금산사를 짓기 시작하여 오래 되지 않아 낙성을 보게 되었다. 이때 미륵보살이 구름을 타고 도솔천에서 내려와 진표율사에게 계를 주는 모습을 금당 남쪽 벽에 그렸다. 율사는 이 벽화를 보고 크게 감동하여 신도들에게 권하여 미륵장륙금상을 주조했는데, 763년 4월 14일에 시작하여 12년 만인 혜공왕 10년(774) 6월 9일에 끝마쳤다. 미륵장륙상을 금당에 모신 뒤 21일 동안 점찰법회를 베풀어 고해에서 신음하는 수많은 중생을 구제했다.

《삼국유사》에는 미륵장륙상이 조성된 것은 764년 6월 9일, 미륵전에 모셔진 것은 766년 5월 1일이라고 했다. 미륵전이 세워지고 미륵상이 모셔지자 전국에서 신도가 구름처럼 모여들어 친견하고 예불을 올렸다고 한다. 이러한 서민대중의 열렬한 지지에 힘입어 금산사 불사가 일단락되자 율사는 길을 떠나 속리산으로 향했다. 도중에 소달구지를 타고 가는 사람을 만났는데 갑자기 소들이 그를 보자 무릎을 꿇고 눈물을 흘렸다. 괴이하게 여긴 주인이 달구지에서 내려 율사에게 물었다.

"무슨 까닭으로 이 소들이 스님을 보고 우는 것입니까? 스님은 어디서 오시는 분인지요?"

"나는 금산사의 진표라는 중입니다. 내가 일찍이 변산 불사의방에서 수행하다가 미륵보살님과 지장보살님으로부터 계를 받았습니다. 새 절을 지어 수행도량으로 삼고자 속리산으로 가는 길인데, 이 소들이 보기에는 어리석은 가축에 불과하지만 속은 현명하여 내가 수기를 받은 것을 알고 불법을 중히 여기므로 무릎 꿇고 우는 것입니다."

"짐승도 이토록 깊은 신심이 있는데, 하물며 저는 사람으로서 어찌 불법에 무심할 수 있겠습니까? 제가 선지식을 만나는 불연佛緣을 얻었으니 곧 마음의 때를 씻고 죄악의 뿌리를 끊겠습니다."

그리고 낫을 들어 자신의 머리카락을 잘라버리는 것이었다. 율사가 갸륵하게 여겨 그의 머리를 다시 깎아 주고 계를 주었다. 두 사람이 더불어 속리산에 이르렀는데 그 들머리에서 길상초吉祥草를 보고 그 자리에 절을 짓고 이름을 길상암이라고 했으니 곧 오늘의 법주사이다.

그 뒤 진표율사는 명주(강릉) 지방으로 넘어가 바닷가를 따라가는데, 수많은 물고기와 거북이 떼 지어 바다에서 나와 율사 앞에서 머리와 꼬리를 이어 육지처럼 만드니 율사는 계법을 염창念唱하며 바다로 들어가 설법하고 돌아 나왔다. 그리고 고성군에서 금강산으로 들어갔는데 산 밑에 마치 바리때처럼 둥근 용연龍淵이 있었다. 그 곁에 절을 짓고 발연사라 이름 짓고 점찰법회를 베풀었으며, 그곳에서 7년을 머물렀다. 그때 명주 지방에 큰 흉년이 들어 사람들이 굶주림에 허덕이다 못해 율사에게 찾아와 하소연했다. 율사가 설법을 하고 그들로 하여금 삼보에 귀의하여 계율을 잘 지키도록 했더니 곧 해변에 수많은 물고기가 떼 지어 나타났다. 사람들이 이를 잡아 굶주림을 면할 수 있었다.

발연사를 떠난 율사는 다시 그 옛날 수기를 받던 불사의방장을 찾아 한층 더 수행에 정진하다가 고향 집을 찾아 아버지를 찾아뵙고 그동안 있었던 일들을 낱낱이 아뢰었다. 율사는 아버님을 모시고 금강산 발연사로 들어가 돌아가실 때까지 효도를 다 했다. 아버님이 돌아가신 뒤에 발연사를 더욱 확장하고 탑을 세우는 한편 미륵입상과 약사여래를 조성하여 도량의 주존불로 삼았다.

《삼국사기》에 따르면, 진표율사의 신비한 행적이 나라 안에 널리 알려져 경덕왕이 서라벌로 초청해 설법을 들은 뒤 보살계를 받고 조 7만 7,000석을 내리니 왕후와 왕족들도 계를 받고 명주 500단과 황금 50냥을 보시했다. 율사는 이를 받아 사사로이 쓰지 않고 모두 여러 사찰에 나누어 주어 불사를 일으키게 했다고 한다. 하지만 진표율사는 어디까지나 힘없고 가난한 하층민의 스승, 서민 속의 성자였다. 벼슬도 재물도 그에게는 아무 소용이 없었다.

진표율사는 다시 발연사로 돌아가 그곳에서 입적했다. 그해가 언제였는지는 기록이 없으나 발연사는 행정구역상으로 강원도 간성군 신북면 용계리에 속했다. 고려 신종 2년(1199)에 발연사의 영잠塋岑 스님이 지은 〈진표율사 장골탑비문〉에 따르면, 율사는 절 동쪽에 있는 큰 바위에 올라가 입적했다고 한다. 제자들이 움직이지 않는 시신을 향해 공양하고 예배하며 오래도록 그대로 두었다가 해골이 모두 흩어질 무렵에 흙으로 덮어 무덤을 만들었다. 그 무덤 위에 푸른 소나무가 났는데, 오랜 세월 뒤에 말라 죽고 다시 두 그루의 소나무가 차례로 솟아올랐다. 그러나 뿌리는 하나였다.

진표율사를 추앙하는 사람들이 이곳을 찾아 기도하다가 간혹 사리를 줍기도 했다. 그래서 영잠 스님이 이러다 율사의 사리가 완전히 흩어져 사라질 것을 걱정하여 소나무 밑을 정리해 약 3홉 정도의 사리를 수습하여 바로 그 자리, 쌍송 아래에 율사의 사리를 모시고 비석을 세웠다는 것이 〈장골탑비문〉의 내력이다.

표훈대사와 혜공왕

만월황후가 마침내 태자를 낳으니 왕이 뛸 듯이 기뻐했다.
태자가 여덟 살 때 경덕왕이 죽어서 뒤를 이어 즉위하니 그가 혜공왕이다.
《삼국유사》 권 제2 〈기이〉

《삼국유사》〈기이〉편 '경덕왕, 충담스님, 표훈스님' 조에
따르면 제35대 임금 경덕왕은 생식기가 8촌이었는데도
뒤를 이을 아들이 없었다. 이에 황후를 폐하여 사량부인沙梁夫人으로
강등시켰다. 아들을 못 낳는다는 죄로 졸지에 본부인에서 첩으로 강
등당한 사량부인은 중전에서 후궁으로 쫓겨 갔다.

다음 황후는 만월부인滿月夫人이니 시호는 경수태후景垂太后요, 각간
김의충金依忠의 딸이다.

왕이 하루는 표훈대사表訓大師를 만나자 이렇게 하소연했다. 표훈대
사는 의상법사의 10대 제자의 한 명으로서 당대의 고승이었다.

"짐이 복이 없어서 자식을 얻지 못하니 참으로 답답하구려. 부탁이
니 대사께서 상제上帝님께 청하여 아들 하나 점지토록 해 주오."

표훈이 하늘로 올라가 상제에게 고하고 돌아와서 말했다.

"상제님의 말씀이 딸이라면 금방 줄 수 있지만 아들은 안 된다고 하십니다."

"어찌 그런 일이! 대사께서는 다시 한 번 수고해 주오. 이왕이면 딸을 아들로 바꿔 달라고……."

표훈이 다시 하늘로 올라가서 부탁했더니 상제가 이렇게 일렀다.

"허허허, 주는 것은 없어도 바라는 건 많다고 그 자가 아들을 몹시 바라는구나. 아들을 줄 수는 있지만, 그렇게 된다면 나라가 위태로워질 거야."

표훈이 물러나서 하계로 내려오려는데 상제가 다시 부르더니 이렇게 꾸짖었다.

"표훈아, 하늘은 하늘, 인간은 인간, 천상계와 인간계가 엄연히 다른데, 너는 이 질서를 어지럽히며 땅과 하늘 오고가기를 마치 이웃마을 다니는 듯이 하는구나. 이제부터는 다시는 오지 마라."

표훈이 내려와서 상제의 말씀을 그대로 전했더니 왕이 못내 아쉬워했다.

"비록 나라가 위태롭다 해도 아들이 하나만 있었으면 더는 소원이 없겠다."

그런 일이 있고 나서 만월황후가 마침내 태자를 낳으니 왕이 뛸 듯이 기뻐했다. 태자가 여덟 살 때 경덕왕이 죽어서 뒤를 이어 즉위하니 그가 혜공왕이다. 왕이 어린아이였으므로 모후인 만월부인, 아니 경수태후가 섭정을 했다. 신라에서 모후가 섭정을 하기는 진흥왕이 일곱 살에 즉위하여 지소태후가 섭정한 이후 두 번째였다.

철부지 어린아이가 왕좌에 앉고, 그 어미가 뒤에서 정사를 떡 주무르듯 하니 국정이 문란해지기 시작하여 사방에서 도적들이 벌떼처럼 일어났다. 상제의 말이 맞았던 것이다. 이는 혜공왕이 본래 여자로 태어날 것을 사내로 태어났기에 빚어진 일이었다. 혜공왕은 첫돌이 지나서부터 임금이 될 때까지 계집아이들이 하는 놀이를 하고 놀았고, 여자 옷을 입고 비단주머니를 차고 다니기를 좋아했던 것이다.

그런저런 까닭에 결국 혜공왕은 야심만만한 대신 김양상金良相, 즉 선덕왕宣德王과 김경신金敬信 등에게 살해당하고 말았다. 이로써 제29 대 태종무열왕 김춘추부터 제36대 혜공왕까지 8명이 임금 자리를 차지하던 무열왕계는 맥이 끊어지고, 제17대 내물왕의 혈통이 왕위를 차지하면서 신라는 이른바 하대下代로 접어들게 된다.

《삼국사기》는 이 대목 끝에 가서 '표훈이 죽은 뒤부터 신라에는 성인이 나오지 않았다' 라고 덧붙였다.

월명사의 〈도솔가〉와 〈제망매가〉

임금과 대신들은 그제야 월명의 지극한 정성이 미륵보살을 불러 모셨던 것을 알 수 있었다.
이 소식은 곧 발 없는 말을 타고 서라벌에 널리 퍼졌다.
《삼국유사》 권 제5 〈감통〉 제7

월명사月明師는 경덕왕 때에 향가를 잘 지어 부르던 스님이다. 유명한 향가 〈도솔가〉와 〈제망매가〉가 그의 작품이다. 월명사는 본래 사천왕사에 소속된 스님이지만 사방팔방 주유천하 하기를 좋아한 유랑승이었다. 향가라면 자다가도 벌떡 일어나 한 곡 멋지게 부르는 풍류 화상이었으며, 화랑의 무리와 친하기도 했다.

경덕왕 19년(760) 4월 초하루, 느닷없이 하늘에 두 개의 해가 나란히 나타나더니 열흘이 지나도록 사라지지 않았다. 일관日官, 즉 궁중의 점쟁이가 이를 보고 점을 치더니 왕에게 아뢰었다.

"폐하, 이 하늘의 변고를 물리치기 위해서는 인연이 닿는 스님에게 부탁해서 산화공덕散花功德을 베풀어야 한다는 점괘가 나왔습니다."

"산화공덕이 무엇인가?"

"부처님 지나가시는 길에 꽃을 뿌려 부처님을 찬양하는 것입니다."

"인연 있는 스님은 어디 있는가?"

그렇게 해서 왕은 궁내에 깨끗한 제단을 만들게 하고 인연 있는 스님이 오기만을 기다렸다. 그때 월명사가 남쪽으로 난 밭길을 가는 것이 보였다. 왕이 월명사를 불러 단에서 기도하는 글을 짓게 하자 월명사가 이렇게 말하며 사양했다.

"폐하, 소승은 그저 국선(화랑)의 무리에 속한 보잘것없는 중에 불과하여 겨우 향가나 알지 범어로 된 염불은 잘 모릅니다."

"범어야 모르면 어떻소? 스님이 이미 인연 있는 승려로 뽑혔으니 향가라도 좋소. 한 번 읊어 보오."

그래서 월명사가 향가 한 수를 읊었는데 그 곡이 바로 〈도솔가〉였다. 그 내용은 이렇다.

오늘 이에 산화가散花歌 부를 제
뿌려진 꽃아.
너는 곧은 마음의 명을 받들어
미륵좌주彌勒座主를 모셔라.

월명사가 이렇게 〈도솔가〉를 지어 부른 지 얼마 안 가 신기하게도 변괴가 사라졌다. 왕은 월명사에게 감사하는 뜻에서 좋은 차 한 봉지와 수정염주 108개를 내렸다. 그런데 갑자기 미목이 수려한 동자가 나타나더니 공손히 차와 염주를 받아들고 대궐 서쪽 작은 문을 통해 나갔다. 이를 본 월명은 동자를 대궐의 시종으로 알았고, 왕은 왕대로 월명을 따르는 동자로 알았다. 그런데 모두가 오해였다. 나중에 물어보니 아무도 못 보던 동자라는 것이었다.

왕은 매우 이상하게 여겨 그 뒤를 쫓아가 보게 했으나, 그 동자는 내원의 탑 속으로 들어가 버렸다. 대신 차와 염주는 남쪽 벽에 그려진 미륵상 앞에 놓여 있었다. 임금과 대신들은 그제야 월명의 지극한 정성이 미륵보살을 불러 모셨던 것을 알 수 있었다. 이 소식은 곧 발 없는 말을 타고 서라벌에 널리 퍼졌다. 그 뒤 경덕왕은 월명사를 더욱 공경했으며 비단 100필을 시주했다.

그런데 월명사가 이 〈도솔가〉를 짓기 전에 사랑하던 누이동생이 먼저 죽는 일이 있었다. 월명이 누이를 위해 재를 올리고 향가를 지어 제사를 지냈더니 갑자기 회오리바람이 불어 종이돈을 모두 서쪽으로 날려 버렸다. 그때 지어 부른 노래가 바로 향가 중의 걸작으로 꼽히는 〈제망매가〉로, 그 내용은 이렇다.

생사의 길이
예 있으려나 있을 수 없어
나는 간다는 말도 못 이르고
어찌하여 가버리느냐.
어느 가을 이른 바람에
이리저리 떨어질 나뭇잎처럼

한 가지에 나서는

가는 곳을 모르는구나.

아으, 미타찰彌陀刹에서 만날 날을

내 도를 닦으며 기다리련다.

여기서 미타찰이란 아미타불이 있는 서방정토를 가리킨다. 월명은 능준대사能俊大師의 제자로 향가도 잘 불렀지만 사천왕사에 살면서 피리도 잘 불었다. 하루는 월명이 피리를 불면서 절 문 앞을 걸어가는데 달도 이 피리 소리에 반해 가던 길을 멈추었다. 그런 까닭에 그 마을을 월명리라고 부르게 되었다. 월명은 이 때문에 더욱 이름이 높아졌다.

일연선사는 이 기사의 뒤에 이런 찬미하는 시를 덧붙였다.

바람은 종이돈을 날려 죽은 누이의 노잣돈을 삼고

피리 소리 하늘에 울려 항아姮娥의 발길을 멈추게 했네.

하늘 저쪽 도솔천이 멀다고 하지 마오.

만덕화萬德花 한 곡조로 즐겨 맞으려네.

김대성이 불국사와 석굴암을 세우다

이승의 양친을 위하여 불국사를 세우고, 전생의 부모를 위해 석불사를 세워
신림·표훈 두 스님을 청해 각각 머물게 했으며,
부모의 소상들을 성대하게 세워 양육한 은혜에 보답했다.
《삼국유사》 권 제5 〈효선〉 제9

한국 불교사에 빛나는 명찰 불국사와 석굴암을 창건한 사람은 원광법사나 자장율사, 원효성사나 의상조사 같은 고승대덕이 아니었다. 그는 김대성金大城이란 불심이 두터운 재가불자였다. 물론 김대성 거사가 아무리 벼슬이 높고 돈이 많았다고 해도 혼자 힘으로는 불국사와 석굴암 창건이라는 거국적 대역사大役事를 이룩할 수는 없었을 것이다. 하지만 불국사와 석굴암의 창건이 김대성 거사의 투철한 신앙심과 발원에서 비롯되었다는 사실만은 아무도 부인할 수가 없으리라.

김대성 거사가 불국사와 석굴암을 창건했다는 사실을 전해 주는 기록으로는 《삼국유사》를 비롯하여, 《불국사사적》, 《불국사고금창기》 등이 있다. 반면 《삼국사기》에는 김대성이란 이름도, 불국사와

석굴암의 창건에 관한 기록도 전혀 나오지 않는다. 다만 학자들은 김대성을 《삼국사기》〈신라본기〉에 경덕왕 4년(745)부터 경덕왕 9년(750)까지 5년 동안 재상인 시중侍中을 지낸 김대정金大正과 동일 인물로 추정하고 있다.

《삼국유사》에는 경덕왕 10년(751)에 김대성이 창건을 시작했으나 낙성을 보지 못하고, 혜공왕 10년(774)에 죽었으므로 나라에서 이를 완공했다고 되어 있다. 《삼국유사》〈효선〉 편에 나오는 김대성의 불국사·석굴암 창건설화인 '대성이 전생과 이승의 부모에게 효도하다—신문왕대大城孝二世父母-神文王代'의 기록을 소개한다. 여기에서 석불사石佛寺는 석굴암의 원래 이름이다.

모량리의 가난한 여인 경조慶祖에게 아이가 있었는데 머리가 크고 이마가 평편하여 마치 성처럼 생겼으므로 이름을 대성大城이라고 했다. 집안 형편이 매우 궁핍해 아이를 제대로 기를 수 없었으므로 복안福安이라는 부자네 집에서 품팔이를 하였는데, 그 집에서 밭 몇 묘를 나누어 주어 의식衣食의 밑천으로 삼았다.

이 무렵 덕망 있는 스님 점개漸開가 흥륜사에서 육륜회六輪會를 베풀고자 복안의 집에 찾아와 권선勸善을 했더니 베 50필을 시주했다. 점개가 이렇게 축원했다.

"신도님께서 시주를 좋아하시니 천신께서 보호하실 겁니다. 하나를 시주하시면 만 배를 얻으실 겁니다. 장차 안락을 누리시며 장수하실 겁니다."

대성이 이 말을 듣고 뛰어 들어와 저의 어머니에게 말했다.

"제가 문간에서 스님의 말씀을 들으니 하나를 시주하면 만 갑절을 얻는다고 하는군요. 우리가 전생에 아무런 적선積善이 없었으니 지금 이렇게 가난한 게 아니겠는지요? 이승에서 또 시주를 하지 않다가는 다음 세상에서는 더욱더 가난하게 되지 않겠는지요? 제가 품팔이로 얻은 밭을 시주하여 후생의 과보果報를 도모하는 게 좋겠습니다."

이에 대성의 어머니가 좋다 하며 점개에게 밭을 시주했다. 얼마 뒤 대성이 죽었는데 이날 밤 재상 김문량金文亮의 집에서는 하늘로부터 외치는 소리가 있어 이르렀다.

"모량리의 대성이라는 아이가 이제 너의 집에 태어날 것이다!"

집안사람들이 모두 놀라 사람을 시켜 모량리를 뒤졌더니 과연 대성이 죽었다. 하늘에서 외치는 소리가 있던 같은 날 같은 시간에 그 집에서 아이를 낳았다. 그런데 아이가 왼손을 쥐고 펴지 않다가 이레 만에야 펴니, '대성大城'이라고 새겨진 황금 패쪽을 쥐고 있었으므로, 이것으로 이름을 짓고 그의 예전 어머니를 집으로 맞아들여 함께 봉양했다.

아이가 장성하매 사냥을 좋아했다. 하루는 토함산에 올라가 곰 한 마리를 잡고 산 밑 마을에서 묵었는데, 꿈에 그 곰이 귀신이 되어 나타나 시비를 걸었다.

"네가 무엇 때문에 나를 죽였느냐? 내가 환생하여 너를 잡아먹고야 말리라."

대성이 두려워 떨면서 용서를 빌었다. 그러자 귀신이 말했다.

"그러면 네가 나를 위해 절을 세울 수 있겠느냐?"

대성이 그러겠노라 맹세하고 깨어나 보니 꿈이었다.

그로부터 대성은 사냥을 금하고 곰을 잡았던 자리에 장수사長壽寺를 세웠다. 이 일로 인해 마음에 감동되는 바가 있어 비원悲願이 한결 더해 이승의 양친을 위하여 불국사를 세우고, 전생의 부모를 위해 석불사를 세워 신림神林·표훈表訓 두 스님을 청해 각각 머물게 했으며, 부모의 소상塑像들을 성대하게 세워 양육한 은혜에 보답했다. 한 몸으로써 두 세상의 보모에게 효도를 한 것은 또한 드문 일이리니 어찌 착한 시주의 영험을 믿지 않으랴.

대성이 장차 석불을 조각하고자 큰 돌 하나를 다듬어 석불을 안치할 탑 뚜껑을 만드는데 갑자기 돌이 세 토막으로 갈라졌다. 대성이 통분하면서 잠도 이루지 못하고 있자니 깊은 밤중에 천신이 강림하여 다 만들어 놓고 돌아갔다. 대성이 자리에서 일어나자 곧바로 남쪽 고개로 내달려가 향불을 피워서 천신을 공양했다. 그런 까닭에 그 고개를 향고개香嶺라고 불렀다. 저 불국사의 구름다리나 돌탑, 돌과 나무를 새기고 물리고 한 기교는 동방의 여러 절로서 이보다 더 나은 곳이 없다.

지방에서 전하는 옛 기록에 실린 사적은 이와 같으나, 절의 기록에서는 이렇게 이르렀다.

경덕왕 시대에 대상大相 대성이 천보 10년 신묘(751)에 비로소 불국사를 세웠고, 혜공왕 시대를 거쳐 대력 9년 갑인(774) 12월 2일에 대성이 죽었으므로 나라에서 이 역사役事를 완성했다. 처음에 유가종瑜伽宗의 스님 항마降魔를 청해 이 절에 머물게 하고 계속해서 오늘에 이르렀다.

이 기록은 고전과 맞지 않으니 어느 것이 옳은지 자세하지 않다. 찬미하는 시에 일렀다.

모량마을 봄철에 새 이랑 밭을 바쳤더니
향고개 가을에 만금을 거두었네.
어머님 한평생에 빈부 귀신 겪어났고
재상은 한바탕 꿈속에서 내세와 현세를 오갔네.

《삼국유사》의 기록은 이상과 같은데, 여기에서 김대성의 아버지로 나오는 재상 김문량이 《삼국사기》에도 등장한다. 《삼국사기》에는 김문량金文良으로 이름의 마지막 자가 다르지만, 이는 김대성을 《삼국사기》에서 대정이라고 표기한 것과 마찬가지로 같은 사람일 것이다. 《삼국사기》〈신라본기〉 성덕왕 5년(706) 조에 이르기를, '가을 8월에 중시中侍 신정信貞이 병으로 벼슬을 그만두므로 대아찬大阿湌 문량을 중시로 삼았다'라고 했고, 성덕왕 10년(711)조에는 '겨울 10월에 중시 문량이 죽었다'라고 하여 김대성의 아버지 김문량이 성덕왕 때에 5년 동안 중시, 곧 재상 벼슬을 한 사실을 알 수 있다.

따라서 김대성이 '재상 김문량의 집에 다시 태어났다'라는 《삼국유사》의 기록을 믿는다면, 그 시기는 김문량이 중시 벼슬에 오른 성덕왕 5년부터 그가 죽은 성덕왕 10년까지 5년 사이에 일어난 일이 된다.

이번에는 김대성과 동일인물로 추정되는 김대정에 관한 기록을 보자.《삼국사기》〈신라본기〉경덕왕 4년(745) 조에 이르기를, '5월에 중시 유정惟正이 관직을 물러나므로 이찬 대정을 중시로 삼았다'라고 하였다. 중시라는 관직명은 경덕왕 6년(747) 정월에 시중으로 바뀌었는데, 중시나 시중이나 같은 재상 벼슬이다.

김대정은 경덕왕 9년(750) 정월에 시중 벼슬에서 물러나고 이찬 조량朝良이라는 사람이 시중에 오른다. 그러니까 김대성, 곧 김대정은 아버지 김문량과 똑같이 5년 동안 재상 벼슬을 한 셈이다. 하지만 김문량은 죽었으므로 벼슬살이가 끝난 반면, 김대성은 스스로 벼슬에서 물러났으며, 그가 세상을 떠났다는 774년은 혜공왕 10년, 관직에서 물러난 지 24년 뒤이다. 아마도 시중에서 물러나서 죽기 전까지 김대성은 불국사와 석굴암 조성에만 전심전력했던 것으로 보인다.

전생과 현생의 부모를 위해 석불사와 불국사를 창건한 김대성은 지극한 효자였을 뿐 아니라 젊은 시절의 살생을 계기로 신앙심 투철한 불제자가 되고, 특히 화엄 사상에 통달한 거사가 되었다. 김대성이 진골 신분이며 시중 벼슬까지 지냈다는 사실을 두고 볼 때 당시 신라의 국력을 거의 다 기울였을 이 거대한 불사는 단순히 개인적 효성과 신앙심의 발로라고 볼 수만은 없다. 그가 왕실의 절대적인 성원을 받아 이와 같은 대역사를 일으킨 데에는 이른바 삼국통일 이후 절정기에 이르렀다가 내리막길로 접어드는 신라 왕실의 권위를 되세우려는 목적도 있었을 것이다.

아사달과 아사녀

김대성과 불국사 이야기를 하는 김에 유명한 아사달阿斯達과 아사녀阿斯女의 애달픈 사연도 되새겨 보자. 공식 명칭이 불국사삼층석탑인 석가탑은 별명이 무영탑無影塔이다. 이 탑에 서린 아사달과 아사녀의 구슬픈 이야기는 현진건玄鎭健의 장편소설 《무영탑》으로도 더욱 널리 알려졌는데, 설화의 출전은 《불국사고금창기》이다.

* * *

불국사를 창건할 때 김대성은 당시 나라 안에서 가장 빼어난 솜씨를 지닌 석공으로 알려진 아사달을 불렀다. 아사달은 망국 백제의 후예였다. 아사달은 다보탑을 완성하고 석가탑을 만드는 데 여념이 없었다. 세월은 물 흐르듯 흘러 이미 두 해가 지났다. 아사달의 아내 아사녀는 남편이 두 해가 지나도록 돌아오지 않자 보고 싶은 마음을 이기지 못해 서라벌로 찾아왔다. 그러나 탑이 완성될 때까지는 여자를 들여보낼 수 없다는 바람에 그리운 남편을 만날 수 없었다.

먼 길을 힘겹게 찾아온 아사녀는 혹시 남편을 먼발치에서나마 볼 수 없을까 하고 날마다 불국사 입구에서 서성거렸다. 그런 모습을 보고 딱하게 여긴 스님이 이렇게 일러 주었다.

"여기서 멀지 않은 곳에 영지影池라는 조그만 못이 있다오. 그 못에 가서 지성으로 빌면 탑이 완공되는 대로 탑의 그림자가 못에 비칠 것이오."

이튿날부터 아사녀는 영지로 찾아가서 이제나저제나 하고 탑의 그림자가 못에 비치기를 애타게 기다리며 빌고 또 빌었다. 이 같은 아사녀의

간절한 소망과 지극한 정성에도 영지에는 좀처럼 탑의 그림자가 떠오를 줄 몰랐다. 그러던 어느 날 아사녀는 문득 못 속에 기기묘묘한 모양의 하얀 탑이 비치는 광경을 보았다. 아사녀는 "아, 마침내 탑이 완공되었구나!" 하며 자신도 모르는 사이에 남편의 이름을 소리쳐 부르면서 그 탑의 그림자를 향해 몸을 던졌다. 기진맥진한 끝에 환영幻影을 보고 물에 빠져 죽고 말았던 것이다.

마침내 석가탑을 완공한 아사달이 아내의 이야기를 듣고 한달음에 영지로 달려갔으나 사랑하던 아내는 이미 이 세상 사람이 아니었다. 아사달이 죽은 아내를 그리워하며 하염없이 못 주변을 배회하는데, 갑자기 아내의 모습이 앞산 바위에 겹쳐지며 떠오르는 것이었다. 아사달은 신들린 듯 그 바위에 아내의 모습을 새기기 시작했다. 조각을 마친 뒤 아사달은 홀연히 종적을 감추었다. 어떤 사람은 고향으로 돌아갔다고도 하고, 또 다른 사람들은 아내를 애타게 부르다가 그 뒤를 따라 영지에 빠져 죽었다고도 했다. 그리고 오랜 세월이 지난 뒤 사람들은 이 연못을 영지라고 부르고, 끝내 그림자를 비치지 않은 석가탑을 가리켜 무영탑이라고 불렀다.

영지는 불국사역 앞에서 울산 쪽으로 2킬로미터쯤 떨어진 경주시 외동읍 영지리에 있다. 저수지 남쪽에 얼굴이 심하게 마멸된 불상 하나가 있는데, 이것이 곧 아사달이 아사녀의 모습을 조각했다고 전하는 그 석불이다. 또 영지 주변에 뒷날 사람들이 아사달 부부의 애달픈 넋을 위로하기 위해 영사影寺라는 절을 세워 주었다는 설도 있는데, 사실 여부는 확인되지 않고 있다.

영지에는 또 이런 전설도 서려 있다. 옛날에 오누이가 있었는데, 오라비는 불국사를 건설하고 누이는 영지를 만들었다. 먼저 영지를 다 만든 누이가 오라비에게 국수를 대접하기 위해 광배光背를 지고 나설 때에 영지에 불국사의 전경이 비쳤다. 누이는 그 장엄하고 황홀한 광경에 놀라 발길이 떨어지지 않았고, 그대로 굳어 석상이 되었다. 지금도 광배를 진채 영지를 들여다보는 영지불이 있으니 곧 그 누이동생의 화신이라고 한다. 또는 이 영지불이 앞서 말한 아사달이 아사녀를 새긴 석상이라고도 하며, 영지에 불국사 전경이 다 비치지만 오직 석가탑만 비치지 않아 무영탑이라고 한다는 이야기도 전해 온다.

우여곡절 끝에 즉위한 원성왕

김경신이 하루는 꿈을 꾸었는데
머리에 썼던 두건을 벗고 흰 갓을 쓴 채 열두 줄 가야금을 들고
천관사 우물 속으로 들어가는 꿈이었다.

《삼국유사》 권 제2 〈기이〉

원성왕의 이름은 김경신金敬信이다. 그는 내물이사금의 12세손이지만, 처음부터 태자로 있다가 즉위한 것은 아니었다. 김경신은 혜공왕 때 이찬으로 있었는데, 상대등 김양상金良相과 함께 군사를 일으켜 혜공왕을 죽이고 김양상이 왕이 되니 그가 선덕왕이다. 선덕왕은 자신의 즉위에 공이 큰 김경신을 상대등에 임명해 신세를 갚으려고 했다.

그러나 김경신은 상대등으로 만족할 인물이 아니었다. 그의 야심은 훨씬 더 높은 자리에 있었다. 결국 선덕왕은 함께 유혈정변을 일으킨 김경신의 핍박 때문에 불과 6년 동안 왕위에 있다가 죽고, 김경신이 마침내 대위에 오른 것이다. 그런데 김경신이 왕좌를 차지한 것도 쉬운 일은 아니었다. 우여곡절이 많았다.

《삼국유사》는 그 사정을 이렇게 전해 준다.

이찬 김주원金周元이 수석 재상으로 있을 때 원성왕 김경신은 각간
으로 그다음 자리에 있었다.

김경신이 하루는 꿈을 꾸었는데 머리에 썼던 두건을 벗고 흰 갓을
쓴 채 열두 줄 가야금을 들고 천관사天官寺 우물 속으로 들어가는 꿈이
었다. 꿈에서 깬 김경신은 이상하여 점쟁이를 불러 점을 치게 했다.
점쟁이가 이렇게 해몽을 했다.

"나리, 흉몽입니다. 두건을 벗은 것은 관직을 잃을 조짐이요, 가야
금을 든 것은 칼을 쓸 조짐이며, 우물에 들어간 것은 감옥에 갇힐 조
짐이지요. 어찌 그런 불길한 꿈을……."

여기에서 칼은 무기가 아니라 죄수들이 목에 차는 형구를 가리킨
다. 경신은 이 말을 듣고 기분이 불쾌하고 불안하여 하루 종일 문을
닫아걸고 바깥출입을 하지 않았다. 그때 심복부하인 아찬 여삼餘三이
찾아와 뵙기를 청했다. 경신이 병을 핑계로 나가지 않자 여삼이 거듭
청하는 바람에 할 수 없이 만나 주었다. 여삼이 물었다.

"공께서 지금 무슨 걱정을 하고 계신지요?"

김경신이 간밤의 꿈 이야기를 들려주자 여삼이 제 무릎을 철썩 치
더니 넙죽 절을 하며 이렇게 말했다.

"참으로 절묘한 길몽입니다. 공께서 만일 왕위에 오르시더라도 소
직을 버리지 않으신다면 감히 꿈 풀이를 해드리겠습니다."

왕이 된다는 소리에 경신이 겁을 먹고 좌우를 모두 물리친 다음 해

몽을 해 보라고 했더니 여삼이 이렇게 말했다.

"두건을 벗는다는 건 윗자리에 사람이 없다는 뜻이지요. 또 흰 갓을 썼다는 건 면류관을 쓴다는 뜻이고요, 12현금을 들었다는 건 12세손으로 왕위를 잇는다는 징조가 아니겠습니까? 이렇게 기막힌 길몽을 꾸시다니, 감축드립니다."

여기서 여삼이 말한 12세손이란 말은 김경신이 내물왕의 12세손이란 뜻이었다. 그 말을 듣고 보니 기분이 좋기는 했지만 김경신은 짐짓 심드렁한 표정을 지으며 이렇게 말했다.

"이 사람, 혓바닥에 기름칠을 했는지 말은 매끄럽게 잘도 하는군. 그래도 내 위로 주원이 있는데 어찌 주원을 제치고 그 위를 넘볼 수 있겠는가?"

"그런 걱정은 하지 않아도 됩니다. 아무도 몰래 북천北川의 신에게 제사를 올리면 됩니다."

김경신이 얼마 뒤에 여삼이 말한 대로 북천에 가서 몰래 제사를 지냈다. 그러고 나서 얼마 안 가서 선덕왕이 재위 4년 9개월 만인 785년 정월에 죽었다. 선덕왕은 후사가 없었기에 국인國人, 즉 귀족들은 회의를 열고 선덕왕의 족질인 김주원을 새 임금으로 추대했다. 그렇게 결정하고 김주원을 대궐로 모셔오려고 했는데, 그가 살고 있는 곳은 서울(서라벌)에서 북쪽으로 20리나 떨어진 알천 건너였고 마침 내린 큰비로 냇물이 불어 건널 수가 없었다.

김경신은 하늘이 내린 이 좋은 기회를 놓치지 않았다. 자신의 추종 세력들을 동원해 조정 중신회의의 결정을 뒤집었던 것이다. 《삼국사기》는 이때의 사정을 이렇게 기록했다.

누가 말하기를, "임금의 큰 지위란 본시 사람이 도모할 수 없는 것이니 오늘의 폭우는 하늘이 혹시 주원을 왕으로 세우려 하지 않는 뜻인지도 모르오. 지금 상대등 김경신 공은 선왕의 아우로서 본래부터 덕망이 높아 임금의 자질을 갖추었으니 그분을 옹립하는 것이 좋겠소이다." 하니 모두가 찬동하여 경신을 세워 왕위를 잇게 했다. 얼마 뒤에 비가 그치고 나라사람들이 모두 만세를 불렀다.

이렇게 해서 김경신이 왕위를 차지했고, 냇물이 불어나는 바람에 졸지에 왕좌를 놓친 김주원은 그대로 서라벌에 남아 있다가는 목숨이 위태롭기에 멀리 북쪽 명주군(강릉)으로 망명 아닌 망명을 할 수밖에 없었다. 왕권 안보에 위협이 되는 정치적 경쟁자가 그대로 도성에서 버틸 수 없었기 때문이다. 그렇게 명주로 쫓겨 가다시피 한 이 김주원이 바로 강릉 김씨의 시조이다. 조선 초기 세종 때 신동神童으로 이름을 날렸던 비운의 천재 매월당梅月堂 김시습金時習이 강릉 김씨이다.

김경신이 그렇게 왕으로 등극했을 때 기막힌 꿈 풀이를 해 줬던 여삼은 이미 죽은 뒤였다. 그래서 그의 자손들을 찾아 벼슬을 내려 은덕을 갚았다.

하지만 원성왕의 치세는 태평스럽지 못했다. 거의 해마다 천재지변이 일어나 백성들의 삶이 고달파졌다. 즉위 이듬해인 786년 4월에 우박이 심하게 쏟아져 농작물을 망쳤는데, 7월에는 가뭄이 들어

농사를 아예 망쳤다. 또 이듬해 2월에는 서라벌에 지진이 일어나 많은 건물이 무너지고, 7월에는 메뚜기 떼가 휩쓸어 또 흉년을 면치 못했다.

해마다 천재지변과 흉작이 계속되자 민심은 이반하기 시작했고, 사방에서 도적떼가 출몰했다. 경제가 무너지니 치안도 위태로워지고, 진골 귀족들은 저마나 야망의 비수를 갈기 시작했다. 나라가 기울어 갈 조짐이었다.

왜왕이 사신을 보내 만파식적을 팔라고 조르기 시작한 것이 재위 2년째부터였다. 왜왕은 황금 50냥을 줄 터이니 만파식적을 팔라고 했다. 원성왕이 왜국 사신에게 말했다.

"우리나라에 만파식적이 있다는 말은 어디서 들었는가? 짐이 듣기에 진평내왕 때 그 피리가 있었다고 들었는데, 짐도 아직 실물을 보지 못했노라."

그런데 왜왕은 포기하지 않고 그 이듬해에 또 사신을 보내 황금 1,000냥을 줄 테니 만파식적을 팔라고 졸랐다. 그런데 이번에는 사신을 통해 이런 말을 전하게 했다.

"금 1,000냥을 줄 테니 빌려 주시기 바랍니다. 아주 갖지는 않겠습니다. 한 번 보기만 하고 다시 돌려주겠다니까요."

원성왕이 그런 잔꾀에 속아 넘어갈 턱이 만무했다.

"참말로 끈질기구나. 짐도 보지 못한 것을 어찌하여 자꾸만 내놓으라는 거냐?"

그러면서 황금을 돌려보내면서 아예 은 300냥까지 얹어서 사신을 돌려보냈다. 그러자 왜왕은 만파식적을 포기하고 다시는 사신을 보내지 않았다.

원성왕 재위 11년(795)에는 이런 일도 있었다고 《삼국유사》는 전한다. 당나라 사신들이 서라벌에 와서 한 달이나 퍼마시고 놀다가 돌아갔는데, 이튿날 여자 둘이 대궐 안뜰에 나타나더니 구슬피 흐느끼면서 왕에게 이렇게 하소연했다.

"폐하, 저희는 동지東池와 청지靑池 두 못에 사는 용의 아내들입니다. 당나라 사신들이 하서국 사람 둘을 데리고 와서 우리 남편인 두 용과 분황사 우물의 용 세 마리를 요술을 써서 작은 물고기로 만들어 통에 넣어서 가고 있습니다. 폐하께서는 그 두 명에게 급히 명하여 나라를 보위하는 우리 남편들을 돌려주도록 하소서."

왕이 그 말을 듣자 화가 나서 즉시 사신들을 뒤쫓았다. 그리하여 하양관(영천)까지 쫓아가 그들에게 잔치를 베풀어 주고 이렇게 타일렀다.

"짐이 좋은 말로 할 때 잘 듣기 바란다. 너희는 무슨 심보로 우리나라를 지키는 용 세 마리를 몰래 잡아가느냐? 목 없는 귀신이 돼서 돌아가고 싶지 않으면 빨리 그 용들을 내놓아라."

사신들이 즉시 작은 물고기 세 마리를 꺼내어 돌려주었다. 고기들을 각각 있던 연못에 놓아 주니 물이 한 길이나 솟아오르면서 용들이 기뻐 뛰놀면서 물속으로 깊이 사라졌다.

또 한 번은 이런 일도 있었다.

원성왕이 황룡사의 중 지해智海를 궁중으로 불러 50일 동안《화엄경》을 독경하게 했다. 그의 상좌 묘정妙正이 공양이 끝나면 늘 금광 우물가에서 바리때를 씻는데, 그때마다 우물 속에서 큰 자라가 한 마리 떠올라 밥찌꺼기를 받아먹었다. 50일간의 법석法席이 끝날 무렵 묘정이 자라에게 이렇게 물었다.

"자라야, 내가 그동안 네게 공덕을 베풀었는데, 넌 무엇으로 보답하겠느냐?"

그러자 얼마 뒤에 자라가 작은 구슬 한 알을 토해서 선물했다. 상좌승이 그 구슬을 허리띠에 매달고 다녔는데 그때부터 왕이 상좌승을 총애하여 곁에서 잠시도 떠나지 못하게 했다.

얼마 뒤 잡간 하나가 당나라로 사신을 가는데 그도 묘정을 귀여워하여 수행원으로 데리고 갔다. 물론 왕의 허락을 받고서였다. 그런데 이상한 일이었다. 당나라 임금도 그 상좌승을 보더니 총애하게 됐고, 당나라 재상 등 고관들도 상좌승을 다투어 총애하게 됐다.

그때 당나라 조정의 관상쟁이가 묘정의 얼굴을 요모조모 뜯어보더니 황제에게 이렇게 아뢰었다.

"폐하, 이 신라의 중을 보니 얼굴에 귀여운 구석이 조금도 없는데 사람들이 모두 좋아하는 것을 보니 반드시 몸에 무슨 기이한 보물을 감추고 있는가 봅니다."

그러고는 사람을 시켜 묘정의 몸을 뒤졌더니 과연 그 문제의 구슬이 나왔다. 황제가 말했다.

"짐에게 여의주 네 알이 있었는데 작년에 한 알을 잃어버리지 않았느냐? 지금 보니 이 구슬이 바로 그 여의주가 분명하구나."

묘정이 여의주를 얻은 사연을 이실직고했더니 황제가 여의주를 잃은 날과 같았다. 황제가 구슬을 환수하고 상좌를 돌려보냈더니 그 뒤로는 아무도 상좌승 묘정을 좋아하지 않았다.

과거제도의 효시 독서삼품과

신라 왕통은 원성왕 때부터 태종무열왕계가 몰락하고 내물왕계로 돌아가 이른바 하대下代로 접어든다. 원성왕은 13년 11개월 동안 왕위에 있었지만, 그의 치세는 천재지변과 흉년의 연속, 도둑떼의 창궐 등으로 늘 불안했다. 그러나 한 가지, 원성왕 재위 4년에 독서삼품과讀書三品科라는 참신한 인재 선발제도를 채택했다. 이것은 학문과 재능을 보고 관리를 뽑는 획기적인 제도였다. 이 독서삼품과는 말하자면 고려 광종 때 시작한 과거제의 효시라고 할 수 있었다.

호랑이처녀를 사랑한 김현

김현은 조정에 등용된 뒤 서천 가에 절을 세우고 호원사라고 했다.
그리고는 그 절에서 불경을 강론하며 범 낭자의 명복을 빌었다.
《삼국유사》 권 제5 〈감통〉 제7

신라에는 해마다 2월이 되면 초여드렛날부터 보름까지 서라
벌 남녀들이 흥륜사의 전각과 탑을 돌면서 복을 비는 풍속
이 있었다.

원성왕 때 김현金現이란 화랑이 있었다. 하루는 김현이 밤 이슥하도
록 홀로 쉴 새 없이 탑돌이를 하고 있었다. 그러던 어느 순간, 김현은
자신을 따라 탑돌이를 하던 어떤 처녀와 눈이 마주쳤다. 두 젊은 남
녀는 눈길을 주고받는 순간 서로 마음이 통했고, 탑돌이를 마치자마
자 손을 맞잡고 으슥한 곳으로 찾아 들어가 관계를 했다.

은밀한 일을 마치고 처녀가 돌아가려고 하자 김현이 따라나섰고,

처녀는 한사코 이를 말렸다. 그래도 김현은 반드시 바래다 줘야겠다면서 처녀를 따라 함께 그녀의 집까지 갔다.

처녀는 서산 기슭으로 가서 한 초가로 들어가니 웬 노파가 앉아 있다가 처녀에게 물었다.

"함께 온 사람이 누구냐?"

처녀가 사실대로 이실직고했더니 노파가 혀를 끌끌 차며 말했다.

"좋은 일이기는 하다만은 차라리 없었던 것만 못하구나. 이왕 저지른 일이니 어쩌겠느냐. 몰래 숨겨 주고 사나운 네 형제들이 해치지 않게 조심해라."

그렇게 조금 있으려니 으르렁거리는 소리와 함께 호랑이 세 마리가 집안으로 들어오더니 사람의 말을 했다.

"이게 웬 비린내냐? 배고픈데 요기하기 딱 좋겠구나."

그러자 노파와 처녀가 말했다.

"너희 코가 잘못 되었나 보다. 미친 소리를 하는 걸 보니."

그때 하늘에서 노한 소리가 들렸다.

"네 이놈들! 너희가 사람 목숨 해치기를 좋아하니 내 한 놈을 죽여서 너희의 악행을 징계하리라."

호랑이 세 마리는 이 외침을 듣자 모두 두려워하며 꼬리를 말고 부들부들 떨었다. 그러자 처녀가 나섰다.

"세 분 오라비는 모두 멀리 도망치세요. 그런 뒤에 뉘우친다면 벌은 제가 대신 받겠어요."

호랑이 세 마리는 그 말을 듣자 기뻐하며 다리야 나 살려라 하고 부리나케 달아났다. 처녀가 김현에게 돌아와 이렇게 말했다.

"처음에 저는 당신이 우리 집에 오시는 것이 부끄러워 말렸지만, 이제는 모두 말씀드리겠습니다. 낭군과 저는 비록 종족은 다르지만 하룻밤의 즐거움을 나누고 부부의 인연을 얻었으니 이제 무엇을 더 감추리까. 세 오라비의 악행은 이미 하늘도 미워하여 우리 집안이 당할 화를 제가 대신 당할까 하옵니다. 하지만 다른 사람의 손에 죽는 것보다는 낭군의 손에 죽고 싶습니다. 내일 제가 저자에 나가 사람을 해치며 소동을 피울 것입니다. 그러면 높은 벼슬을 걸고 저를 잡을 사람을 찾을 것입니다. 그때 낭군께서 저를 쫓아 성 북쪽의 숲속까지 오시면 제가 기다리겠습니다."

그 말을 듣고 김현이 말했다.

"사람과 사람이 맺어지는 것은 인륜의 도리요, 다른 종족끼리 맺는 것은 떳떳한 도리가 아니오. 하지만 우리가 이미 이렇게 된 것도 하늘이 내린 복이라 할 수 있으리니 내 어찌 당신을 죽여 벼슬을 구할 수 있겠소?"

그러자 처녀가 울면서 말했다.

"그런 말씀은 마세요. 제 목숨이 짧은 것은 천명입니다. 이는 또한 저의 소원이요, 낭군의 경사이며, 저의 족속의 복이요, 나라 사람들의 기쁨이 됩니다. 제 한 몸 죽어서 다섯 가지 이득이 있으니 이를 어찌 마다하리오. 낭군은 다만 저를 위해 절을 세우고 불법을 강론하며 좋은 업보를 얻는데 도움이 되게 해 주소서. 그러면 낭군의 은혜를 죽어서도 잊지 않겠습니다."

마침내 그들은 울면서 작별했다.

이튿날이었다. 과연 사나운 범이 성안에 들어와서 사람들을 해치니 감히 상대할 수 없었다. 원성왕이 보고를 받고 명했다.

"호랑이를 잡는 자에게는 2급의 벼슬을 내리겠노라!"

김현이 대궐에 들어가 아뢰었다.

"소신이 잡겠습니다."

이에 왕은 김현에게 벼슬부터 내리고 그의 용기를 격려했다.

김현이 칼을 들고 어젯밤 약속한 숲 속으로 찾아갔더니 다시 처녀로 변한 범이 반갑게 웃으면서 말했다.

"낭군께서는 간밤에 한 약속을 잊지 마소서. 오늘 제 발톱에 할퀴어 상처 입은 사람들은 모두 흥륜사의 간장을 바르고 나팔소리를 들으면 나을 것입니다."

그런 다음 김현이 들고 있던 칼을 잡아 제 목을 찔러 죽으니 처녀는 이내 범의 모습으로 돌아갔다.

"범을 잡았다!"

김현이 소리치며 숲 속에서 나온 다음, 사정은 숨긴 채 범 낭자가 일러준 대로 상처 입은 사람들에게 흥륜사의 간장을 발라 고쳐 주니 사람들의 상처가 모두 나았다. 그 뒤로 민간에서는 범에게 할퀴고 물린 상처가 생기면 이 처방을 썼다. 김현은 조정에 등용된 뒤 서천 가에 절을 세우고 호원사虎願寺라고 했다. 그리고는 그 절에서 불경을 강론하며 범 낭자의 명복을 빌었다.

일연선사는 이 설화를 소개하고 뒤에 이런 찬양하는 시를 지었다.

산골 집 세 오라비는 죄악도 많거니와
한 번 맺은 언약을 이제 와서 어이하리.

의리가 중한지라 만 번 죽어 마땅하지만

숲속에서 맡긴 몸 낙화처럼 져버렸네.

장보고와 청해진의 몰락

장보고는 그렇게 해서 염장에게 암살당했다. 841년 11월이었다.

《삼국유사》 권 제2 〈기이〉

《삼국유사》는 장보고張保皐를 궁파弓巴라고 표기했다. 장보고의 이야기는 〈기이〉 편에 나온다.

장보고는 신라 후기에 무적함대를 만들어 바다를 개척하고 동북아의 제해권을 장악했던 위대한 바다의 영웅이었다. 이름 없는 변방의 섬사람으로 태어나 제 나라에서 이름을 날리기도 힘든데 그는 중국으로 건너가 용명을 떨쳤으며, 신라에 돌아와서는 청해진淸海鎭을 세우고 왜와 당의 해적들을 쾌도난마처럼 소탕하여 안전하고 가까운 뱃길을 열었다. 그렇게 해서 중국 대륙과 한반도와 일본 열도를 잇는 해운을 개척한 데에 이어, 멀리 동남아까지 교역권을 넓히고 바다를 호령하니 그 기개는 해상 무역왕국의 군주君主와 다름없었다.

《삼국유사》와 《삼국사기》에 따르면 신라는 대체로 원성왕 때부터 거의 해마다 천재지변이 일어나고 흉작이 겹친데다, 사방에 도둑떼가 들끓었다. 더구나 왕실은 진골眞骨 귀족끼리의 왕위 싸움이 끊일 새 없어 국운이 내리막길을 구르고 있었다. 《삼국유사》는 장보고에 관해 중앙 정계 진출을 꾀하다가 몰락한 시골 장수 정도로 간략하게 묘사했는데, 이는 《삼국사기》의 기록만을 참고한 탓으로 보인다.

장보고는 신라 변방 이름 없는 한 섬에서 태어났는데, 그 섬이 뒷날 그가 청해진을 세우고 무적함대의 해군기지인 동시에 해상교역의 중심지로 삼은 오늘의 전남 완도다.

전남 완도읍 장좌리의 구전에 따르면, 장보고는 소년 시절에 아버지를 따라 마을 앞바다에서 고기잡이와 무술을 익혔다. 나이 15세가 되자 키가 6척에 기골이 위괴偉魁하고 성품이 강직해 의로운 일을 보면 물불을 가리지 않고 목숨도 아끼지 않아 사람들이 장수감이라고 혀를 내둘렀다고 한다. 장보고에게는 정연鄭連이란 친구가 있었는데, 그는 잠수한 채 50리를 헤엄쳐도 끄떡없을 만큼 물에 익숙했고 무술에도 뛰어났지만, 나이는 장보고가 몇 살 위였으므로 장보고를 형이라 부르며 함께 붙어 다녔다.

당나라 때 문인 두목杜牧의 장보고 전기에 따르면 '장보고가 서주徐州에서 군중소장軍中小將이 된 것은 30세 때'라고 했으므로 그가 정연과 함께 당나라로 건너간 시기는 20세 안팎, 즉 서기 810년으로 추측된다.

당으로 건너간 장보고와 정연은 무령군武寧軍이란 서주절도사의 아군牙軍, 本軍에 입대했다. 무령군에서 소장이란 높은 벼슬까지 한 장보고가 고국으로 돌아온 것은 828년 이전이다. 군인에서 사업가로 변신한 장보고는 항해 교역로의 안전을 보장하기 위해 사설함대를 조직하여 무역선단을 보호했다. 눈길을 중국─한국─일본을 잇는 국제항로로 돌렸던 것이다.

장보고의 활약에 힘입어 신라 사람들의 무역활동은 더욱 활기를 띠고 번창하게 되었고, 사람들은 장보고를 '장대사張大使'라고 높여 불렀으니, 대사란 중국에서 절도사를 가리키는 칭호였다. 뒷날 그가 귀국하여 청해진을 설치하고 역시 대사라는 신라 관등직급에는 전무후무한 관직을 받은 것과도 무관하지 않을 것이다.

신라로 돌아온 장보고는 완도에 자리 잡고 세력기반을 구축하기 시작했다. 재물을 풀어 사람들을 모으고 청해진을 설치한 장보고는 임금을 만나러 서라벌로 향했다. 그때 임금은 흥덕왕으로, 후사 없이 죽은 형 헌덕왕의 뒤를 이어 즉위한 지 3년째였다.

《삼국사기》는 흥덕왕이 군사 1만을 주어 청해를 진수토록 했다고 썼지만, 당시 신라는 3년간에 걸친 김헌창金憲昌·범문梵文 부자의 반란을 가까스로 진압한 끝이어서 1만은커녕 100명의 군사라도 변방 수비군으로 내 주기 어려운 형편이었다. 따라서 1만이란 군사는 장보고가 자신의 힘으로 모집한 군사였다.

장보고는 무적함대로 해적들을 소탕하고 해상항로를 장악하자 곧 해상무역을 독점하게 됐다. 그는 신라 조정으로부터도 정치적으로 인정을 받았지만, 국왕의 신하로서가 아니라 독립적이며 독자적 방법으로 자신의 해상왕국을 이끌어 나갔다.

836년 12월, 흥덕왕이 재위 11년 만에 죽었는데 그때 왕자 김의종金義琮은 당나라에 가 있었다. 후계자가 없이 왕이 죽자 그 틈을 노린 왕족 사이에 치열한 왕위 쟁탈전이 벌어졌다. 흥덕왕의 종제 균정均貞과 다른 종제 헌정憲貞의 아들 제륭悌隆 숙질간에 다툼이 벌어져 양 파는 각자 사병私兵을 이끌고 궁중에서 한바탕 피바람을 몰아치며 무력충돌을 일으켰다. 결과 균정은 칼에 맞아 죽고 태종무열왕 김춘추의 후손 김양金陽은 화살에 맞아 부상당하고 균정의 아들 우징祐徵은 가까스로 도망쳤다.

그리하여 제륭이 왕위에 오르니 그가 바로 제43대 임금 희강왕이다. 희강왕은 즉위한 이듬해(837) 정월 죽을 죄 외에는 모든 죄수를 용서해주고 자기를 지지해 준 흥덕왕의 조카 시중 김명金明을 상대등에, 이홍利弘을 아찬에서 시중으로 승진시켰다.

한편 우징은 일단 목숨은 구했지만 김명·이홍 일파에 의해 요시찰 인물로 주목받게 되었다. 신변의 위협을 느낀 우징은 그해 5월 가족을 이끌고 서라벌을 탈출, 청해진으로 들어갔다. 장보고는 9년 전 흥덕왕 때 시중으로 있으면서 편들어 준 우징인지라 두말 않고 선선히 그를 받아들여 보호해 주었다.

그러나 희강왕도 오래 가지는 못했다. 이듬해인 838년 정월, 야심만만한 김명이 이홍과 합세하여 군사를 일으켜 왕의 측근들을 마구 학살하니 실권 없는 허수아비 임금은 왕위를 보전할 수 없어서 궁중에서 목매어 자살하고 말았다. 그리하여 김명이 스스로 왕위에 올랐는데, 그가 곧 제44대 임금 민애왕이다.

김양은 김해에 숨어 화살에 맞은 상처를 치료하고 있다가 김명이 쿠데타를 일으켜 왕위에 올랐다는 소식을 듣자 군사를 모아 청해진으로 찾아갔다. 그리고 장보고와 우징 등을 만나 거사를 권유했다.

"이제 들은 바와 같이 김명은 임금을 시해하고 스스로 보위에 오르고, 김이홍 또한 임금을 해친 자이니 함께 하늘을 볼 수 없소이다. 원컨대 장군의 힘에 의지해 이 원수를 갚고자 하니 군사를 빌려 주시기 바라오."

장보고가 대답했다.

"옛사람의 말에 의로운 일을 보고 따르지 않으면 어찌 용맹하다 하랴 하였소. 내 비록 용렬하나 힘을 다해 도우리다."

그리하여 부장 정연에게 군사 5,000명을 주고 "이 일은 네가 아니면 맡을 사람이 없다." 하며 출전시켰다.

838년 12월, 장보고의 군대는 오늘의 전남 나주 남평인 철야현에서 민애왕이 대감大監 김민주金敏周에게 딸려 보낸 군사와 마주치게 되었다. 그러나 애초에 되지 않는 싸움이었다. 정연이 기병대 3,000명을 휘몰아 질풍노도처럼 돌격하니 단 한 차례 접전에 관군은 전멸하고 말았다. 승세를 몰아 금성으로 쳐들어간 군사들은 민가에 숨어 있던 국왕을 찾아내 목을 쳐 죽였다.

이에 김우징이 즉위하니 신무왕이다. 신무왕은 장보고의 공로에 보답하기 위해 장보고를 감의군사感義軍使로 삼고 식읍 2,000호를 내렸는데, 천신만고 끝에 임금이 된 신무왕도 그해 7월 23일 등창이 나 죽고, 태자 경응慶膺이 왕위에 오르니 문성왕이다. 문성왕도 아비 신무왕과 함께 장보고의 신세를 진 바, 그에게 진해장군鎭海將軍을 제수하고 많은 선물을 보냈다.

그런데 일단 왕위를 군히고 정권을 안정시킨 조정의 입장에서 볼 때 청해진과 장보고는 매우 위협적인 존재였다. 그 막강한 군사력과 재력으로 혹시 딴마음이라도 먹는다면? 정권은 원래 의심이 많은 게 속성이다. 그런데 더욱 큰 문제가 있었으니 그것은 과거 신무왕이 청해진에서 군사를 얻을 때 장보고에게 "이 일이 성공하기만 하면 장군의 딸을 맞아 며느리로 삼겠다."라고 한 약속이었다.

비록 약속을 한 아비는 죽었지만 그 일이 마음에 걸려 매듭을 짓고자 문성왕은 신하들과 의논했다. 그런데 그런 일은 만고에 없다고 모두 반대했다. 진골로 태어나지 않고서는 아무리 뛰어난 재주를 지녀도 6두품 이상으로 올라갈 수 없을 만큼 출신 성분을 중시하는 신라에서 근본도 모르는 섬 촌놈의 딸이 왕비라니 말도 안 된다고 입에 거품을 물었다. 왕은 이미 박씨 부인이 왕비로 있어서 차비次妃로라도 맞아들이려던 생각을 버릴 수밖에 없었다.

이 소문이 장보고의 귀에 들어갔고, 장보고는 불쾌한 내색을 드러냈다. 왕과 대신들은 전전긍긍하여 어쩔 줄을 몰랐다. 막강한 세력을 가진 장보고가 홧김에 군사들을 몰아 쳐들어오면 꼼짝없이 어육이 될 판이었다. 이때 나선 자가 염장이다. 조정에서는 암살이란 비열한 방법을 택하기로 하고 만일 성사된다면 청해진의 지휘권을 준다는 조건으로 염장을 파견했다.

장보고는 그렇게 해서 염장에게 암살당했다. 841년 11월이었다. 장보고가 죽자 청해진의 교역활동은 이내 마비상태에 빠졌다. 그로부터 10년이 지난 문성왕 13년(851) 2월, 청해진이 혁파당해 찬란하던 해상왕국은 영화의 막을 내렸고, 그 주민들은 내륙 깊숙한 벽골제碧骨堤, 지금의 전북 김제로 강제 집단이주를 당하고 말았다.

경문왕의 귀는 당나귀 귀

경문왕이 즉위하자 그의 귀가 갑자기 당나귀 귀처럼 길어졌다.
그러나 이 사실은 왕후를 비롯하여 대궐 안의 아무도 몰랐다.
다만 두건 만드는 장인바치(복두장이) 한 명만이 알았다.
《삼국유사》 권 제2 〈기이〉

제48대 임금 경문왕 김응렴金膺廉은 제43대 임금 희강왕의 아들 이찬 김계명金啓明과 광화부인光和夫人 박씨의 아들로 헌안왕 때에는 화랑의 우두머리인 국선이었다.

헌안왕 재위 4년(860) 9월에 왕이 임해전에 신하들을 불러 잔치를 베풀었는데, 그 자리에는 당년 15세의 국선 김응렴도 참석하고 있었다. 임금이 응렴에게 물었다.

"너는 한동안 각지를 돌아다니며 배웠는데 착한 인물을 본 적이 있느냐?"

"제가 일찍이 세 사람을 보니 착한 행실을 한다고 생각했습니다. 한 사람은 고귀한 가문 출신이었지만 다른 사람 앞에서 겸손하여 스스로 낮은 자리를 차지하는 사람이었습니다. 또 한 사람은 재산이 많지만 화려한 옷을 마다하고 늘 검소한 베옷을 입고 만족하는 사람이 었고요. 또 다른 한 사람은 권세가 있지만 한 번도 남에게 세도를 부리지 않은 사람이었습니다."

이에 감탄한 임금이 황후에게 이렇게 귓속말을 했다.

"짐이 사람을 많이 보았지만 저 응렴과 같이 빼어난 젊은이는 처음 보는구려!"

그리고 응렴을 사위 삼고 싶은 생각에 이렇게 물었다.

"짐에게 여식이 둘이 있는데 언니는 올해 스무 살, 아우는 열아홉 살이니라. 네 마음에 드는 배필을 한 번 골라 보아라."

응렴이 바로 결정하지 못해 임금에게 말미를 달라고 하여 집으로 돌아갔다. 부모에게 이를 말하니 부모는 "두 공주 중 아우가 낫다니 아우를 택하는 게 좋겠구나."라고 했다. 그래도 응렴은 쉬 결정하지 못하고 이번에는 흥륜사의 중에게 물었다. 그러자 흥륜사의 중이 말했다.

"언니에게 장가들면 세 가지 이로움이 있으나 아우에게 장가들면 세 가지 손해가 있을 것이다."

응렴이 대궐로 들어가 임금에게 이렇게 아뢰었다.

"소신은 감히 마음대로 결정할 수 없습니다. 폐하의 명령에 따르겠습니다."

헌안왕이 매우 기뻐하며 응렴을 맏딸 영화공주의 사위로 삼았다. 그렇게 해서 응렴은 그 이듬해에 헌안왕이 재위 5년 만에 죽자 왕위에 오를 수 있었다. 경문왕은 재위 3년에 처음부터 마음에 두고 있던 작은 공주를 둘째 부인으로 맞아들였다. 그 뒤 흥륜사의 중에게 묻기를, "전에 대사가 말한 세 가지 이익이란 무엇이었는가?" 하니 중이 이렇게 대답했다.

"당시 대왕과 황후께서 뜻대로 되는 것이 기뻐 폐하에 대한 사랑이 점점 깊어질 것이니 첫째 이익이요, 이로 인해 대위를 이었으니 둘째 이익이며, 결국은 처음부터 마음에 두고 있던 작은 공주에게도 장가 들었으니 세 번째 이익이 아니겠소이까?"

두 사람은 마주보며 크게 웃었다.

《삼국유사》에는 그 유명한 '임금님 귀는 당나귀 귀' 설화가 나온 다. 경문왕이 즉위하자 그의 귀가 갑자기 당나귀 귀처럼 길어졌다. 그러나 이 사실은 황후를 비롯하여 대궐 안의 아무도 몰랐다. 다만 두건 만드는 장인바치(복두장이) 한 명만이 알았다. 그러나 그는 평생 이 비밀을 아무한테도 누설하지 않다가 죽기 전에 도림사의 대숲에 숨어서 이렇게 외쳤다.

"우리 임금님 귀는 당나귀 귀다!"

"우리 대왕 폐하 귀는 당나귀 귀다!"

그 뒤에 바람이 불 때마다 대숲에서 "우리 임금님 귀는 당나귀 귀 다!" 하는 소리가 들렸다. 그 소리는 왕의 귀에도 들렸다. 왕은 이 소리에 매우 화가 나서 대숲을 모두 베어 없애고 산수유를 심게 했다. 그러자 이번에는 바람이 불면 "우리 임금님 귀는 길다!" 하는 소리만 났다.

임금님 귀가 길었던 이유

'왕의 귀는 당나귀 귀'라는 이 이야기는 무엇을 빗댄 우화일까. 아마도 곤궁한 사정을 호소하는 백성의 소리를 귀 기울여 듣지 않았다는 풍자가 아니었을까.

《삼국사기》에 따르면 경문왕은 즉위 당시 16세의 어린 나이였기 때문인지 강력한 왕권을 행사하지 못한 것으로 보인다. 부모에 대한 추봉을 재위 6년(866)에 가서야 했던 것이다. 경문왕은 죽은 아버지 계명은 의공대왕, 어머니 광화부인은 광의황태후로 추봉하고, 장남 정을 황태자로 책봉했다.

그러나 《삼국사기》에는 황태후를 왕태후로, 황태자를 왕태자로 표현했다. 사대주의 유학자 김부식은 《삼국사기》를 편찬하면서 신라·고구려·백제 삼국이 모두 연호를 세우고 황제국을 칭했음에도 이를 모두 중국에 사대하는 도리가 아니라고 하여 황제는 왕으로, 황후는 왕후로, 황태자는 왕태자로 깎아내렸다.

진골 귀족인 이찬 김윤흥과 숙흥·계흥 3형제가 반란을 일으킨 것도 바로 그해였다. 이들의 반란을 진압한 경문왕은 왕실의 위엄을 높이기 위해 거창한 토목공사를 벌였다. 재위 7년의 임해전 중수, 이듬해의 조원전 중수, 재위 11년의 황룡사 9층탑 개축과 월상루 중수, 재위 14년의 월정당 중수 등이 그것이다.

그런데 백성들의 살림살이는 날이 갈수록 궁핍해지기만 했다. 홍수와 가뭄이 번갈아가며 닥치고 메뚜기 떼까지 농작물을 갉아먹으니 거의 해마다 흉년이 들어 굶어죽은 시체가 저자와 산야에 즐비했다. 엎친 데 덮친 격으로 전염병까지 돌고 지진 같은 천재지변도 잇따랐다. 민심의 이

반은 필연적이었다. 진골 야심가들도 툭하면 칼을 빼들고 튀어나왔다. 재위 8년의 이찬 김예와 김현이 반란을 일으켰고, 재위 14년에는 이찬 김근종이 반란을 일으켰다. 경문왕 15년(875)이 되자 지진이 일어나고 혜성이 나타난 데 이어 왕궁의 우물에 용이 나타나는 괴변이 잇따랐다. 그것이 조짐인지 경문왕이 겨우 30세 한창나이로 죽었다.

경문왕은 아들 셋과 딸 하나를 두었는데, 맏아들 정이 뒤를 이으니 제49대 임금 헌강왕이다. 헌강왕은 경문왕 6년에 태자로 책봉되었는데, 그해에 나이가 많아도 16세였을 것이다.

그런데 《삼국사기》에는 경문왕 9년(869)에 '왕이 아들인 소판 김윤金胤을 당나라에 사신으로 보냈다'라는 기록이 있다. 경문왕의 아들은 맏아들 헌강왕의 이름이 정晸, 둘째 정강왕의 이름이 황晃, 딸 진성여왕의 이름이 만曼으로 모두 '날 일日'자가 들어가 있는데, 난데없이 윤胤이라는 이름은 어디에서 나왔을까. 게다가 열 살도 안 된 어린아이를 바다 건너 당나라에 사신으로 보냈다니 이상하지 않은가.

따라서 김윤은 경문왕의 양자, 정확히 말하자면 황후 영화부인이 경문왕과 혼인하기 전에 낳은 것으로 보인다. 영화공주는 김응렴과 혼인할 때 다섯 살 연상의 여인이었다. 나이 스무 살이면 당시 신라 시대에는 혼기가 한참 지나간 노처녀였다. 또 신라 왕실의 성 풍습이 매우 자유분방했다는 사실은 이미 잘 아는 바이다. 김응렴이 처음에 둘째 공주에게 더 마음을 두었던 것도 영화공주가 이미 다른 사내의 아들, 즉 김윤을 낳았기 때문은 아니었을까.

헌강왕과 처용랑과 망해사

동해룡이 기뻐하여 아들 일곱을 데리고 찾아와서 감사의 표시로 노래하며 춤추었다.
그의 아들 하나가 임금을 따라 서라벌로 들어왔는데 이름이 처용이었다.

《삼국유사》권 제2〈기이〉

헌강왕 시대에서 저 유명한 처용處容의 이야기를 빼놓을 수 없다. 그때는 비교적 정치상황이 안정되고 천재지변도 없는 태평성대여서 서울로부터 지방에 이르기까지 집과 담이 줄줄이 이어졌는데 초가는 하나도 없었다. 가뭄도 없고 홍수도 없고 태풍도 오지 않았다. 다들 먹고 살만하니까 가무음곡이 길거리마다 울려 퍼졌다.

어느 날 대왕이 오늘의 경북 울산인 개운포開雲浦에 나가 놀다가 돌아오는 길에 바닷가에서 쉬는데, 갑자기 구름과 안개가 자욱하게 끼어 길을 잃고 말았다. 왕이 어찌 된 영문이냐고 묻자 일관日官이 아뢰었다.

"이는 동해 용의 장난이니 좋은 일로 풀어야 합니다."

이에 용을 위해 근처에 절을 세우라고 했더니 그 명령이 떨어지기 무섭게 구름이 걷히고 안개가 흩어졌다. 이 때문에 그곳 지명이 '구름이 걷힌 개어귀'란 뜻의 개운포가 되었다. 동해용이 기뻐하여 아들 일곱을 데리고 찾아와서 감사의 표시로 노래하며 춤추었다. 그의 아들 하나가 임금을 따라 서라벌로 들어왔는데 이름이 처용이었다.

왕이 그를 미인에게 장가보내고 급찬 벼슬까지 내렸다. 그런데 호사다마라고 처용의 아내의 빼어난 미모가 화근이었다. 처용의 아내에게 눈독을 들인 역신疫神이 사람으로 둔갑하여 처용의 아내에게 끈질긴 '작업'을 건 끝에 마침내 성공하였다. 그렇게 불륜에 재미를 들인 두 남녀는 처용이 없을 때마다 곧잘 정을 통했다.

하루는 처용이 외출했다가 그날따라 좀 일찍 들어와서 아내가 다른 사내와 함께 뒹구는 꼴을 보고 말았다. 그때 처용이 부른 노래가 바로 유명한 향가 〈처용가〉이다.

동경 밝은 달에

밤 이슥히 놀고 다니다가

들어와 자리를 보니

다리가 넷이구나.

둘은 내 해인데

둘은 뉘 해인고.

본디 내 해다만

빼앗는 걸 어쩌리.

그러자 귀신이 처용에게 정체를 드러내고 꿇어앉아 이렇게 말했다.

"내가 당신의 아내를 탐내어 그녀와 상관했소이다. 그럼에도 당신이 노하지 않으니 참으로 놀랍고도 장하구려. 내 맹세코 앞으로는 대문에 당신의 얼굴을 그려 붙인 것만 봐도 그 집에는 절대로 들어가지 않겠소이다."

그 뒤로 사람들은 처용의 얼굴을 그려 대문에 붙여 놓고 역신을 쫓게 되었다고 전한다.

그렇게 즉위한 헌강왕은 12년간 나라를 다스렸다. 즉위 직후 이찬 김위홍을 화백회의 의장 격인 상대등으로, 대아찬 박예겸을 수상인 시중으로 임명하여 국정의 보좌를 맡겼다. 위홍은 선왕 경문왕의 아우, 즉 숙부였다.

나중에 신라의 항복을 받고 후백제를 멸망시켜 후삼국을 통일하는 고려 태조 왕건王建이 송악에서 태어난 것이 헌강왕 3년(877)이고, 당대의 천재 최치원崔致遠이 조국을 위해 자신의 포부와 재능을 펼쳐 보겠노라며 17년간의 당나라 생활을 정리하고 귀국한 것도 헌강왕 11년(885)이었다.

그 무렵 당나라는 황소黃巢의 난으로 어지러웠고, 신라의 정세 또한 갈수록 불안했다. 하지만 재위 5년(879) 일길찬 신홍의 모반사건을 제외하면 헌강왕의 치세는 비교적 평온한 편이었다.

처용랑의 정체

처용의 정체는 이 설화와 같이 정말로 동해 용왕의 아들이었을까? 임금을 따라 서울로 가서 미인에게 장가도 들고 벼슬살이도 했다니 분명히 사람이었을 것이다. 어쩌면 울산 지역의 호족 출신인지도 모른다. 처용이 정말로 용왕의 아들이라면 아무리 상대가 역신이라도 그리 쉽사리 아내를 빼앗기지도 않았을 것이다. 혹시 처용의 아내도 바람기가 많은 여자는 아니었을까. 상대방이 역신이라도 정조관념이 굳세었다면 그리 쉽사리 넘어가지는 않았을 것이다.

역신의 정체는 어쩌면 헌강왕이었는지도 모른다. 처용에게 짝지어 준 미인이 원래는 헌강왕의 후궁이었는데 왕비의 질투가 심해서 처용에게 내려 주었고, 그래도 잊지 못해 몰래 찾아가 통정을 하다가 처용에게 들킨 것은 아닐까. 그러니까 처용이 차마 임금에게 따지고 덤벼들 수는 없고, 그 정체를 폭로할 수도 없기에 홀로 춤추고 노래하며 울분을 삭이며 물러났는지도 모른다.

* * *

헌강왕과 용, 또는 신들과 얽힌 이야기는 더 나온다. 개운포에서 서라벌로 돌아온 왕은 영취산 동쪽 기슭의 경치 좋은 곳을 가려서 절을 세우고 이름을 망해사望海寺라 했다. 또는 이 절을 신방사新房寺라고도 했는데, 용을 위해서 세운 절이라고 했다.

또 한 번은 포석정에 갔을 때 남산 산신이 나타나 춤을 추었는데 주변의 신하들에게는 보이지 않고 오직 왕의 눈에만 보였다. 그 신의 이름은 상심詳審이라고 했으므로 지금까지 나라 사람들은 이 춤을 전해서 어무

상심御舞詳審, 또는 어무산신御舞山神이라고 한다.

또 이런 말도 전하는데, 신이 먼저 나와서 춤을 추자 그 모습을 살펴 장인바치에게 명해서 새기게 하여 후세 사람들에게 보이도록 했기 때문에 '자세히 본떴다'라는 뜻으로 상심象審이라고 했다 한다. 또 이 춤을 가리켜 '흰 수염 춤'이란 뜻의 상염무霜髥舞라고도 하는데, 이것은 그 형상에 따라서 이름 지은 것이다.

한 번은 왕이 지금 경주시 동천동 북악 소금강산 금강령에 갔을 때 북악 산신이 나타나 춤을 추었는데, 이 춤 이름은 옥도검玉刀鈐이라고 했다. 또 동례전同禮殿에서 잔치를 베풀 때에는 지신地神이 나와서 춤을 추었으므로 그 춤을 가리켜 지백급간地伯級干이라고 했다.

일연선사는 《어법집語法集》에서 이렇게 말했다.

그때 산신이 임금 앞에서 춤을 추고 노래 부르기를, "지리다도파智理多都波"라 했는데 지혜로 나라를 다스리는 사람이 미리 사태를 알고 많이 도망하여 도읍이 장차 파괴된다는 뜻이다.

즉 지신과 산신은 나라가 장차 멸망할 것을 알기 때문에 일부러 춤을 추어 이를 경고한 것인데 사람들이 이를 깨닫지 못하고 되레 상서祥瑞가 나타났다 하여 향락에 빠져 흥청댔기에 마침내 나라가 망하고 말았다는 것이다.

진성여왕과 거타지

최근 백성들이 곤궁해지고 도적이 벌떼처럼 일어나니 이는 내가 덕이 없기 때문이다.
어진 자에게 자리를 물려줄 내 뜻이 이미 결정되었노라.
《삼국유사》권 제2 〈기이〉

진성여왕眞聖女王과 거타지居陀知의 이야기는 〈기이〉편 뒷부분
에 실려 있다. 진성여왕의 이름은 김만金曼으로 신라 제51대
임금이며 세 번째요, 마지막 여왕이다. 887년 7월에 병으로 죽은 작
은 오라비 정강왕 김황金晃의 뒤를 이어 즉위하여 897년 6월에 조카
효공왕 김요金嶢에게 왕위를 물려 줄 때까지 9년 11개월간 신라를 다
스렸다.

진성여왕은 제48대 임금 경문왕의 딸이다. 그녀의 위로 두 오라비
가 있었는데, 큰 오라비 김정金晸이 제49대 임금 헌강왕이다. 헌강왕
이 죽을 때 그의 유일한 혈육인 김요가 매우 어렸으므로 아우 김황이
뒤를 이었다. 그러나 정강왕이 불과 1년 만에 죽으면서 누이동생 김
만에게 왕위를 물려 준 것이다.

신라는 무슨 까닭에 진덕여왕 사후 233년 만에 다시 여왕을 맞이해야만 했을까. 진성여왕이 즉위할 무렵 신라의 형편은 국운이 내리막길을 달리기 시작할 때였다. 진성여왕은 선덕여왕이나 진덕여왕처럼 혈통의 신성성과 왕통의 정당성이 보장된 성골聖骨도 아니었다. 그때는 백년 넘게 이어져온 진골들의 왕위 쟁탈전으로 왕권은 약화될 대로 약화된 시기였다.

이러한 난국에 여자의 몸으로 왕위에 오른 진성여왕은 '숙부인 김위홍金魏弘과 간통하고, 위홍이 죽자 미소년들을 궁으로 불러들여 음란한 짓으로 세월을 보내다가 나라를 망국에 이르게 했다'라는 악평을 듣기에 이르렀다. 사방에서 도둑들이 설치고 백성들은 유리걸식하는데 임금 자리에 앉아서 일신의 쾌락만 추구하다가 결국 나라를 망쳤다는 진성여왕에 대한 평가는 과연 믿을 만한가.

김부식은 진성여왕의 왕위 계승이 매우 못마땅했던지 노골적으로 악평을 했는데,《삼국사기》〈신라본기〉진성여왕 2년 조의 기록이다.

왕이 그 전부터 각간 위홍과 더불어 간통했는데, 이때에 이르러서는 (위홍으로 하여금) 언제나 궁중에 들어와서 일을 보게 했다. 그리고 그에게 명해 대구화상大矩和尙과 함께 향가를 수집, 편찬토록 하여 이를《삼대목三代目》이라고 했다.

위홍이 죽자 시호를 추증하여 혜성대왕惠成大王이라 했다. 그 뒤로부터 미소년 두세 명을 가만히 불러들여 음란하게 지내고, 그들에게 요직을 주어 정사를 맡기니 이로 말미암아 아첨하고 총애를 받는 자들이 제 마음대로 방자하게 날뛰고, 재물로 뇌물을 먹이는 짓을 공공연히 했으니 상벌이 공정하지 못하고 풍기와 규율이 문란해졌다.

《삼국유사》'진성여대왕과 거타지' 조에도 비슷한 대목이 나온다.

제51대 진성여왕이 정치를 한 지 몇 해 동안에 그의 유모 부호부인鳧好
夫人과 그의 남편인 위홍 잡간 등 왕의 총애를 받는 서너 명의 신하가
세도를 부려 정치를 마음대로 쥐고 흔들었으므로 도적이 벌떼처럼 일
어났다. 나라 사람들이 이것을 걱정하여……

그러나 위홍은 단순히 조카 진성여왕과 불륜관계에 있던 숙부가
아니라 진성여왕의 '정당한' 남편이었다.《삼국유사》는 위홍이 부호
부인의 남편이라고 하면서도, '진성여왕의 배필은 위홍 대각간, 추봉
한 혜성대왕'이라고 분명히 썼다. 두 사람은 공식적으로 떳떳한 부부
관계였다. 부호부인은 진성여왕의 유모라고 했으니 신분이 당연히
진성여왕보다 아래였고 당연히 정부인의 자리도 여왕에게 양보했을
것이다.

진성여왕에게는 아들도 있었다. 그것도 둘 이상이었다.《삼국유
사》에 진성여왕이 '막내아들 양패良貝를 당나라에 사신으로 보냈다'
라는 기록이 나오기 때문이다. 양패가 위홍의 아들인지 다른 남편의
아들인지는 알 수 없다.

거타지는 양패를 사신으로 보낼 때 수행한 군사의 일원이었다. 양

패의 사신 일행이 떠나려는데 해적이 뱃길을 막고 있다는 보고가 왔다. 그래서 활 잘 쏘는 군사 50명을 데리고 갔다. 배가 곡도에 이르렀을 때 풍랑이 거세게 일어 열흘이나 발이 묶였다. 양패가 점을 치게 했더니, '이 섬 연못에 귀신이 있는데 그곳에 제사를 지내야 한다'라는 점괘가 나왔다. 그래서 못 둑에서 제사를 지냈는데, 그날 밤 양패의 꿈에 한 노인이 나타나 이렇게 말했다.

"활잡이 한 명을 이 섬에 남겨두면 순풍을 맞을 수 있으리라."

양패가 꿈에서 깨어나 측근들과 이 문제를 상의한 결과 나뭇잎에 각자의 이름을 써서 제비를 뽑기로 했다. 그 결과 섬에 남게 된 군사가 거타지였다. 거타지가 일행이 섬을 떠난 뒤 시름없이 서 있노라니 한 노인이 못에서 나와 이렇게 말했다.

"나는 서해의 용인데 날마다 해 뜰 무렵만 되면 하늘에서 젊은 중한 명이 내려와 다라니를 외우며 이 못을 세 바퀴씩 돈다네. 그럼 우리 부부와 자식, 손자가 모두 물 위에 떠오르게 되고, 그 젊은 중은 우리 자손들의 간과 창자를 뽑아내 먹어버려서 이제는 우리 부부와 딸 하나만 남았지 뭔가. 그자가 내일 아침에도 올 터이니 부탁하노니 그대가 반드시 그놈을 쏘아 죽이기 바라노라."

거타지가 대답했다.

"활 쏘는 거야 내 장기이니 어르신 말씀대로 하리다."

그러자 자칭 서해 용인 노인은 고맙다고 인사한 뒤 물속으로 들어갔다. 거타지가 숨어서 보니 이튿날 아침 일찍 과연 젊은 중이 와서 주문을 외자 노인이 나타났고, 중은 노인의 간을 꺼내려고 했다. 거타지가 그 순간 활을 쏘아 중을 맞히니 그 중은 즉시 늙은 여우로 변해 죽었다.

노인이 다시 고맙다고 인사하며 이렇게 덧붙였다.

"그대 덕분에 내가 목숨을 부지했으니 바라건대 내 딸을 아내로 삼아 주기 바라네."

거타지가 대답했다.

"따님을 주신다면 그보다 더 좋은 일이 없겠지요."

노인이 자신의 딸을 꽃으로 변신시켜 거타지의 품속에 간직하게 하고 나서, 용 두 마리를 불러 사신들이 탄 배로 데려다 주게 했다. 그렇게 해서 거타지는 일행과 합류해 당나라로 들어갔다. 당나라 사람들이 용 두 마리가 신라 사신들의 배를 짊어지고 오는 신기한 모습을 보고 황제에게 보고했다. 황제가 말하기를, "이번에 오는 신라 사신은 아무래도 보통 사람이 아닌가 보구나." 하고는 호화로운 연회를 베풀어 양패 일행을 잘 대접했다.

거타지가 본국으로 돌아와서 품속의 꽃가지를 꺼냈더니 아리따운 처녀로 변하는지라 더불어 혼인하여 잘 살게 되었다.

진성여왕의 치세는 어떠했던가. 진성여왕은 886년 즉위 직후 죄수들을 크게 사면하고, 전국의 주·군에 1년간 조세를 면제하였다. 난데없는(?) 여왕의 즉위로 민심이 흔들릴까 봐 취한 조치였다. 또 황룡사에서 백고좌를 열고 설법을 들었다. 그러나 그해 겨울에 눈이 내리지 않았다. 예부터 겨울에 눈이 내리지 않으면 이듬해 농사가 흉작이란 징조라고 했는데, 과연 그 이듬해에 불길한 일들이 잇따라 일어났다. 남편인 위홍이 죽었던 것이다.

진성여왕이 위홍과 대구화상으로 하여금 향가집 《삼대목》을 편찬토록 한 것은 단순히 문화사업의 차원이 아니었다. 향가는 주로 화랑이나 고승들이 지은 당대의 노래가 아닌가. 그 향가를 최초로 수집하여 책으로 묶었다는 것은 문화적 자부심을 유지하려는 목적도 있지만, 그보다는 여왕의 즉위를 정당화하려는 의도도 있었던 것이다.

진성여왕이 왕위에 올랐지만 실질적으로 국정을 좌우한 사람은 위홍이었다. 믿고 기대던 기둥을 잃은 여왕은 한동안 정신의 안정을 되찾지 못했다. 미소년 두세 명을 궁중으로 불러들였다는 기록은 그런 사정을 말해 주는 것으로 보인다.

그 무렵 어떤 사람이 서라벌 관청거리에 시국정책을 비방하는 대자보를 붙이고 달아났다. 보고를 받은 여왕이 노해서 범인을 빨리 잡아들이라고 했으나 오리무중이었다. 한 벼슬아치가 여왕에게 아뢰었다.

"이것은 아마도 거인巨人, 居仁의 짓인가 하옵니다."

"거인이란 어떤 자인고?"

"성은 왕씨인데, 대야주(합천)에 숨어 사는 학자이옵니다."

거인은 당장 붙잡혀 와서 옥에 갇혔다. 거인은 억울하고 원통하여 이런 시를 읊으며 자신의 신세를 한탄했다.

우공이 통곡하니 3년이나 가물었고
추연이 슬퍼하니 5월에도 서리 내렸네.
지금 나의 깊은 시름 옛일과 다름없건만

379

하늘은 말도 없이 푸르기만 하구나!

그러자 그날 저녁 갑자기 구름과 안개가 덮이고 천둥번개가 치며 우박이 쏟아졌다. 보고를 받은 여왕은 겁을 먹고 거인을 빨리 풀어 주라고 했다. 또한 여왕이 병들었는데, 죽을죄를 지은 자를 제외한 모든 죄수를 석방하고 60여 명의 승려에게 도첩을 내려 속죄를 한 뒤에야 병이 나았다.

조정의 형편이 이러니 나라 꼴이 제대로 돌아갈 리 만무했다. 즉위 당시 민심을 안정시키려고 조세를 1년간 면제시켰는데, 그 뒤부터 세금이 거의 걷히지 않았다. 여왕을 우습게 본 지방관들이 중앙정부에 보낼 세금을 착복한 것이었다. 국고가 텅 비자 다급해진 여왕은 각 주·군에 관리를 파견하여 조세 납부를 독촉했다. 그러자 지방관들은 세금을 걷는다면서 힘없는 백성을 쥐어짰다. 이래저래 난세에 죽어 나는 것은 백성밖에 없었다. 제 힘으로 걸을 수 있는 자들은 집을 버리고 도둑이나 거지가 되고, 움직일 힘도 없는 자들은 앉아서 굶어 죽었다.

사방에서 도둑들이 일어나 떼를 지어 몰려다니며 무리지어 반란도 일으켰다. 진성여왕 3년(889) 사벌주(문경)에서 일어난 우리 역사상 최초의 농민봉기인 원종元宗과 애노哀奴의 난이 대표적인 경우였다. 농민군은 한때 사벌성을 점령할 정도로 위세를 떨쳤으나 조정에서 보낸 관군은 이를 진압하지 못했다.

이때부터 여기저기에서 군벌이 우후죽순처럼 일어났다. 군벌 가운데 대표적인 인물이 후백제를 세운 견훤甄萱과 후고구려를 세운 궁예

두 사람이다. 역사는 이때부터를 후삼국 시대라고 부른다.

재위 9년, 여왕은 그동안 궁중에서 키운 헌강왕의 서자 김요를 황태자로 책봉했다. 그리고 다시 이태가 지난 재위 11년(897) 6월에 요에게 왕위를 물려주고 출궁했다. 여왕은 양위하면서 이렇게 말했다고 사기는 전한다.

최근 백성들이 곤궁해지고 도적이 벌떼처럼 일어나니 이는 내가 덕이 없기 때문이다. 어진 자에게 자리를 물려줄 내 뜻이 이미 결정되었노라.

그리고 당나라에도 이렇게 상주했다.

"저의 조카 요는 죽은 형 정의 아들인바 나이가 열댓 살이나 되었고, 자격이 종실을 부흥시킬 수 있겠기에 밖에서 따로 후계자를 구하지 않고 안에서 천거하여 근자에 이미 국사를 임시로 맡겨 국가의 재난을 안정시키려 하고 있습니다."

진성여왕의 마지막 승부수가 바로 양위였던 것이다. 그것도 자신의 친아들이 있었음에도 죽은 오라비의 아들, 적자도 아닌 서자에게 왕위를 넘겨 주었던 것이다. 측근들은 당연히 반대했을 것이다. 그러니까 조서에서 '내 뜻은 이미 정해졌다'라고 강조했고, 그래도 신하들의 만류와 반대가 크자 궁에서 나가 살았던 것이다.

진성여왕은 왕위를 넘겨 주고 궁에서 나가 살다가 그해 12월에 죽었다. 여왕의 뒤를 이은 제53대 혜공왕이 박씨들의 쿠데타로 살해당하자 태종무열왕 김춘추의 직계는 이로써 왕통이 단절되었다. 그리고 후삼국 시대의 난세 속에서 신덕왕—경명왕—경애왕을 거쳐 935

년 11월 마지막 임금인 제56대 경순왕이 고려 태조에게 항복함으로써 신라는 망하고 말았다. 이처럼 진성여왕 뒤로 다섯 명의 사내 임금이 더 있었음에도 신라 망국의 책임을 진성여왕에게 모두 뒤집어 씌워서야 될 말인가.

진성여왕이 정말로 음탕하여 대신들이 참을 수 없는 지경이었다면 11년 동안이나 왕좌에 버티고 앉아 있을 수도 없었을 것이다.

세 번째 여왕 등극의 전말

진성여왕의 즉위는 선왕인 정강왕의 유조遺詔에 따른 것이다. 《삼국사기》〈신라본기〉 정강왕 2년 조에 이렇게 나온다.

여름 5월, 왕이 병이 위중하매 시중 준홍俊興에게 말하였다.

"내 병이 위독해지니 다시 일어날 수 없으리라. 불행히도 뒤를 이을 자식이 없으나 누이동생 만曼은 천성이 명민하고 골법骨法이 남자와 같으니 그대들이 선덕여왕과 진덕여왕의 옛일을 본받아서 그를 왕위에 세우는 것이 좋겠다."

자식이 없어서 누이동생에게 왕위를 물려준다는 말인데, 정강왕은 그 이유로 세 가지를 들고 있다. 첫째는 누이동생이 천성이 총명하니 임금의 자질이 충분하다는 것이다. 둘째는 골법, 즉 체격이 사내처럼 생겼다는 것이다. 셋째는 옛날에 선덕여왕과 진덕여왕도 여자로서 임금 노릇을 한 전례가 있다는 것이다.

첫째와 셋째 이유는 그렇다고 쳐도 둘째 이유는 좀 이상하지 않은가. 뼈대가 사내처럼 굵직굵직하게 생겼다는 것이 왕위와 무슨 상관이 있단 말인가. 아무리 생각해도 궁색하게 들린다. 이는 진성여왕 즉위에 제동을 걸고 나섰던 세력이 있었다는 반증이 아닐까.

* * *

그리고 선덕여왕과 진덕여왕의 고사를 들먹인 것도 진성여왕의 아버지 경문왕의 즉위 때의 사정과는 전혀 앞뒤가 맞지 않는다.

헌안왕 5년(861) 정월에 왕이 위독하자 측근에게 이렇게 말했다.

"내가 불행히도 아들이 없어 딸만 둘을 두었노라. 우리나라 옛일로 선

덕왕과 진덕왕 두 여왕이 있었으니 이는 가히 '암탉이 새벽을 알리는 것'과 같으므로 이를 따를 수는 없도다. 내 사위 응렴膺廉은 나이가 비록 어리지만 노성한 덕을 갖추었으니 그대들이 임금으로 모시고 섬긴다면 조종祖宗의 훌륭한 후계를 잃지 않을 것이요, 내가 죽더라도 마음을 놓을 것이니라."

이처럼 경문왕은 장인인 헌안왕이 '여왕이 임금노릇을 하는 것은 암 탉이 새벽을 알리는 것'과 같기 때문에 사위의 자격으로서 즉위할 수 있 었던 것이다. 그런데 경문왕의 아들 정강왕은 이와 반대로 누이동생이 비록 여자이지만 총명하고, 또한 체격이 사내 같으니 왕위를 물려준다고 했던 것이다.

헌강왕은 재위 12년 만에 죽었는데, 그때 아들이 있었지만 갓난아이 라 왕위를 이을 수가 없었다. 헌강왕의 서자 김요는 뒷날 진성여왕의 뒤 를 이어 즉위하는 효공왕이다. 그가 태어난 사연은 이렇다.

헌강왕이 사냥을 나갔다가 한 여인을 보고 마음에 쏙 들었다. 그래서 수레 뒤에 태워 그날 밤 임시거처인 행재소에서 관계하여 그 여인이 아 들을 낳으니 바로 요였다. 길에서 만났다고 하지만 요의 어머니 김씨도 아마 진골 신분이었을 것이다.

헌강왕에게는 정비인 의명왕후가 있었지만 나중에 제53대 임금인 신 덕왕의 부인이 되는 의성공주만 낳았을 뿐 아들이 없었다. 그래서 아우 황이 즉위하니 정강왕이다. 그런데 그렇게 즉위한 정강왕은 불과 1년 뒤 에 병으로 죽고 누이동생 진성여왕이 뒤를 이었던 것이다.

인생무상을 깨우친 조신의 꿈

조신이 아침에 보니 밤새 머리카락이 죄다 하얗게 세고 정신이 멍했다.
세상살이가 지난 밤 꿈처럼 그렇게 피로운 것이라면 도무지 살고 싶지 않았다.
《삼국유사》권 제3 〈탑상〉 제4

조신調信은 세달사의 중인데, 절이 소유한 명주군(강릉)의 농장 관리인이 되었다. 조신은 명주로 가서 일하다가 그곳 태수 김흔金昕의 딸을 보고 그만 상사병에 걸렸다. 조신은 하루가 멀다 하고 낙산사 관음전에 가서 관세음보살에게 이렇게 빌었다.

"거룩하신 관세음보살님께 비나이다. 전능하신 관세음보살님께 비나이다. 제가 이곳 태수의 따님을 그지없이 사모하오니 저를 가엾게 여기사 그녀와 제가 부부로 맺어지게 해 주소서. 저의 꿈이 이루어지게 해 주소서. 간절히 비나이다, 비나이다!"

이렇게 빌기를 해가 몇 차례나 바뀌도록 거듭했다. 그런데 이를 어찌하랴. 그 사이에 태수의 딸은 혼처가 생겨 시집을 가고 말았다.

그날도 조신은 낙산사 관음전에 가서 관세음보살에게 빌었다. 그런데 이번에는 그 처자와 맺게 해달라고 빈 것이 아니었다. 자신의 애틋한 꿈을 이루어 주지 않은 관음보살을 원망했던 것이다. 그렇게 눈물을 하염없이 흘리면서 아침부터 날이 저물도록 관음보살에게 하소연하던 조신은 그만 깜빡 잠이 들고 말았다.

조신이 정신없이 잠결에 휩쓸려 들어가는데, 갑자기 눈앞에 꿈에서도 그리던 김씨 처녀가 그지없이 밝은 얼굴로 문을 열고 들어오더니 희고 고운 이를 드러내며 이렇게 말하는 것이었다.

"스님, 스님. 제 말씀을 들어 보소서. 소녀가 일찍이 스님의 얼굴을 어렴풋이 기억하여 마음속으로 사랑하여 한 번도 잊은 적이 없었는데 부모님의 명에 따라 어쩔 수 없이 다른 사람에게 시집을 갔던 것입니다. 이제는 죽더라도 한 구덩이 안에 묻히기를 원하여 이렇게 찾아온 것이랍니다."

그 말을 듣자 조신이 너무나도 기뻐 어쩔 줄을 몰랐다. 그리하여 김씨 처자를 데리고 고향으로 가서 그로부터 무려 40년을 함께 살았다. 그렇게 더불어 살면서 자식을 다섯이나 낳았으나 가난을 이길 수가 없었다. 마침내 집은 속이 텅텅 빈 네 벽만 남았고, 일곱 식구가 끼니도 제대로 이을 수 없는 비참한 지경에 이르렀다. 더 이상 견딜 도리가 없어 조신은 식구를 모두 이끌고 집을 떠나 동냥 길에 나섰다. 집을 떠난 지 어언 10년, 온 식구가 안 다녀 본 곳이 없을 정도로 돌아다녔건만 사정은 조금도 나아질 기미가 없었다.

명주 해현 고개를 가는데 드디어 열다섯 살 난 큰아들이 굶어서 죽었다. 남은 식구가 통곡을 하면서 길가에 묻고 다시 길을 떠났다. 조신이 아내와 나머지 네 자식을 이끌고 우곡현에 이르러 길가에 움막을 엮어 살았다.

조신 부부가 늙고 병들어 거동조차 불편하자 열 살짜리 딸아이가 동냥을 하며 돌아다니다가 사나운 개한테 물려 울부짖으며 움막 앞에 와서 쓰러졌다. 조신 부부는 그저 눈물만 흘리며 흐느껴 울 따름이었다. 마침내 아내가 눈물을 훔치더니 입을 열었다.

"제가 처음 당신을 만났을 때 당신은 젊었고 얼굴도 잘 났으며 옷차림도 깨끗했지요. 맛있는 음식 하나라도 생기면 당신과 내가 나누어 먹었고, 몇 자 되지 않는 옷감이 생겨도 우리는 나누어 옷을 지어입으며 벌써 50년을 더불어 살았어요. 이처럼 우리 정분과 사랑은 그지없이 아름다웠건만, 근래 들어 쇠약해져 여기저기 안 아픈 곳도 없이 해마다 없던 병도 생겼습니다. 굶주림과 추위는 나날이 더해 가는데 누구 하나 음식 한 그릇 나누어 주는 사람도 없이 우리를 멸시하고, 아이들은 굶주림과 추위에 떨고 있는데 어느 겨를에 우리가 부부의 사랑을 나눌 것이며 즐거운 추억을 떠올릴 수 있겠는지요? 오오, 붉은 얼굴에 아리땁던 웃음도 풀잎의 이슬처럼 사라졌고, 지초 난초같던 꽃다운 약속일랑 소소리바람(회오리바람)에 버들꽃처럼 흩날려 없어지고 말았군요. 여보, 당신은 나 때문에 괴로움이 끊일 새 없고, 나또한 당신 때문에 걱정이 끊일 새 없으니 이제 어쩌면 좋으리까? 우리가 어찌하여 전생에 무슨 죄가 크기에 이런 지경에 이르렀을까요? 새 여러 마리가 함께 모여 굶주림에 시달리는 것보다는 차라리 서로 나누어 살아가는 것이 더 낫지 않을까요? 그러므로 이젠 이렇게 하기로 합시다. 가고 머무름을 우리 뜻대로 못하고, 만나고 헤어짐도 우리 뜻대로 하지 못하나니, 이제부터는 서로 헤어지는 것이 어떨는지요?"

조신이 듣기에 참으로 난감하고 부끄러웠으나 어쩔 도리가 없어 부인의 뜻대로 하기로 작정했다. 그리하여 부부가 각각 남은 아이 둘 씩 나누어서 헤어져 각자 길을 떠났다.

작별하기 전에 아내가 말하기를, "나는 고향으로 돌아갈 터이니 당신은 남쪽으로 가셔요."라고 했기에 조신은 두 아이를 데리고 남쪽으로 내려갔다.

그렇게 부부가 작별을 하고 길을 떠나려는 참에 잠을 깨어 보니 타다 남은 등잔불이 가물거리는데 밤이 이미 깊은 뒤였다.

그렇게 해서 밤이 가고 아침이 밝았다. 조신이 아침에 보니 밤새 머리카락이 죄다 하얗게 세고 정신이 멍했다. 세상살이가 지난 밤 꿈처럼 그렇게 괴로운 것이라면 도무지 살고 싶지 않았다.

조신이 꿈속에서 큰아들을 묻었던 해현에 가서 그곳을 파 보니 돌로 만든 미륵불상 한 구가 나왔다. 조신은 그 미륵상을 깨끗이 씻어서 가까운 절에 모시고, 본사로 돌아가 장원 관리의 소임을 내놓고 자기 재산을 정리하여 정토사淨土寺를 세웠다. 그리고 나서 더욱 열심히 불도를 닦았는데, 그 뒤의 소식은 아무도 알지 못했다.

이 설화는 《삼국유사》 〈탑상〉 편 '낙산의 두 성인 관음, 정취와 조신'의 뒷부분에 나온다. 그런데 이 이야기의 주인공인 조신이 신라 시대 어느 임금 때의 인물인지 정확히 상고할 수 없다.

일연선사는 조신의 꿈 이야기를 소개한 뒤 이렇게 덧붙였다.

곰곰이 생각해 보건대 비단 조신의 꿈만 그러하랴. 인간세상의 낙이라는 것은 즐거움도 있고 괴로움도 있건만, 사람들은 오로지 즐거움만 좇아서 괴로움이 있음은 제대로 깨닫지 못하는 것이다.

그러면서 이런 시를 한 수 지어 붙였다.

달콤한 한 시절도 지나 보니 허망하네.
나도 몰래 근심 속에 이 몸이 다 늙었네.
허무한 부귀공명 다시는 생각 마오.
괴로운 한평생이 꿈결인 줄 알리니.
착한 행실 위해서는 마음부터 닦을지니
홀아비는 미인을, 도둑은 재물을 꿈꾸네.
어찌 가을 밤 푸른 꿈만으로
때때로 눈을 감아 청량을 꿈꾸리오.

일연선사의 장엄했던 일생

일연선사는 고려 희종 2년(1206) 6월에 경북 경산군 압량면 유곡동에서 태어났다. 아버지는 김언필金彦弼, 어머니는 이씨李氏였는데, 뒷날 일연선사가 국사國師가 되자 아버지에게는 좌복야, 어머니에게는 낙랑군부인이 추증되었다.

무슨 인연인지 일연선사의 탄생지는 그 옛날 원효성사와 그의 아들 설총이 탄생한 곳이기도 하다. 그래서 이곳 사람들은 이들이 태어난 산을 가리켜 삼성산三聖山이라고 부른다. 일연선사의 비문에는 그가 장산章山에서 태어났다고 했는데, 장산은 압량면의 당시 지명이며 삼성산은 유곡동에 있다.

이 고을에 전해 오는 이야기에 따르면 원효성사는 삼성산 동남쪽 기슭, 그 옛날 밤골에서 탄생했고, 일연선사는 약 600년 뒤에 그 반대편 산자락에서 태어났다.

그의 어머니 이씨 부인은 밝은 해가 집안으로 들어와 자신의 배를 환하게 비추는 똑같은 꿈을 사흘 동안이나 꾼 뒤에 태기가 있어 일연을 낳았다고 한다. 일연의 본래 이름인 견명見明은 그런 태몽에서 비롯되었다. 그의 자는 회연晦然이며 나중에 일연으로 고쳤다. 법명은 보각普覺, 시호는 원경충조圓徑沖照이다.

일연은 아버지가 일찍 세상을 떠나 홀어머니 밑에서 가난하게 자랐지만, 어려서부터 생김새가 빼어났고 몸가짐이 단정한데다 머리도 영리했다. 그리고 걷는 모습은 소와 같았으며 눈은 부리부리한 호랑이의 눈과 같았다고 한다. 또한 일찍 불법에 뜻을 두어 불과 아홉 살에 집을 떠나 당시로서는 머나먼 길이었던 전라도 광주 무량사로 찾아갔다. 무량사가 정확히 어디에 있었는지 지금은 흔적도 찾을 수 없지만, 일연은 5년 뒤 이번에는 더욱더 먼 길을 떠나게 된다. 일연의 심지가 곧고 총명함에 감탄한 스님들이 설악산 진전사陳田寺로 찾아가 출가할 것을 권했기 때문이다.

진전사에서 출가하여 대웅장로大雄長老에게서 구족계를 받은 일연은 14세부터 22세까지 영동의 여러 명찰을 찾아다니며 공부했는데, 그의 명성은 곧 사방에 널리 퍼져 나갔다. 그의 인품이 빼어나고 공부가 그만큼 깊었기 때문이었다. 그리고 그런 비범한 자질로 인하여 일연은 22세에 개경으로 올라가 승려의 과거인 선불장選佛場에서 상상과上上科에 합격하여 대선大選이라는 법계法階를 받았다. 법계란 곧 중의 벼슬을 가리킨다.

하지만 일연은 그런 닭의 벼슬보다도 못하다는 중의 벼슬에 연연할 정도로 작은 그릇이 아니었다. 승과에 합격한 일연은 보다 큰 깨달음을 얻기 위해 경북 달성군 현풍면의 비슬산으로 찾아 내려갔다.

비슬산은 전에는 소슬산이라고 했고, 그는 포산 보당암寶堂庵에서 22세부터 44세까지 22년간이나 머물며 선승으로서 참된 깨우침을 찾아 수행 정진했다.

그가 비슬산에서 수행하던 때는 몽골의 난이 절정에 이르러 온 국토가 황폐할 대로 황폐해진 시기였다. 최씨 무인정권 치하의 조정은 이미 개경을 버리고 강화도로 천도한 다음이었고, 그때 31세의 일연이 비슬산에 있던 1235년, 3차로 침범한 몽골 군은 경주까지 휩쓸고 내려가 국보인 황룡사 구층탑을 비롯하여 불국사·분황사까지 모조리 불태우고 사람들을 마구 도륙하여 이 땅은 사람의 씨가 마를 정도로 참상이 극에 달하고 있었다.

그해 가을 일연이 문수오자주文殊五字呪를 쉴 새 없이 염불하자 벽 사이에서 문수보살이 현신하더니 "무주無住에 거하라." 하고 일러 주고는 사라졌다고 한다. 그때 일연은 묘문암에 머물고 있었는데, 묘문암 북쪽에 무주암이 있었다. 무주암으로 거처를 옮긴 일연은 '생계불감生界不減 불계불증佛界不增', 곧 '생계는 줄지 않고 불계는 늘지 않는다' 라는 화두를 놓고 참선에 몰두했다. 그러한 정진 끝에 마침내 깨달음을 얻은 일연은 사람들에게 대각오도를 선포했다.

"내가 오늘 삼계三界가 환몽幻夢 같고 대지에 실오리 하나만큼의 장애도 없음을 보았노라."

일연선사의 나이 어느덧 56세. 그때 그는 대선사라는 직위에 올라 있었는데, 당시의 임금 원종의 부름을 받고 개경으로 올라갔다가 강화도 선월사禪月寺에 주석하게 된다. 그때 고려 조정은 최씨 무인정권이 4대 60년 만에 무너지고 형식상이나마 왕권이 회복되었지만, 대외적으로는 삼별초의 항쟁을 끝으로 자주 독립성을 잃은 채 원나라의 속국으로 전락한 직후였다. 일연선사의 강화도 체류는 3년에 불과했다. 선사는 행장을 챙겨 남쪽으로 발길을 돌렸다. 그가 머문 곳은 경북 포항시 항사동의 오어사였고, 그의 속세 나이 환갑을 바라보는 59세였다.

이듬해인 원종 4년(1264)에 선사는 과거 자신이 큰 깨달음을 얻었던 무주암이 있는 비슬산 기슭의 인홍사仁弘寺로 거처를 옮겼다. 선사는 이곳에서 왕명에 따라 청도 운문사雲門寺로 다시 옮길 때까지 13년을 보냈다. 일연선사는 인홍사에 주석한 지 10년째 되던 1274년, 절을 크게 중창하고, 그해에 즉위한 임금 충렬왕의 사액을 받아 절 이름을 인홍사仁興寺라고 바꾸었다. 일연선사가《삼국유사》를 집필한 곳이 인각사가 아니라 운문사라는 설도 있다. 그 이유는《역대연표》를 간행한 시기가 운문사 체류 시라는 점 때문이다.

충렬왕 3년(1277), 왕명에 따라 72세의 일연선사는 인홍사를 떠나 운문사로 거처를 옮긴다. 이미 고희를 넘긴 나이에 이제는 한 절에 머물며 조용히 만년을 보내고도 싶었으련만, 75세가 되던 해에는 다시 임금의 부름에 따라 경주 행재소로 찾아갔다가 개경까지 함께 올라가게 된다. 그때 임금은 원나라의 일본 정벌을 지원하기 위해 이곳에 내려와 있다가 일연선사가 보고 싶어 부른 것이다.

임금을 따라 개경으로 올라간 일연선사는 왕명에 따라 왕실의 원찰인 광명사廣明寺에 머물렀다. 광명사에 머물며 일연은 이따금씩 임금을 만나기도 하고, 당대의 문신이며 문장가인 이승휴李承休 · 이장용李藏用 · 유경柳璥 · 김구金坵 · 이송진李松縉 등과 어울려 승유僧儒를 떠난 교

유를 하기도 했다. 특히 김부식의 《삼국사기》와는 달리 이승휴의 《제
왕운기》에도 《삼국유사》와 마찬가지로 단군의 개국설화가 들어 있다
는 사실은 유의할 만하다.

충렬왕 9년(1283) 3월, 78세의 일연선사는 임금으로부터 국사의 칭
호를 받는다. 충렬왕은 선사를 국사로 책봉하면서 이렇게 말했다고
그의 비문은 전한다.

선왕들이 높은 이를 왕사로 삼았으며 더욱 높은 이는 국사로 삼았거니
와 덕이 없고서야 어찌 그러하겠는가. 이제 운문화상(雲門和尙, 일연)은
도와 덕이 매우 높아 모든 사람이 우러러보는 바이다. 그러므로 어찌
나 혼자 자비의 은덕을 받을 것이랴. 온 나라와 더불어야 마땅하리라.

선사는 세 차례나 사양했으나 임금은 물러서지 않았고, 선사에게
는 국존(國尊)과 함께 원경충조라는 호가 내려졌다. 여기에서 국존이란
국사와 같은 뜻이다. 그러나 당시는 원나라의 속국이나 마찬가지였
으므로 원에서 쓰는 국사라는 칭호를 사용할 수 없었기에 국존이라
고 한 것이었다.

그해에 일연선사는 임금에게 여러 차례 연로함을 이유로 귀향하기
를 청했다. 임금이 여러 차례 말리다가 끝내 그 뜻을 꺾을 수 없어 마
침내 허락하였고, 선사는 번잡한 개경을 떠나 고향으로 돌아갔다. 그
리고 노모를 모시고 조용한 시골 생활을 시작했는데, 이듬해에 어머
니가 돌아가셨다. 그때 노모의 향년 96세였으니 19세에 일연을 낳아
77년간이나 홀몸으로 오로지 아들만을 바라보고 난세의 풍진을 함께

헤쳐 왔던 것이다.

선사의 노모가 돌아가시자 조정에서는 인각사를 수리하고 토지 30만 평을 내리는 등 국사에 대한 배려와 지원을 아끼지 않았다.

하지만 선사는 임금과 대신들의 존경만 받은 것은 아니었다. 명실 상부한 당대 불교계의 지도자로 수많은 스님과 신도가 그에게 찾아와 가르침을 받았다.

이듬해인 충렬왕 15년(1289) 음력 6월, 선사는 노환으로 자신이 이제 얼마 살지 못할 것을 알았다. 7월 7일에 주변을 정리하고 이튿날 모여든 제자들에게 "내가 이제 떠나려고 한다." 하고 말했다. 이어서 제자들과 문답을 주고받았다.

"뒷날에 돌아오면 다시 그대들과 더불어 한바탕 흥겹게 놀아 보리라."

"여러 선덕善德은 날마다 이것에 답하라. 심하게 아프고 가려운 것과 아프지도 않고 가렵지도 않은 것이 모호하여 가릴 수 없으리라."

그리고는 자리에서 내려가 방으로 들어간 다음 작은 선상에 앉아 조용히 미소 짓다가 그대로 입적했다.

그때 선사의 세수 84세, 법랍 71년이었다. 제자들이 선사의 영골靈骨을 추려 선실에 안치하고 조정에 전하니 임금이 매우 슬퍼하며 후히 장례 지내게 했다. 선사의 부도탑은 인각사 동쪽 언덕에 세웠으니 그 자리는 먼저 서방정토로 떠난 노모의 묘소 바로 앞이었다.

경북 군위군 고로면 화북리 화산 서쪽 기슭 인각사에는 보물 제428호로 지정된 보각국사비普覺國師碑와 보각국사정조지탑普覺國師靜照之塔이 있다. 인각사는 사적 제374호이다. 보각국사비문은 민지閔漬가 충렬왕의 명을 받아 지었는데, 비명碑銘은 왕희지의 글씨를 따서 새긴 것이다. 그러나 오랜 세월의 흐름과 전란으로 비문의 글씨가 대부분 훼손되었다. 더구나 이 비석 가루를 먹으면 과거에 합격한다는 어리석은 속설 때문에 비석의 마멸이 가속화하였다. 그런 탓에 비문을 판독할 수 없게 되었는데, 다행히 오대산 월정사에 사본이 보관되어 있었으므로 오늘까지 전하게 되었다.

구양수, 《신당서》, 중국 북경 중화서국, 1975

국사편찬위원회, 《조선왕조실록》

국사편찬위원회, 《한국사》, 1997

김기흥, 《천년의 왕국 신라》, 창작과비평사, 2000

김대문, 이종욱 역주해, 《화랑세기》, 소나무, 1999

김덕형, 《우리나라 다시 본다》, 창작시대, 2000

김병모, 《김수로왕비의 혼인길》, 푸른숲, 1999

김부식, 고전연구실 역, 《삼국사기》, 신서원, 2000

김성한, 《길 따라 발 따라》, 사회발전연구소, 1983

김용만, 《인물로 보는 고구려사》, 창해, 2001

김재영 외, 《한국역사인물 뒤집어읽기》, 인물과사상사, 2000

김종서·정인지 외 고전연구실 역, 《고려사》, 신서원, 2001

김태식, 《화랑세기, 또 하나의 신라》, 김영사, 2002

노성환 역주, 《고사기》, 예전사, 1987

대야발, 고동영 역, 《단기고사》, 한뿌리, 1986

문정창, 《백제사》, 인간사, 1988

문정창, 《한국고대사》, 백문당, 1979

박노준, 《향가》, 열화당, 1991

범엽, 《후한서》, 중국 북경 중화서국, 1995

부경역사연구소, 《10세기 인물열전》, 푸른역사, 2002

북애자, 고동영 역, 《규원사화》, 한뿌리, 1986

불교신문사, 《한국불교인물사상사》, 민족사, 1990

사마광, 《자치통감》, 중국 북경 중화서국, 1992

소준섭, 《새로 쓰는 조선인물실록》, 자작나무, 1996

신채호, 《조선상고사》, 일신서적출판사, 1988

신형식, 《백제사》, 이화여대 출판부, 1992

양태진, 《인물로 본 한국영토사》, 다물, 1996

윤내현, 《고조선연구》, 일지사, 1994

윤내현, 《한국열국사연구》, 지식산업사, 1998

이긍익, 《국역 연려실기술》, 민족문화추진회, 1968

이도학, 《새로 쓰는 백제사》, 푸른역사, 1997

이도학, 《한국고대사, 그 의문과 진실》, 김영사, 2000

이도흠, 《신라인의 마음으로 삼국유사를 읽는다》, 푸른역사, 2000

이은직, 정종훈 역, 《조선명인전》, 일빛, 1989

이종욱, 《역사충돌》, 김영사, 2003

이종욱, 《화랑세기로 본 신라인 이야기》, 김영사, 2000

이하석, 《삼국유사의 현장기행》, 문예산책, 1995

이현종, 《겨레를 빛낸 사람들》, 문헌각, 1981

이현종, 《한국의 인간상》, 신구문화사, 1972

이현희, 《이야기 인물한국사》, 청아출판사, 1995

인물한국사편찬회, 《인물한국사》, 박우사, 1965

일연, 이상호 역, 《삼국유사》, 까치, 1999

임승국 역주, 《한단고기》, 정신세계사, 1986

임용한, 《전쟁과 역사─ 삼국편》, 혜안, 2001

임재해, 《민족 신화와 건국영웅들》, 천재교육, 1995

장소원, 《구당서》, 중국 북경 중화서국, 1975

장손무기 · 위징 외, 《수서》, 중국 북경 중화서국, 1995

전용신 역, 《일본서기》, 일지사, 1989

정의행, 《인물로 보는 한국불교사》, 밀알, 1994

조범환, 《우리 역사의 여왕들》, 책세상, 2000

천관우, 《인물로 본 한국고대사》, 정음문화사, 1982

최정선, 《신라인들의 사랑》, 프로네시스, 2006

최태영, 《인간 단군을 찾아서》, 학고재, 2000

최태영, 《한국고대사를 생각한다》, 눈빛, 2002

편찬위원회, 《한국인의 족보》, 일신각, 1977

한국고대사문제연구소, 《한국역사기행》, 형설출판사, 1994

한국문화유산답사회, 《답사여행의 길잡이》, 돌베개, 1994

한국역사연구회, 《한국역사 속의 전쟁》, 청년사 1997

한영우정년기념논총간행위, 《한국사 인물열전》, 돌베개, 2003

허목, 《동사》, 박영사, 1979

인물로 읽는
삼국유사

초판 1쇄 인쇄   2010. 12. 21.
초판 1쇄 발행   2010. 12. 24.

지은이   황원갑
발행인   이상용 이성훈
발행처   청아출판사
         경기도 파주시 교하읍 문발리 출판문화정보산업단지 507-7
대표전화 031-955-6031
편집부   031-955-6032
팩시밀리 031-955-6036
홈페이지 www.chungabook.co.kr
E-mail   chunga@chungabook.co.kr
등록번호 제9-84호
등록일자 1979. 11. 13.

ISBN 978-89-368-1005-4 03900

● 값은 뒤표지에 있습니다.
● 잘못된 책은 구입한 곳에서 바꾸어 드립니다.